개발자도 궁금한 IT 인프라

ⓒ 2020. 정송화, 김영선, 전성민 All Rights Reserved.

1쇄 발행 2018년 6월 11일
4쇄 발행 2022년 8월 31일

지은이 정송화, 김영선, 전성민
펴낸이 장성두
펴낸곳 주식회사 제이펍

출판신고 2009년 11월 10일 제406-2009-000087호
주소 경기도 파주시 회동길 159 3층 / **전화** 070-8201-9010 / **팩스** 02-6280-0405
홈페이지 www.jpub.kr / **원고투고** submit@jpub.kr / **독자문의** help@jpub.kr / **교재문의** textbook@jpub.kr

소통기획부 김정준, 이상복, 송영화, 권유라, 송찬수, 박재인, 배인혜
소통지원부 민지환, 김정미, 서세원 / **디자인부** 이민숙, 최병찬

진행 및 교정·교열 장성두 / **내지 및 표지디자인** 미디어픽스
용지 에스에이치페이퍼 / **인쇄** 한승문화 / **제본** 일진제책사

ISBN 979-11-88621-22-4(03000)
값 20,000원

제이펍은 독자 여러분의 아이디어와 원고 투고를 기다리고 있습니다. 책으로 펴내고자 하는 아이디어나 원고가 있는
분께서는 책의 간단한 개요와 차례, 구성과 저(역)자 약력 등을 메일(submit@jpub.kr)로 보내주세요.

개발자도 궁금한 IT 인프라

정송화, 김영선, 전성민 지음

머리말

"Come On Infra, Now!"

IT 서비스 종사자라고 하면 대부분의 사람은 서비스/UI 기획자나 소프트웨어 개발자들을 생각합니다. 심지어 애플리케이션 개발을 7년이나 수행했던 저조차도 그랬었죠. 인프라 담당자가 어떤 일을 하는지, 무엇을 해낼 수 있는지에 대해서는 무관심했습니다. 개발자로서의 역량이 충분하다고 자신했던 예전에는 소스나 SQL 튜닝으로 성능 개선이 되지 않으면 물리적 한계라는 말을 사용하곤 했습니다. 그러나 국내 최고 인프라 전문가들과 3년간 글로벌 최대 U2L(Unix to Linux) 시스템(Swing) 구축 프로젝트를 수행하면서 과거의 한계들 대부분이 인프라와 협업을 통해 충분히 극복 가능한 문제임을 알게 되었습니다.

인프라에 관심이 전혀 없나요? 관심은 있으나 시작하기 어려웠나요? 아니면 당장 인프라에 뛰어들어야 하는 상황인가요? 그렇다면 이제는 인프라에 대한 거부감이나 불편함은 거두고 편안하게 이 책을 읽으세요!

3년이라는 긴 시간 동안 호흡을 맞추며 방송하고 책을 출판하기까지 고생한 '개궁금 IT' MC들과 객원 멤버들, 그리고 함께 해 주신 많은 청취자께 감사드립니다. 그리고 IT 인프라 영역이라는 새로운 기회를 주신 박한영 팀장님과 캐쉬백 식구들, Swing 인프라 멤버들께도 감사드립니다. 끝으로, 이 자리를 빌려 저와 아이들(연제, 연희)을 위해 항상 고생하는 아내 이주경에게 언제나 사랑하고 고맙다고, 그리고 건강하고 행복하게 살자고 말하고 싶습니다.

_정송화(개구루)

"소프트웨어의 뒤편에는 인프라가 있습니다"

"Software is eating the world." 2011년 실리콘밸리의 벤처캐피털리스트인 마크 안드레슨은 자신의 칼럼에서 바야흐로 소프트웨어의 시대가 왔다고 선언했습니다. 이러한 바람을 타고 S/W 개발자에 대한 사람들의 관심이 급증하였고, 너도나도 소프트웨어에 대해 이야기하기 시작했으며, 이제는 의무교육까지 준비되고 있습니다.

IT가 사회 구성원들에게 '보편적 지식'의 수준으로 내려오는 것은 매우 환영할 만하나, IT는 소프트웨어만으로 이루어지지 않습니다. 저는 이 책에서 사람들이 환호하는 소프트웨어의 뒤편에 인프라(Infra)가 있음을 이야기하고 싶었습니다. 수많은 장비와 기술을 용도에 맞게 설계 및 배치하고, 의도한 대로 동작하는지, 약한 부분은 없는지를 찾아내고 보완해 가는 과정은 인프라 엔지니어만이 가질 수 있는 즐거움입니다.

부디 이 책을 통해 다양한 인프라 기술을 연구하고 최적의 활용법을 찾아가는 즐거운 여정을 함께 할 미래의 인프라 엔지니어들이 점점 더 많아졌으면 좋겠습니다.

프로젝트 때문에 정신없이 바쁜 와중에도 저의 순진한 생각을 실천에 옮길 수 있도록 도와주신 정송화(개구루) 님, 전성민(땡굴이) 님과 '인프라'라는 생소한 주제에 대해 열심히 청취해 주시고 의견을 남겨주신 모든 분께 감사의 인사를 드립니다.

끝으로, 이렇게 재미없는 방송을 누가 듣느냐며 불면증 치료제로 쓰면 좋겠다던 저의 아내에게 이 책을 바칩니다.

_김영선(코타나)

"IT 인프라의 작은 나침반이 되기를 바랍니다"

현대 사회의 기술은 하루가 다르게 변하고 있습니다. IT 인프라 기술도 마찬가지입니다. 매 순간 새로운 기술의 출현으로 인프라 엔지니어들은 쉴 틈이 없습니다. 전 세계 유수의 IT 장비 제조사들은 더 효율적이고 성능 좋은 제품들을 출시하면서 모두 자사의 제품만이 최고라며 선전합니다. 또한, 매체들은 아무런 거름장치 없이 사용자들에게 전달하곤 합니다. 정신을 똑바로 차리지 않으면 어떤 말이 진실인지 알지 못하고 쉽게 혼란에 빠져들지도 모릅니다.

'누구라도 옳고 그름을 판단할 수 있는 지침(指針)'이 필요합니다. 그리고 그 지침은 쉬운 것이어야 한다고 생각합니다. 이 책은 어렵지 않습니다. 그저 인프라를 좋아하는 사람 셋이서 '인프라를 잘 알지 못하는 사람들에게 도움 될 일이 없을까'라는 궁리에서 시작된 인프라 이야기입니다. 처음에 팟캐스트를 같이 시작하면서 서로 어색해했던 기억이 납니다. 또한, 녹음하느라 밥 먹을 시간이 지난 것도 모른 채 보냈던 수많은 시간도 그립습니다. 우리가 진행했던 방송이 많은 도움이 되었다며 응원해 주었던 청취자들에 대한 감사의 마음을 담아 인프라에 조금 더 친숙하게 다가갈 수 있는 쉬운 책을 만들고 싶었고, 이를 실천하고자 다짐했습니다. 우리의 다짐은 같은 지향점을 향해 책을 쓸 수 있는 동기부여가 되었지만, 독자들에게 더 많은 정보를 주고자 하는 욕심에 다소 깊게 들어간 부분도 없지 않아 있습니다. 하지만, 인프라 관련 서적이 그다지 많지 않은 상황에서 인프라에 대한 이해에 목마른 분들에게는 작지만 나름대로 유용한 나침반이 되지 않을까 생각합니다.

책에서 인프라 기술에 대한 전반적인 내용을 다루다 보니 혹시라도 저희가 미처 파악하지 못한 오류가 발견되더라도 넓은 아량으로 읽어주시면 좋겠습니다.

끝으로, 죽도록 고통스럽고 가슴 아프지만... 지난 늦가을 하늘나라의 아기 천사가 되어 엄마, 아빠를 기다리며 마음껏 숨 쉬고, 마음껏 먹고, 마음껏 뛰어놀고 있는, 세상에서 가장 사랑스럽고 무엇보다 소중한 저의 딸 하민이, 그리고 언젠가 저와 함께 그곳에서 녀석 볼 날만을 애타게 소망하며 사는 아내 김정화에게 이 자리를 빌려 다시 한번 사랑한다고 말하고 싶습니다.

_전성민(땡굴이)

베타리더 후기

제이펍은 책에 대한 애정과 기술에 대한 열정이 뜨거운 베타리더의 도움으로
출간되는 모든 IT 전문서에 사전 검증을 시행하고 있습니다.

 김명준(이베이코리아)

대화체를 통해 부드럽게 잘 읽히는 책! 비전공자도 충분히 읽을 수 있고, 전공자도 배울 것
이 많습니다. 클라우드 취준생이라면 이 책을 통해서 많은 것을 배울 수 있을 듯합니다. 제
가 클라우드 인턴을 진행하기 전에 이 책을 알게 되었다면 얼마나 좋았을까 하는 생각도
들게 하는 책이었습니다.

 변성윤

이 책을 보기 전엔 인프라에 대해 자세하게 알지 못했습니다. 《개발자도 궁금한 IT 인프라》
는 이런 제 상황을 모두 바꾸었습니다. 이제 인프라에 대한 큰 그림이 머릿속에 남아있습니
다. 팟캐스트에서 진행한 내용을 기반으로 구어체로 작성되어 있어서 이해하기 정말 좋았
습니다. :)

 양현림(대구경북과학기술원)

이 책은 우리가 사용하는 IT 서비스들이 어떻게 제공되는지를 설명하고 있습니다. IT 인프
라의 기초적인 내용과 간단한 역사로 구성되어 있습니다. 평소 IT 직군에 몸담고 있는 사람
들이 부담 없이 한 번쯤 읽어볼 만한 서적입니다.

 염성욱(삼성SDS)

대화체로 내용이 적혀 있어 쉽게 읽어 내려갈 수 있어 참 좋았습니다. 일반적 개발자라면
모를 수도 있는 다양한 IT 인프라 관련 내용을 쉽게 깊이 있게 알려줘서 유익했습니다.

 이지현

생생한 대화를 통해 자연스럽게 인프라 지식을 습득할 수 있었습니다. 실제로 옆에서 대화
를 듣는 것 같아 쉽게 읽을 수 있었습니다.

01

Intro:
유일한 IT 인프라
팟캐스트를 시작하다

(개구루) 안녕하세요? 개발자도 궁금한 **IT 인프라**, 첫 번째 이야기를 시작하겠습니다.

(코타나) (땡굴이) 와~~~

(개구루) 몇 년 전부터 팟캐스트라는 새로운 미디어를 통해서 자신의 개성을 표출하거나, 능력을 공유하는 분들이 많아지고 있죠. 그래서 저희도 IT 인프라 전반에 대해서 꼭 필요한 핵심 정보만 꾹꾹 눌러 담아 팟캐스트를 통해 공유하려고 합니다. 아무래도 방송 매체를 처음 접하기에 떨리긴 하는데요. 이렇게 팟캐스트를 통해 많은 분을 만날 수 있다고 생각하니까 기대되기도 합니다.

(땡굴이) 저는 팟캐스트라는 이야기만 들었지, 실제로 들어본 적이 없어요. 그래서 개구루 님이 팟캐스트를 같이 하자고 하셔서 인터넷을 통해 검색해 봤더니, 생각보다 역사가 오래되었더라고요. 팟캐스트는 애플 아이팟(iPod)의 팟(pod)과 방송(broadcast)의 캐스트(cast)를 합쳐서 만든 합성어란 걸 알았어요. 2000년대 초의 팟캐스터들이 애플의 아이팟과 아이튠즈의 사운드파일 동기화 기능을 사용하여 방송하다 보니 그렇게 이름이 지어졌다고 해요. 물론, 개념 자체는 20세기 말에도 있었다고 합니다.

(개구루) 대한민국의 팟캐스트 대중화는 2011년에 정치 이슈를 다루는 '나꼼수'라는 팟캐스트의 역할이 컸지요. 그 이후 팟캐스트를 제작하고 소비하는 사람들이 급격히 늘어났고, 우리도 그중 한 팀이 되었네요.

(코타나) 팟캐스트는 음성 파일을 서버에 업로드하고 인터넷 사용자들이 다운로드받아서 듣는 방식이잖아요. 이러한 서비스를 호스팅이라고 하죠? 우리는 어떤 업체를 통해서 할 예정인가요?

(개구루) '팟빵(Podbbang)'이라는 업체를 통해서 호스팅을 하게 될 거예요. 하지만, 앞으로 많은 팟캐스트 제공 업체들이 저희 콘텐츠를 공유할 것으로 생각하고 있습니다.

> (참고) 2018년 5월 기준으로 구글에서 '개발자도 궁금한 IT 인프라'를 검색했더니 7개의 팟캐스트 제공 업체에서 방송을 공유하고 있음을 확인하였습니다.

코타나 최근에 자기주도 학습이 유행인데요. 그래서 그런지 책보다는 인강(인터넷 강의)이나 팟캐스트를 통해서 하는 경우가 많이 있어요. 하지만, IT 인프라와 관련하여 기술적으로 접근한 책은 있어도 IT 인프라 엔지니어 관점에서 집필된 책이나 팟캐스트는 거의 없더군요. 그래서 우리가 팟캐스트를 한다면 IT 인프라를 시작하는 분들에게 직접적인 도움을 줄 수 있지 않을까 싶어요. 개구루 님은 IT 인프라를 시작할 때 어떻게 공부하셨나요?

개구루 저는 IT를 애플리케이션 개발로 시작해서 7년 동안 해오다가 IT 인프라 부서로 이동했어요. 그런데 IT 경력에 비해 IT 인프라 지식은 많이 부족했죠. 아마 대부분의 전업 개발자분들도 저와 비슷하실 것 같아요. 그런 이유로 업무에 많은 어려움을 겪었고, 이를 메꿔보려고 책이나 팟캐스트를 검색해 봤습니다. 하지만, 기술적인 측면에서의 전문적인 책들은 많이 있었지만 IT 인프라를 시작하는 사람들과 준비하는 사람들을 위한 책은 거의 찾아볼 수 없더라고요. 그래서 체계적인 공부 없이 맨땅에 헤딩하듯이 경험적으로 지식을 습득했습니다. 그래서 이제는 저와 같은 분들이 더 이상 없었으면 좋겠다는 마음에 IT 인프라 전문가이신 땡굴이 님과 코타나 님을 모시고 팟캐스트를 시작하려고 해요. 마이크를 맡아주시기로 한 두 분께 깊은 감사의 말씀을 먼저 드립니다. 두 분께서는 왜 팟캐스트에 참여하게 되셨나요?

코타나 저는 십수 년 전 IT 회사에 취업해서 신입사원 때부터 인프라 관련 업무를 계속해 오고 있습니다. 처음에 개구루 님이 팟캐스트를 하자고 했을 때 이미 인프라 관련 책을 쓰려고 준비 중이었는데, 개구루 님으로부터 업종을 전환할 때의 고난에 대하여 진솔한 이야기를 듣게 되었죠. 막상 저도 인프라로 밥 먹고 살고 있기는 하지만, 인프라를 한 번도 해 본 적이 없는 누군가가 새롭게 인프라를 시작해야 한다면 어떤 지식을 주고 조언을 해드려야 할지 고민할 기회가 없었거든요. 그리고 회사에서 갑자기 IT 인프라 업무를 해야 하는 사람, 예를 들어 정보 시스템 구축 프로젝트 PM으로 갑자기 IT를 해야 하는 사람이나, 갑작스러운 부서 이동으로 관련 지식이 전무한 상태에서 하드웨어와 솔루션을 선정하고 구매해야 하는데 정보를 구할 데가 없어서 난처한 상황에 빠지는 것을 자주 봤어요. 이러한 분들을 위해서 인프라를 쉽게 설명하고, 현장에서 바로 활용할 수 있고, 실전에 강한 지식을 압축한 형태로 전달하면 도움이 될 수 있지 않을까 싶어서 개구루 님의 허황된(?) 프로젝트에 참여하게 되었습니다.

> 참고   2018년 5월 현재, 누적 다운로드가 20만 회 이상을 달성하였고, 'IT 인프라에 대해서'로 구글링하면 가장 최상단에 노출되는 팟캐스트가 되었습니다.

[개구루] 이 프로젝트를 통해 얻고자 하는 야망 같은 것이 있으신가요?

[코타나] '저의 야망은 개구루 님의 야망을 끝내는 것이다.' 이렇게 말씀드릴 수 있겠네요. 하하! 그에 보태서 원래 계획했던 책을 꼭 집필해서 IT 인프라에 관계되거나 종사하고 싶은 모든 분이 책꽂이에 꽂아 놓고 언제나 펴보고 도움을 받을 수 있는 그런 책을 쓰고 싶어요.

[개구루] 그 끝이 성공이기를 기원하면서 땡굴이 님도 소개를 부탁드릴게요.

[땡굴이] 자기소개를 하려니 쑥스럽네요. 저는 별명을 땡굴이라고 지었어요. 땡굴땡굴하게 생겼다고 해서 땡굴이에요. 고등학교 때 친구들이 붙여 줬죠. 저도 IT를 십수 년 정도 해오고 있습니다. 시작은 AIX라는 IBM 유닉스 서버 운영을 하면서 인프라를 알기 시작했죠. 그러면서 시간이 흘러 데이터 센터에서 운영 업무도 하고, 서버 운영도 하면서 현재에 이르게 되었죠. 사실, 저도 책을 쓰려고 준비 중인데, 개구루 님이 제게 팟캐스트라는 광을 팔아서 그 광을 샀어요. 하하! 팟캐스트를 하면서 책을 쓸 수 있는 콘텐츠를 준비할 시간을 확보하고, 미래의 독자분들의 반응을 보면서 다듬어갈 수 있다고 저를 설득하셨죠. 하지만, 결정적으로 참여하게 된 계기는 IT 인프라를 전혀 접하지 못했던 분들이나 개발자분들에게 지식을 공유할 수 있는 자리라고 하기에 꼭 함께하고 싶었습니다. 이제 본격적으로 시작하게 되었으니 이 방송을 듣는 많은 분의 시간을 소중하게 생각하는 가치 있는 방송을 만들었으면 합니다.

[개구루] 별명이 인상 깊네요. 저는 별명을 개구루라고 지었는데요. 산스크리트어로 정신적인 스승을 뜻하는 '구루(guru)'라는 용어에 한국에서는 친근하면서도 저급한 강

조어로 사용하는 '개'라는 접두사를 붙여 가까이하기에 좋은 정신적인 스승이 되고자 하는 저의 욕구를 표현해 봤습니다. 그리고 저는 IT 서비스 디렉터가 제 꿈인데, 그 꿈을 이루기 위해서 IT 전 영역에 대한 깊이 있고 넓은 지식을 쌓으려는 방법으로 팟캐스트를 선택했죠. 코타나 님은 코타나라는 별명을 어떻게 정하게 되신 건가요?

코타나 사실, 게임을 좋아하시는 분들은 코타나라고 하면 뭔지 아실 거예요. 저도 게임을 많이 좋아하기 때문에 인상 깊었던 게임 캐릭터인 코타나로 정했어요. 코타나는 마이크로소프트에서 출시한 유명한 게임 시리즈인 〈헤일로〉에서 주인공 마스터 치프를 도와주는 인공지능 캐릭터의 이름입니다. 또한, 애플의 '시리'나 구글의 '어시스턴트'와 같은 마이크로소프트 인공지능 비서의 이름이기도 하지요.

개구루 게임을 말씀하시니까 예전에 제게 해 주셨던 이야기가 떠오르네요. 화려한 게임을 즐기는 사람들이 인프라에 접근하기가 쉽다고 하셨는데, 왜 그렇게 생각하시는지 궁금합니다.

코타나 인프라를 자신의 의지로 시작하시는 분들은 주로 컴퓨터를 다룰 줄 알고 게임을 좋아하시는 분들이 많다는 것이 제 개인적인 생각이에요. 일반적으로 CPU, 하드디스크, 메모리 등에 대해 궁금증이 생길 때는 주로 게임을 할 때입니다. 오피스용 프로그램들은 기본적인 하드웨어 성능만 만족하면 사용에 불편함이 없지만, Full-3D 게임은 하드웨어 성능을 충분히 확보해야만 실감 나는 게임을 할 수 있지요. 그래서 자연스럽게 하드웨어 성능에 관심을 갖게 됩니다. 더 나아가 컴퓨터 부품과 조립에도 관심을 갖게 되다가 결국 부품을 직접 교체하거나 새로운 컴퓨터를 조립하게 됩니다. 교체를 할 때도 예산 내에서 최대한의 성능을 내려고 하겠죠. 그러한 활동들이 IT 인프라 업무와 거의 유사하거든요. 따라서 게임을 하면서 하드웨어에 관심을 갖게 되신 분들은 인프라를 자신의 직업으로 삼을 수 있는 자질이 있다고 볼 수 있겠네요.

땅굴이 IT 인프라에 대해서 언급하셨는데, 인프라가 무엇인지 각자 생각하는 바를 이야기해 보는 것도 좋을 것 같아요.

개구루 전 이미 말씀드렸던 것처럼 개발자였다가 인프라로 왔습니다. 이제는 인프라 전문가가 되었지만, 전문가로서의 인프라에 대한 견해는 땡굴이 님이나 코타나 님이 말씀하실 테니까 저는 개발자 입장에서의 인프라에 관해서 이야기해 보겠습니다. 개발자에게 인프라는 완제품 PC와 같습니다. 때로는 성능이 더 좋은 PC를 쓰고 싶지만, 완제품 PC이기 때문에 부품을 바꿔보겠다고 생각은 할 수 있어도 실행할 수는 없는 것이 현실이죠. 또한, 하드웨어 구조에 대한 지식도 부족하고 용어도 익숙하지 않기 때문에 인프라 담당자에게 요구사항을 명확히 전달하기 어렵습니다. 그래서 개발자나 애플리케이션 운영자가 인프라 담당자에게 할 수 있는 이야기는 '파일 시스템 용량 좀 늘려주세요.'라거나 '다른 서버보다 성능이 안 나오는 것 같은데요.'와 같이 매우 제한적입니다. 만약 인프라가 무엇을 하고 있고, 무엇을 할 수 있는지를 명확히 알고 있다면 성능이나 운영 관점에서 서로에게 도움이 되는 정보를 공유할 수 있을 것이고, 더 나아가서는 그런 활동을 통해 성공적인 시스템 구축이라는 공통된 목표를 향해서 더 효율적으로 전진할 수 있을 텐데 현실은 그렇지 않죠. 이번에는 땡굴이 님께서 말씀해 주세요.

[땡굴이] 저는 지금까지 거의 20년 가까이 인프라를 해오고 있습니다. 그래서 저에게는 너무 익숙한 인프라이지만, 인프라 업무에 관심이 있으나 어려워하는 분들께 인프라를 쉽게 이해할 수 있도록 도와드리기 위해서 인프라 엔지니어가 하는 일을 말씀드리려고 해요. 우리가 컴퓨터 정보 시스템을 구축한다고 하면, 개발자들이 프로그램을 개발하거나 테스트하기가 쉽도록 인프라 엔지니어들은 시중에 나온 정보 시스템용 스토리지나 서버, 그리고 네트워크 장비들과 하드웨어 제어 솔루션을 설치하고 운영합니다. 따라서 하드웨어나 솔루션 제품을 판매하는 벤더와 함께 일하고 그 제품의 특성을 잘 이해하고 적용해서 아키텍처를 최적화할 수 있도록 고민하는 역할을 하죠. 유사한 제품이나 벤더가 여러 개가 있다면 제품별 기반 기술과 특성, 장단점 등을 파악하고, 가격과 성능에 대한 정보를 사전에 수집하는 일도 합니다. 시장에 가더라도 100원짜리 팬티와 1000원짜리 팬티가 있을 때 무조건 값싼 팬티를 살 수도 있지만, 재질이나 촉감 그리고 사이즈 등이 내 몸에 무엇이 더 맞는지를 확인하고 구매하는 것처럼 훨씬 복잡한 IT 기계이니만큼 기술이나 성능을 확인하기 위해서 카탈로그 확인뿐만 아니라 실물을 대상으로 테스트를 해 보는 일도 하게 되죠. 이런 것을 봤을 때 개발이

창조라고 한다면, 인프라는 활용에 집중한다고 볼 수 있겠네요. 물론, 최근에는 오픈소스가 대중화되면서 이제는 인프라 엔지니어가 벤더의 역량과 제품에 의존하지 않고 오픈소스들을 잘 활용하여 설계와 구축을 수행하는 역할도 담당하게 될 것으로 보입니다.

[개구루] 이번에는 코타나 님께서 말씀해 주세요.

[코타나] 앞에서 이야기를 다 하셔서 더이상 무슨 이야기를 추가해야 하나 고민이 되네요. 저는 IT 업종이라는 게 건축과 거의 같다고 봅니다. 애플리케이션 개발이라는 것은 집의 인테리어를 하거나 편의 기능을 만드는 것이라고 생각해요. 물론, 정말 중요하죠. 하지만, 집에 가스가 잘 들어오고, 물이 콸콸 나오고, 비나 바람이 새지 않는 것이 기본이잖아요. 인프라는 이와 같이 서비스라는 꽃을 피우기 위해서 토대를 제공해 주는 것이고, 그렇게 하기 위해서는 수많은 인프라 담당자가 각자의 영역에서 최적의 방법을 찾아야만 비로소 탄탄한 인프라가 될 수 있습니다.

[개구루] 처음 인프라 쪽으로 왔을 때 저는 서버에 하드디스크가 있는데 굳이 왜 또 외장 스토리지가 필요한지, 그 스토리지를 전문적으로 하는 엔지니어부터 스토리지를 중개하는 스위치 엔지니어까지 왜 따로 있어야 하는지 몰랐습니다. 하지만, 제가 인프라에 와서 많은 시간을 보내다 보니 정말 다양한 기술 영역과 많은 전문가분이 계시다는 것을 알게 되었죠. 스토리지 말고도 네트워크 스위치 엔지니어, 방화벽 엔지니어도 따로 있고요. 심지어 백업을 전문으로 하거나 데이터 센터를 관리하는 엔지니어도 있습니다. 이런 분들은 눈에 보이지는 않지만 인프라를 구성하기 위해서 꼭 필요한 분들이죠.

[코타나] 저희 방송을 계속 듣다 보면 인프라의 세부 영역에서 전문가들이 어떤 일들을 하고 있는지 알게 되실 거예요.

[개구루] 처음 인프라를 시작할 때 어떤 일을 하는지도 궁금해하실 것 같은데, 저희가 처음 인프라를 시작할 때 어떤 업무를 했는지도 소개해드리는 것이 어떨까요?

[땅굴이] 제가 처음에 맡았던 업무는 제안서를 만드는 것이었습니다. 사실, 신입사원

에게 제안서를 만들라고 하는 경우는 거의 없지만, 그 당시 제 사수(멘토)가 파워포인트 연습도 할 겸 한두 장짜리 제안서 작성을 요청하셨죠. SUN(유닉스) 장비에 대한 제안서였는데, 기본적인 업무를 익히기에 참 좋은 업무였던 것 같아요. 처음 배정받았던 팀은 서버나 스토리지 운영도 하고 시스템 모니터링이나 백업하는 분들이 섞여서 업무를 수행하는 곳이었어요. 저에게 처음 주어진 일은 모니터링 솔루션을 사용해서 서버 성능 지표를 뽑는 것이었죠. 일 자체는 매우 쉬웠지만, 인프라 서비스 품질 보고서를 만들기 위한 CPU 사용률, 메모리 사용률 등을 추출하는 업무이기 때문에 누군가는 꼭 해야만 하는 중요한 일이었죠.

코타나 저는 원래 학교에 다닐 때부터 컴퓨터 조립에 관심이 굉장히 많았어요. 그래서 저는 하드웨어 쪽을 꼭 하고 싶었고, 신입사원 당시 인프라 분야를 지원해서 인프라팀으로 가게 되었습니다. 하지만, 인프라는 당시만 해도 메인프레임을 쓰는 환경이었고, 저 같은 신입사원에게는 매우 고가인 메인프레임 장비를 만질 기회가 바로 주어지진 않더라고요. 그래서 가장 처음에 한 업무가 메인프레임에 연결된 레이저 프린터(IBM 3835)를 관리하는 일이었어요. 그 프린터는 각종 테스트 결과라든지 청구서 등을 출력하던 장비였는데, 분당 수십 장을 찍어 내는 고성능 장비였기에 수시로 종이도 교체하고 토너도 보충하고 했던 기억이 납니다.

개구루 전 아무래도 신입사원이 아니고 오랫동안 IT를 해왔던 사람이어서 비교적 어려운 업무를 배정받았죠. 제가 인프라 쪽으로 처음 왔을 때 가장 먼저 했던 업무는 스토리지 교체 작업이었습니다. 하지만, 경험에 비해 매우 부족한 저였기에 첫 회의에 들어갔는데 도대체 무슨 이야기를 하는 건지 전혀 모르겠더라고요. 그래서 시작한 것이 인프라에서 쓰이는 용어에 대해서 공부하는 것이었죠. 용어를 하나씩 알아가다 보니 업무에 많은 도움이 되더라고요. 물론, 앞에서 말씀드렸던 것처럼 IT 인프라 전 영역이 망라된 교재나 방송이 없었기 때문에 제가 직접 정리해 가면서 공부할 수밖에 없었습니다.

코타나 그렇군요. IT 인프라 용어들도 매우 중요하니 나올 때마다 쉽게 이해하실 수 있도록 설명해야 할 것 같아요.

[개구루] 정말 좋은 생각이에요. 또한, 특정 영역 위주로 설명하기보다는 인프라 전 영역의 개념부터 실무 사례까지 모두 다루기로 해요. 그렇게 해서 IT 인프라에 뛰어들 준비를 하시거나 이미 시작하신 분들이 언제나 듣고 참고할 수 있도록 만들어가요.

[땅굴이] 그와 더불어서 저희와 함께하는 많은 분의 시간을 소중하게 생각하고 진행하길 기대합니다.

[개구루] 역시 땅굴이 님은 멋있게 말씀하시네요. 그러면 이제 서버 영역부터 시작해 봅시다.

개궁금

?

02

서버,
IT 인프라의 중심

SECTION 01 | 서버란 무엇인가?

코타나 아마 이 책을 읽고 있다면 이미 '서버(Server)'라는 말을 수없이 듣고 사용해 보셨을 거예요. 단어의 뜻 그대로 '서비스를 제공해 주는 것'이니 대충 이해는 가지만 정확히 어떤 것인지는 잘 모르는 경우가 많습니다. 뉴스에서 '1분기 서버 시장 매출이 증가하여...'라고 할 때의 서버와 온라인 게임을 즐기는 분들이 'OO 서버에서 만나자'라고 할 때의 서버, 그리고 '아마존 클라우드 서버'라 말할 때의 서버는 서로 다른 개념이라는 거죠. 개구루 님은 예전에 개발자였잖아요? 평소 서버가 어떤 건지 생각해 보신 적이 있나요?

개구루 음, 글쎄요. 보통, 개발자들은 서버를 '내가 작성한 프로그램이 수행되는 장소'로 생각하죠. 제가 처음 개발자 생활을 시작했을 때 톰캣(Tomcat)이라는 프로그램을 PC에 설치하고 몇 가지 설정을 해 주면 내 PC도 서버가 될 수 있다는 사실을 알고 나서 너무 놀랐던 기억이 나네요. 서버라고 하면 뭔가 크고 비싸고 대단할 것 같다는 생각이 있었거든요.

코타나 그렇죠. 조금 자세히 말하면 우리가 일반적으로 말하는 서버의 의미 중에서 '웹 서버(Web Server)'를 말하는 거죠. 웹 서버는 HTTP나 HTTPS 프로토콜을 사용하여 사용자들에게 웹(인터넷) 기반의 서비스를 제공할 수 있도록 해 주는 '소프트웨어로서의 서버'입니다. 그러면 인프라에서 주로 말하는 '서버'는 뭘까요? 앞서 말씀드린 여러 의미 중 '하드웨어로서의 서버'를 말합니다. 예전에 개구루 님이 PC에 웹 서버 프로그램을 설치해서 서버를 구성했다고 하셨죠? 그때 웹 서버 프로그램을 실행하였던 PC가 서버의 역할을 한 것이죠. 개구루 님은 집에서 사용하시는 PC를 어떻게 구입하셨나요? 완제품을 구입하셨는지, 아니면 각각의 부품을 사서 직접 조립을 하셨나요?

하드웨어 서버, 웹 서버, 클라우드 서버 등 우리가 서버라고 부르는 것은 참으로 다양하다

〔개구루〕 사촌 형이 만들어 준 조립 PC를 쓰다가 PC가 고장 나기도 하고, 또 새로운 게임을 하려는데 잘 실행이 되지 않아서 업그레이드라는 것도 알게 되었어요. 업그레이드를 하기 위해 공부하다 보니 PC가 CPU, 메모리, 메인보드, 하드디스크 등 여러 부품으로 이루어져 있다는 걸 알게 되었고, 그때부터 PC에 대해 조금씩 알게 되었던 것 같아요.

〔땡굴이〕 저도 그랬어요. 처음에는 빠릿빠릿하던 컴퓨터가 점점 느려지고, 기대하던 최신 게임을 설치해서 해 보려는 순간, 사양이 부족해서 실행이 안 되거나 너무 느리면 어떻게든 해결해 보려고 별짓을 다 했었죠. 최신형 컴퓨터를 사면 되겠지만 용돈으로는 어림도 없었고, '게임이 안 되니 새 컴퓨터가 필요하다.'고 하면 부모님께 매 맞기 딱 좋은 소리이니 최소한의 비용으로 성능을 개선할 방법을 찾게 되는 거죠. 자발적 학습 동기를 부여해 준달까요?

〔코타나〕 역시 남자들이 컴퓨터를 알게 되는 과정은 다들 비슷한 것 같아요. 서버를 가장 이해하기 쉽게 설명해 드리자면, 'PC와 구조는 동일하나 CPU나 메모리, 디스크를 좀 더 많이 장착할 수 있어 훨씬 높은 성능과 뛰어난 안정성을 가진 장비'라고 생각하시면 됩니다.

Key Features

1. Quad socket R1 (LGA 2011) supports Intel® Xeon® processor E7-8800 v4/v3, E7-4800 v4/v3 family (up to 24-Core)
2. Intel® C602J chipset
3. Up to 4TB DDR4 (128GB 3SDS LRDIMM), 32 DIMM slots
4. 2x PCI-E 3.0 x16 (slot 1, 3), 2x PCI-E 3.0 x8 (slot 2, 4)
5. 2x GbE LAN ports, IPMI LAN port, VGA port, TPM header, 2x COM
6. 2x SATA3 (6Gbps) ports, 4x SATA2 (3Gbps) ports
7. 6x USB 2.0 ports (3 rear, 2 via headers, 1 Type A)

4소켓 서버용 메인보드

구분	PC	서버
CPU 소켓	1개	4개
최대 Core	18개	112개
메모리 슬롯	4개	48개
최대 메모리 용량	128GB	6TB
PCI 슬롯	5개	16개
최대 디스크	7개	48개
전원부	1개	1개~4개

일반적인 PC와 x86서버(4소켓용)의 스펙 비교

(땡굴이) 요즘 PC의 성능이 굉장히 좋아지긴 했지만, 여전히 동시에 수천에서 수만 명의 사람이 이용하는 서비스를 제공하려면 서버와 같은 고집적 장비가 필요하게 되죠. 그리고 저는 성능도 성능이지만 안정성에 더 큰 장점이 있다고 생각해요. 특히, 메인프레임이나 무중단 서버인 탠덤(Tandem), 유닉스 서버와 같은 고가용성 서버들은 CPU와 메모리까지도 이중화가 되어 있기 때문에 어지간한 오류에는 꿈쩍도 하지 않아서 시스템을 운영하는 입장에서는 믿음직스럽죠.

(개구루) 대신, 가격이 상당히 고가라는 단점이 있죠. 서버 제품별로 차이는 있지만, 유닉스나 메인프레임 서버는 조금만 스펙(specification)이 올라가면 '억' 소리 나는 가격이 되어 버려서 도입하는 입장에서는 굉장히 부담스러워요. 게다가, 각 서버 제조사의 엔지니어를 통해서만 서비스를 받을 수 있기 때문에 유지보수 비용도 상당한 편이고요.

(코타나) 이야기를 하다 보니 점점 상세한 내용을 다루게 되네요. 앞으로 하나씩 다뤄보도록 하시죠. 정리하자면, 인프라에서 서버라 함은 주로 하드웨어 서버를 말합니다. 하드웨어 서버는 장비 특성에 따라 크게 세 가지로 나뉘게 되는데요. 바로 '메인프레임, 유닉스, x86 서버'입니다. 각각의 장비가 어떤 특징을 가지고 있는지 하나씩 자세히 알아봅시다.

1 메인프레임과 1세대 IT 인프라의 등장

코타나 첫 번째로 IBM의 메인프레임(Mainframe)입니다. 예전에는 금융회사, 대기업, 연구실 등에서 많이 사용되었는데, 점점 유닉스나 x86 서버에 자리를 내주게 되다 보니 최근에는 현장에서 접하기 어려운 장비입니다. 우선, 메인프레임의 정의에 대해 이야기해 봐야 할 것 같네요. 생각해 보면, 메인프레임의 정의는 요즘 우리가 말하는 서버의 정의와 다를 바가 없는 것 같아요. 그 당시만 해도 지금의 서버와 같은 역할을 수행할 수 있는 장비가 메인프레임이 거의 유일하다 싶었기 때문이라고 봅니다.

개구루 그러면 서버라는 용어가 먼저 나온 건가요, 메인프레임이라는 용어가 먼저 나온 건가요? 서버라는 이야기는 그렇게 오래전부터 들었던 이야기는 아니었던 것 같아요. 저희 사촌 형이 컴퓨터공학과에 다녔는데 책장을 보면 메인프레임, C언어 같은 책은 있었지만 거기에서 서버라는 내용은 못 본 것 같아요.

코타나 시기상으로는 서버라는 말이 더 나중에 나왔을 거에요. 왜냐하면, 컴퓨터 아키텍처의 변화에서 가장 먼저 나오는 것이 '호스트-터미널(단말)' 방식이거든요. 땅굴이 님은 학교 다니실 때 단말기가 있지 않았나요?

땅굴이 네, 맞아요. 그 당시에 학교의 단말기 앞에 앉아서 포트란(Fortran) 프로그래밍을 했었던 기억이 납니다. 단말기(터미널, Terminal)는 모니터와 자판만 달려 있어서 입/출력만 담당하고, 입력된 내용을 가지고 컴퓨팅(연산, 저장)을 수행하는 건 모두 호스트(Host, 메인프레임과 같은 서버)가 담당했지요. 이런 구조를 "호스트-터미널 구조(1티어)'로 불렸었죠. 메인프레임이 산업계 표준장비로 자리 잡아가던 80년~90년대에는 IT 장비의 가격이 매우 비쌌고, 네트워크 인프라 역시 굉장히 열악했기 때문에 이러한 구조를 사용할 수밖에 없었던 것 같아요.

[개구루] 그래서 1티어 구조를 '단순하고 효율적이지만, 컴퓨팅 처리 비용이 높다.'고 하는군요. 그럼, 질문이 하나 있는데요, 아직도 은행들 중에는 메인프레임을 쓰는 곳이 있는데, 그런 곳은 아직도 컴퓨팅 기능이 없는 터미널을 사용하는 건가요?

[코타나] 그건 아니에요. 지금은 일반 PC에 TN3270 프로토콜(Protocol)을 지원하는 에뮬레이터를 통해 메인프레임과 통신하게 됩니다. 우리가 일반적인 유닉스, 리눅스 서버와 통신하기 위해서는 텔넷(Telnet)을 이용하는데, 이에 대응되는 것이 TN3270이라고 생각하면 됩니다.

> [용어] **TN3270**
> IBM이 생산한 텔넷(telnet) 기반의 터미널 모델 명칭이었으나, 터미널 생산이 중단된 후에도 프로토콜의 이름으로 사용되고 있습니다.

[코타나] 이러한 1티어 구조에서는 서버 운영에 너무 많은 비용이 들어가게 되고, 점차 PC의 성능이 좋아지게 되면서 '화면과 프로그램 처리는 PC에서 하고 데이터만 서버에서 가져오면 좋겠다.'는 생각을 하게 된 거죠. 그래서 사용자 화면(UI, User Interface)이나 프로그램 처리 등의 비즈니스 로직은 클라이언트에서 수행하고 대용량의 배치나 실시간(온라인, Online) 처리는 서버에서 수행되는 '클라이언트-서버 구조(2티어)'가 나오게 됩니다. 클라이언트-서버 구조는 개발이 쉽고, 서버 부하를 경감시킬 수 있어서 2천년대 초반부터 현재까지도 일부 은행이나 금융회사들이 사용하고 있습니다. 최근에는 대부분 웹 기반 서비스를 제공하기 때문에 확장성이 좋고, 관리가 쉬우며, 프로그램 재사용이 가능한 '클라이언트-웹 서버-데이터베이스 서버 구조(3티어)'로 구성하죠.

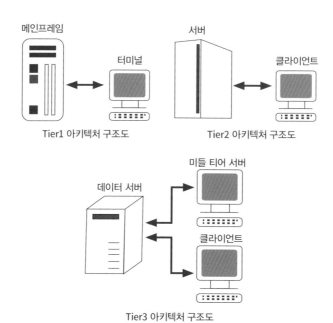

Tier1 → Tier2 → Tier3 아키텍처 구조도. 각각의 특징과 장단점이 뚜렷하다

2 메인프레임의 변화의 발전

(땡굴이) 그럼, 메인프레임은 어떻게 변화, 발전해 왔나요?

(코타나) 제가 대략 94년도 정도부터 설명해 드릴게요. 그 이전에도 메인프레임이 있었지만, 제가 실제로 본 적도 없고 그 이미지도 우리가 일반적으로 알고 있는 서버라기보다는 '기계'에 가까운 모양이었어요. 80년대 나온 모델이 System 360/370(줄여서 S/3xx) 같은 건데, 이걸 구글에서 이미지를 찾아보니 70년대 〈007 시리즈〉에 나왔던 장비 같은 모습이에요.

(땡굴이) 생각해 보니 IBM(International Business Machine)이라는 용어가 머신, 기계라는 뜻이잖아요.

IBM의 System 390 모델(출처 https://bit.ly/2qYDQBJ)

코타나 그렇죠. 우리가 90년대 사용한 모델이 System 390(S/390)이라는 게 있었어요. 그때부터 일반적으로 우리가 메인프레임에서 사용하는 기술 대부분이 저 당시에 완성이 됐다고 봅니다. 그 이후에는 하드웨어적인 성능이 향상되고 확장을 더 많이 하기 위한 변화가 있었죠. 제가 한창 메인프레임을 운영할 때는 System 390 모델을 사용했었고, 외관은 구글에서 검색해 보면 나오겠지만, 요즘의 유닉스(HP의 슈퍼 돔 시리즈, IBM의 P 시리즈)와 비슷하게 큰 냉장고처럼 생긴 서버입니다. 그 이후에 S 시리즈를 2천년대 초반까지 판매하다가 단종시키고 새로운 Z(Zero) 시리즈가 나오게 됩니다. 여기서 'Zero'라는 의미는 서비스 중단 시간이 '0'에 가깝다는 의미로, 그만큼 신뢰성이 있다는 것을 강조했다고 보시면 됩니다.

개구루 운영체제의 이름을 왜 'System 390'이라고 불렀나요?

코타나 제 생각에는 저 당시만 해도 수많은 사용자와 애플리케이션을 동시에 처리해주는, 진정한 시스템(System)이라는 점을 강조하기 위해서 이름을 지었을 것 같아요. System 390만 해도 단일 박스(서버가 물리적으로 박스 형태라서 '박스'라고도 부름)에 CPU를 60여 개까지 장착할 수 있었습니다. 당시의 유닉스는 그렇게 많은 CPU를 장착할 수 없었어요. 아까 제가 메인프레임이 많은 사용자를 동시에 처리한다고 말했는데, 이것은 분산해서 처리하는 게 아니라 하나의 박스에서 처리가 가능했다는 거예요. 창고지기 비유를 들어볼게요. 100평의 창고를 관리하기 위한 사람 10명은 서버로 보면 1대의 서버에 10개의 CPU를 장착하는 것과 같고, 10평짜리 창고 10개를 10명이 관리하는 것은 10대의 서버에 각 1개의 CPU를 장착하는 것과 같습니다. 즉, 메인프레임은 작은 장비 여러 대를 쓰는 분산 처리 방식이 아니라 소수의 대형 장비를 활용한 집중 처리 방식을 택한 거죠.

코타나 이제 메인프레임의 Z 시리즈 이야기를 할게요. Z 시리즈가 나오던 시점은 국내에서 많은 기업이 메인프레임에서 유닉스로 다운사이징을 하던 때였어요. 예를 들면, S 통신사도 2002년에 유닉스로 다운사이징을 진행하고, 금융사 중에서도 S 카드사가 2003년에 동일한 다운사이징을 진행합니다. 이런 일들이 계속되면서 IBM은 위기를 느낍니다. 기존에 자신들의 확실한 고객이라고 생각했던 대기업들이 유닉스로 전환을 지속하면서 뭔가 자신들의 장점을 어필하고 싶었던 것 같아요. 그래서 어떤 장점을 내세울까 고민하다가 나온 것이 바로 '0(Zero)'에 가까운 시스템 중단 시간(Downtime), 즉 안정성에 집중한 것이죠.

> **용어** **다운사이징(Downsizing)**
> 중앙집중식 처리(1티어) 방식에서 분산 처리(2티어 또는 3티어) 방식의 시스템으로의 전환을 통해 시스템의 크기를 줄이는 것을 말합니다.

개구루 유닉스는 시스템 중단 시간이 많았나요?

땡굴이 당시만 해도 사람들이 유닉스를 많이 사용해 보지 않았기 때문에 막연한 불안감이 있었어요. 현재 우리가 x86에 대해 느끼는 불안감과 비슷하다고나 할까요? 중소규모 업무에는 괜찮을지 모르지만, 대규모 업무에 사용하기에는 불안하다는 정도의 느낌이죠. 저는 유닉스로 IT를 시작했는데, 메인프레임 운영자들은 유닉스를 보고 '이게 쓸 수 있는 장비냐?'라는 농담 반 진담 반 이야기를 하더라고요.

코타나 당시에 주변에서 다운사이징 사례도 많지 않았고, 일부 회사에서 성공했다고 하더라도 우리도 성공할 수 있겠느냐는 불안감이 있었습니다. IBM은 그걸 노린 거죠. '메인프레임은 매우 안정적이기 때문에 괜히 비용 절감 차원에서 다운사이징을 하다 안정성 미확보로 실패하지 말고 메인프레임을 계속 사용할 것'을 강조하며 Z라는 새로운 모델을 출시한 거죠. 저 당시의 IBM 아키텍처가 어떻게 보면 시대의 요구를 수용하는 형태로 변경됐다고 볼 수도 있지만, 고객들은 예전의 IBM답지 않게 조금 급한 준비를 한 것으로 느꼈죠. 사례를 보면, 기존의 메인프레임에서 자바를 구동하려면 솔루션도 설치하고 하드웨어 구성도 일부 변경하는 등 여러 복잡한 구성이 필요했어요. 당시에 제가 유닉스 다운사이징을 검토할 때 IBM이 zAAP(z Application Assist Processor)라는 새로운 프로세스가 나왔다면서 제안을 했는데, 자바를 구동하는 전용 프로세스를 말하는 거였어요. 그런데 그걸 사용하려면 HP 유닉스 서버의 셀 보드(Cell Board)와 같은 하드웨어 일부를 zAAP 전용으로 할당을 해 줘야 했어요.

> **용어** **셀 보드(Cell Board)**
> 여러 장의 CPU와 메모리를 장착할 수 있게 만든 직사각형의 프레임으로, HP 유닉스 서버에 들어가는 부품이다. IBM의 유닉스는 유사 부품에 대해서 Book(또는 Book shelf)이라 부름.

코타나 상당히 유연성이 떨어지는 아키텍처인데, 만약 하나의 zAAP를 구성했다고 하면 시스템 자원이 남든 모자라든 이 안에서만 처리할 수 있기 때문에 사업이 잘 돼서 자원이 더 필요해도 문제이고, 사업이 잘 안 되어 자원이 남으면 불필요한 비용이 나가므로 그것도 문제가 되는 거죠.

개구루 너무 막 만든 것 아닌가요?

코타나 당시의 IBM은 그런 형태의 아키텍처로밖에 제공할 수 없었던 것 같아요. 말씀하신 대로 고객들도 그런 생각을 하게 되었죠. '조금 고민이 덜 된 기술이구나.' 그러다 보니 IBM의 제안에 고객들은 호응하지 않았고 유닉스로의 다운사이징을 계속 추진하게 되었죠.

최신의 z13 모델. 외형에서부터 내부까지 엄청난 변화를 볼 수 있다
(**출처** https://goo.gl/SFBJMu)

❸ 메인프레임의 정의와 동시성 제어

개구루 메인프레임도 서버의 역할을 하는 장비인데 왜 아직도 메인프레임이라는 별도의 용어를 사용하는 건가요?

코타나 메인프레임의 사전적 정의를 본다면 '수많은 사용자와 애플리케이션, 장치를 다수의 사람에게 동시에 지원할 수 있는 컴퓨터'라고 말할 수 있습니다. 이 정의에서의 핵심은 '많은 사용자를 동시에 지원한다.'라는 겁니다. '동시에 지원한다.'는 것이 어떻게 생각하면 굉장히 쉽게 느껴질 수 있는데, 이것이 운영체제, 하드웨어 등 인프라 입장에서는 가장 핵심적인 기술입니다. 이러한 동시성을 제공하려면 어떤 것들이 필요할까요?

개구루 제가 알고 있는 지식을 동원해서 이야기해 볼게요. 수행되어야 하는 작업을 스케줄링하고, 그 작업들의 큐(Queue)와 세마포어(Semaphore)를 관리하여 특정 시점에는 하나의 작업만 처리되도록 해야 할 것 같고요. 각각의 처리 시에 입력/출력 장치들을 통해 정보를 주고받아야 해요. 공유 메모리 자원을 통해 데이터를 저장, 사용해야 하니 메모리 관리도 필요하겠네요. CPU, 램, 입력/출력 장치가 조화롭게 처리될 수 있어야 하겠죠.

땡굴이 제 생각에도 CPU 스케줄링이 가장 핵심일 것 같아요. 그 당시에 해당 기능을 개발하기 위해 IBM 연구소에서 얼마나 많은 인원이 붙어서 이런 기술을 만들어 냈을지 궁금해요. 거의 50년 전이잖아요? 약 1960년대에 첫 제품이 출시되었으니, 저 당시에 이러한 동시 처리를 지원하는 아키텍처를 만들었다는 것이 대단한 것 같습니다. 상상이 잘 안 되는 거죠.

코타나 두 분이 말씀해 주신 것처럼 IT 인프라를 해 보신 분들은 '대략 이러 이러한 게 필요하겠구나.'라고 생각할 수 있어요. 하지만, 전문적으로 배우거나 업으로 하지 않는 분들은 '아니 뭐 동시에 하는 게 왜 어렵지? 그냥 여러 명이 사용할 수 있게 하면 되지.'라고 생각할 수 있는 거죠. 당시 메인프레임의 특징이라고 말할 수도 있겠지만, 동시에 어떠한 작업을 수행해 주는 서버들은 그 서버들 간에 모든 정보를 공유하고 있어야 합니다.

예를 들면, 큰 창고가 하나 있다고 가정합시다. 이 창고에는 여러 사람이 물건을 맡기고 찾아가는 서비스를 제공하고 있는데, 그러려면 이 창고에 물건을 넣고 **빼는** 사람은

한 명이어야 하겠죠? 그래야지 여러 사람이 와도 누가 맡겼는지, 누가 찾아갔는지, 얼마나 남았는지를 알 수 있을 겁니다. 그러다 보니 한 명이 관리할 수 있는 창고의 범위가 제한이 있겠죠. 대략 한 명의 사람이 10명의 고객과 10평짜리 창고를 관리할 수 있다고 합시다.

관리자는 고객의 요청에 대한 기록을 남기고, 짐을 창고에 보관/전달한다

처음에 손님이 적을 때는 혼자서도 잘 운영이 되었겠지만, 만약에 사업이 잘 돼서 100평의 창고가 필요하게 되면 어떻게 해야 할까요? 크게 두 가지 방법이 있겠죠. 첫 번째는 창고를 크게 키워서 100평짜리 창고를 만드는 것, 두 번째는 10평짜리 창고를 10개를 만드는 것이죠. 이 두 가지 방식에서 창고를 크게 키우는 첫 번째 방식을 택한 것이 IBM의 메인프레임이라고 보면 됩니다.

메인프레임은 왼쪽처럼 큰 창고를 여러 명이 관리하도록 하는 방식을 사용한다

여기서 문제는 창고를 크게 지었지만 관리자 1명이 10평을 관리한다고 했죠? 그러다 보니 100평의 창고를 혼자서 관리할 수가 없잖아요. 사람이 많이 필요해지게 되는 거죠. 그리고 이 사람들 사이에도 의사소통이 필요해지는 겁니다. 예를 들어, 1번 관리자가 철수네 쌀을 10가마 받았다고 하면, 나머지 9명의 관리자도 그 사실을 알고 있어

야 합니다. 왜냐하면, 철수가 쌀을 찾아갈 때 꼭 1번 관리자한테 와서 쌀을 받아간다
는 보장이 없기 때문이죠.

(개구루) 와우! 아주 이해하기 쉽게 설명을 준비해 주신 것 같아요. IT를 잘 모르시는
분들도 어떤 개념인지 잘 아실 것 같네요. 지금 설명해 주신 내용이 좀 전에 우리가
말했던 '동시성이 중요하다.'라는 개념이군요. 정리하자면, '어떤 자원이나 서비스를 제
공하는 시스템이 요청되는 정보들을 동시에 처리/공유를 할 수 있는 체계가 갖추어진
상태'에서 동시성을 제공할 수 있다고 표현해야겠군요.

참고 **동시 처리를 위해 어떤 속성을 가져야 하나? ACID**

OLTP(Online Transaction Processing)의 특성, 또는 DB와 같은 동시 처리 시스
템이 갖추어야 할 네 가지 속성을 말합니다.

속성	정의
원자성(Atomicity)	트랜잭션은 완결된 처리가 되어야 한다. 일부만 수행되고 중단되어서는 안 된다.
일관성(Consistency)	트랜잭션은 데이터를 일관된 상태로 유지할 수 있어야 한다.
고립성(Isolation)	트랜잭션은 동시에 실행되는 다른 트랜잭션에 무관하게 실행되어야 한다.
지속성(Durability)	정상 처리된 트랜잭션의 결과는 영구히 유지되어야 한다.

용어 **트랜잭션(Transaction)**

영어 단어의 뜻은 '거래'를 뜻한다. IT 시스템에서는 '하나의 완결된 업무 처리'의 단위이자 더 이상 나눌
수 없는 업무 처리의 단위를 말합니다. 예를 들어, '물건은 돈을 받았을 때 즉시 전달해야 한다.'라는
규칙이 있다고 가정해 봅시다. 돈을 주었는데 물건을 주지 않거나 그 반대의 상황이 발생할 경우 해당
거래를 무효화(rollback)하고, 정상 완료되면 종료(commit)하게 됩니다.

(땅굴이) 네. 맞습니다. 요즘에 x86 서버뿐만 아니라 유닉스 서버에서 그런 개념으로
나온 NUMA(Non Uniform Memory Access)라는 게 있죠. 사실, 요즘이라고 하기엔 좀
오래됐지만 널리 사용되는 기술이므로 NUMA 이야기는 나중에 따로 한번 하는 게
좋겠네요.

코타나 과거부터 수많은 사용자가 동시에 사용하는 수많은 애플리케이션에 대한 높은 동시성 제어 기술을 보유하고 있던 서버 장비가 메인프레임이라고 생각하시면 될 것 같습니다. 메인프레임은 동시성 제어를 위해 다양한 기술을 제공하고 있는데요. 각각의 기술이 현시대의 IT 기술의 근간이 되기 때문에 이에 대해서는 별도로 설명해 드리도록 하겠습니다.

4 메인프레임의 장점: 신뢰성

개구루 메인프레임의 장점에 대해서도 소개해 주세요.

코타나 앞선 방송에서 땡굴이 님이 우리은행 차세대 구축 프로젝트와 관련해서 메인프레임 이야기를 하셨었죠. 국내에서는 IBM의 메인프레임이 고전하고 있지만, 여전히 해외에서는 많은 기업이 사용하고 있는 장비입니다. 그러면 '왜 고가임에도 불구하고 메인프레임을 사용하느냐?' 여러 이유가 있겠지만, 하드웨어와 운영체제, 그리고 그 위에 올라가는 서드파티(Third-Party) 솔루션까지 검증해서 높은 안정성을 보장한다는 점이 특징이라고 할 수 있습니다. 단순히 특정 솔루션이 메인프레임에서 동작하는 수준을 넘어서, 이 솔루션이 IBM의 메인프레임에서 사용할 만큼의 완성도를 가지고 있느냐를 IBM이 점검한다는 것이죠.

> **용어 서드파티(Third-Party) 솔루션**
> 서버의 제조업체(자회사, 하청업체 포함)가 아닌 회사가 독자적으로 만든 하드웨어, 소프트웨어를 통칭하여 부르는 용어입니다. 예를 들면, MS 윈도우에서 동작하는 한글과 컴퓨터를 만드는 한컴 같은 경우가 이에 해당됩니다.

땡굴이 아, 그렇군요. 저는 메인프레임에서 사용되는 솔루션은 전부 IBM이 만드는 것으로 알고 있었어요. 그런데 그게 아니라 실제 만드는 업체는 따로 있었군요.

코타나 그렇죠. 보통 많이 사용되는 솔루션으로 Control-M이란 게 있는데, 아시죠? 배치 작업을 스케줄링하는 솔루션인데, 이런 솔루션을 만드는 회사가 BMC와 CA(Computer Associate)라는 회사입니다. 이 회사가 주로 IBM의 메인프레임에 납품되는 소프트웨어를 많이 만들었습니다. 그래서 BMC도 그렇고 CA도 그렇고, 솔루션 가격이 상대적으로 높은 편입니다. 그만큼 솔루션의 완성도가 높다고 볼 수 있죠.

(개구루) 믿을 만한 회사들이라고 보면 되는 건가요?

(코타나) 그렇죠. 동일한 백업 솔루션이라 하더라도 CA의 백업 솔루션 가격이 좀 비쌉니다.

(개구루) 요즘도 많이 쓰이나요? 가격이 높으면 잘 안 쓰일 것 같은데요.

(코타나) 만약에 내가 필요한 기능 혹은 성능이 CA의 솔루션에서만 제공한다고 하면 사용을 하겠죠. 하지만, 요구 수준이 다른 솔루션에서도 제공하는 정도라고 하면 상대적으로 저렴한 비용의 제품을 사용하겠죠.

(개구루) 현업(사업부서)에서는 그러한 솔루션을 도입할 때 비용을 먼저 생각하나요? 아니면 안정성을 먼저 생각하나요?

(코타나) 저는 그게 IT부서의 역량이라고 봅니다. 그 비용 차이가 나는 부분으로 인해 서비스 차이가 날 수 있다는 것을 설명해 줄 수 있어야 합니다. 만약 그걸 설명하지 못하면 사업부서 입장에서 '같은 기능을 수행하는 건데 왜 더 비싼 것을 구매해야 하나요?'라고 질문했을 때 할 말이 없는 거죠.

(땡굴이) 예전에는 그런 챌린지가 적었는데 점점 비용에 대한 가치를 사용자들이 추구하게 되면서 자연히 IT 인프라 엔지니어들도 그러한 비용에 대한 가치를 설명할 수 있는 역량이 필요해지고 있는 것 같아요.

(개구루) 제 개인적인 경험상 예전에는 그런 부분(솔루션의 비용적인 부분)에 대해서는 신경을 크게 쓰지 않고 어떠한 서비스를 개발할지에 대한 고민이 많았던 것 같은데, 차츰 관리에 대한 부분이 더 중요하게 생각되는 것 같아요. 그렇다 해도 어느 한쪽에 치우치는 것이 아니라 서비스와 관리 두 측면 모두를 잘 하도록 요구받게 되는 것 같아요.

땡굴이 결국, 본질로 들어간다고 봐요. 예전에는 IT가 그 자체로 목적이었는데, 이제는 IT도 유틸리티가 된 거죠. 전기나 수도처럼 당연히 제공되어야 하는 것처럼요.

개구루 맞아요. 당연히 제공되어야 하는 것이 제공되지 않게 됐을 때의 불편함은 이루 말할 수 없죠. 얼마 전 일산에 대규모 단수가 있었을 때 난리가 났던 것처럼 IT도 '장애가 날 수 있다.'가 아니라 '장애가 나면 큰일 난다.'가 돼가는 거죠. 그런 측면에서 메인프레임이 장점으로 내세우는 것이 안정성인 것 같아요.

5 메인프레임의 장점: 안정성

코타나 두 번째 설명해 드릴 장점을 개구루 님께서 말씀해 주셨는데요. 제가 메인프레임을 운영할 때에도 그랬고, 이전의 선배님들이 운영할 때도 그랬고, 일단 메인프레임은 과부하 상황에서 처리 성능이나 안정성 저하가 매우 적었습니다. 우리가 유닉스나 x86 서버를 사용할 때나 설계할 때 일반적으로 CPU 사용률이 60%~70%를 넘어가게 되면 큐잉(Queuing)이 발생하면서 성능 저하가 발생한다고 알고 있죠.

> 용어 **CPU 큐잉(Queuing)**
> 어떤 명령어가 들어왔을 때 즉시 처리할 CPU가 없는 경우 가용한 CPU가 생길 때까지 대기하게 되는 현상

메인프레임은 그런 상황에서도 크게 영향이 없어요. 특히, 야간 시간 때 대량의 배치 작업이 수행될 때 늘 CPU 사용량이 100%임에도 불구하고 (물론, 약간의 성능 저하는 있지만) 유닉스나 x86처럼 성능이 과도하게 느려지거나 비정상 종료가 된다든지 하는 현상은 없었어요.

개구루 개발자들이 편했겠는데요? 요즘 개발자들은 서버의 리소스(Resource, 자원: CPU나 메모리 등을 의미) 사용률을 고민하면서 개발해야 하는 상황이거든요. 개발자들은 겪어보았겠지만, 적은 리소스를 사용하면서 장시간 수행될 것으로 생각하고 간단한 프로그램을 만들었는데 단시간 내에 서버의 모든 리소스를 점유하게 되어 전체 시

스템에 영향을 주는 경우가 많이 발생하기도 하거든요. 이러한 상황을 방지하기 위해서 흐름을 제어하는 로직을 개발해서 적정 수준의 서버 리소스만 사용하도록 합니다.

코타나 그럴 수도 있겠네요. 요즘 개발자분이 그런 부분까지 고려하면서 개발해 주신다고 하니 고마운 마음이 드네요. 말씀하셨듯이 안정성이라는 게 점점 상향 평준화가 되어 간다고 할까요? 과거에는 하드웨어만으로 원하는 만큼의 충분한 안정성을 보장할 수 있었지만, 지금은 하드웨어뿐만 아니라 소프트웨어적인 방법까지 추가하여 안정성을 더하고 있습니다.

어쨌든 그런 측면에서 메인프레임은 확실한 장점이 있지만, 문제는 가격이 비싸다는 점이죠. 다른 유닉스나 x86보다 가격이 높고, 매우 폐쇄적인 플랫폼이다 보니 새로운 기술(자바 애플리케이션이나 리눅스 등)을 적용하려 할 때 제약이 많은 게 흠이었습니다. 지금은 이를 어느 정도 해소할 수 있는 여러 제품과 방법이 나왔지만, 같은 기능을 유닉스나 x86 같은 플랫폼에서 구현하는 비용과 메인프레임에서 구현하는 비용을 비교해 보면 여전히 메인프레임이 더 큰 비용이 듭니다. 이러한 특성으로 인해서 은행과 같은 대형 사업장에서만 도입했던 거죠.

땡굴이 추가로, 보안도 뛰어난 것 같습니다. 메인프레임은 워낙 폐쇄적이고 사용자도 많지 않기 때문에 해킹 사고가 거의 없었죠. 운영체제의 구조를 알아야 취약점 분석이 가능한데, 공개되어 있지 않기 때문에 구조를 알기가 너무 어려우니 해킹도 어려워지는 거죠. 최근의 해킹 트렌드인 지능형 지속 위협(APT) 공격이 아닌, 메인프레임 자체의 취약점을 공격하는 방식은 거의 성공한 사례가 없다고 합니다. iOS가 보안에 강하다는 것도 비슷한 이유겠지요.

> **용어** **지능형 지속 위협(APT, Advanced Persistent Threat)**
> 다른 해킹 방식과 달리 공격자가 특정한 대상을 목표로 다양한 해킹 기술을 이용해 은밀하고 지속적으로 공격하는 행위를 의미함

6 메인프레임의 장점: 유연성

코타나　메인프레임이 상대적으로 다른 서버 장비들보다 처리 용량이 높긴 하지만, 그렇다고 마냥 1대로만 운영할 수는 없어요. 투자의 관점에서 예를 들어 봅시다. 신규 서비스를 위해 CPU가 10개인 메인프레임 1대를 도입하면서 이 장비로 향후 3년 정도 사용할 수 있을 것으로 예측할 수 있습니다. 그 상황에서 3년이 지나고 대략 CPU 20개 정도의 처리 용량이 추가로 필요해졌다고 했을 때 용량을 확보하는 방법은 크게 두 가지가 있겠죠

첫 번째는 이 장비를 CPU 20개가 장착된 새로운 장비로 대체하는 거죠. 일시에 많은 투자 비용이 들고 기존 장비의 활용처를 찾지 못하면 비용 손실이 발생하겠죠. 두 번째는 같은 CPU 10개짜리 장비를 하나 더 사서 두 장비를 논리적으로 하나로 연결(클러스터링, clustering)하면 상대적으로 적은 비용으로 필요한 용량을 확보할 수 있습니다. 문제는 물리적으로 분리된 장비를 논리적으로 하나의 장비로 구성하여 동시 처리를 가능하게 하기 위해서는 두 장비 간의 정보를 조율(coordination)해 주는 역할이 필요한 거죠.

땡굴이　지난번에 말씀해 주신 것이 메인프레임은 창고를 여러 개 만드는 게 아니라 창고를 크게 만드는 거라고 하셨잖아요? 근데 두 번째 방법은 그때 말한 것과는 다른 개념인 것 같은데, 왜 그렇게 하나요?

코타나　그러한 개념이 필요한 이유는 투자 시점의 차이 때문에 발생합니다. 예를 들어, 신규 서비스를 출시하면서 앞으로 10년 뒤에 필요한 시스템 용량을 예측하기는 매우 어렵죠. 사실, 요즘 같은 경우는 시장 상황과 기술이 워낙 급격하게 변하다 보니 3년 이후의 상황 예측도 쉽지 않죠. 그렇다 보니 향후 2년에서 3년 정도 필요한 용량만큼만 도입하는 것이 효율적입니다. 나중에 잘 되면 증설하고 잘 안 되면 축소나 폐기를 해야지, 처음부터 10년 후의 성장을 상상하면서 고가의 장비를 도입하게 되면 투자에 대한 위험이 너무 높아지는 거죠.

개구루　맞아요. 그리고 기술이 계속 발전하기 때문에 시간이 지나면 지날수록 더 좋

은 장비들을 더 저렴한 가격에 살 수가 있죠.

코타나 따라서 메인프레임도 시스템을 수평적으로 확장할 수 있도록 하는 기술을 제공할 수밖에 없는 거죠. 물론, 정말 돈이 많은 회사라면 매번 새로운 장비로 교체할 수 있겠지만, 투자 비용이 많이 필요하겠죠.

개구루 갑자기 질문이 하나 생겼는데요. 대부분의 상용 시스템은 개발 전용 환경을 가지고 있잖아요? 검증용(staging) 시스템도 있고요. 메인프레임에서는 이러한 개발, 검증 환경을 어떻게 구성하나요? 큰 박스 하나에서 나누어 쓰는 건지? 아니면 별도의 장비를 가지고 구성하는지?

> **용어** **검증용 시스템(Staging System)**
> 개발 시스템에서 개발하고 점검한 애플리케이션이나 소프트웨어를 운영 시스템(production)에 반영하기 전에 최종 점검을 하기 위한 용도의 시스템을 말합니다. 운영 시스템보다 규모는 작으나 환경을 동일하게 구성하여 사용합니다.

코타나 두 가지 다 가능해요. 하나의 장비를 논리적으로 분리하여 사용하기 위해 메인프레임에서 파티션(partition) 기능을 제공합니다. 예를 들면, CPU 10개인 메인프레임이 있다고 하면 CPU 1개를 개발용, 2개를 검증용, 그리고 나머지 7개를 운영용으로 할당하여 사용하는 겁니다. 아니면 소형 메인프레임 장비를 별도로 도입해서 개발 용도로 사용하기도 합니다. 일반적으로는 기존 장비를 신규로 대체하고 남은 장비를 활용해서 개발과 검증 환경을 구성합니다.

개구루 그렇군요. 예전 사례를 하나 말씀드리면, 개발 환경을 운영 환경과 같은 물리 서버에서 나누어 구성한 경우에 개발 환경에서 잘못된 프로그래밍으로 너무 많은 CPU와 I/O(입력/출력, Input and Output)를 사용했을 때 운영 환경이 사용할 자원이 부족해져서 장애가 나는 경우가 있었어요. 메인프레임은 그런 경우가 없나요?

코타나 아까 말한 파티션 개념이 그런 현상의 발생을 막아줍니다. 메인프레임의 파티션은 70, 80년대에 나왔는데, 이 중 한 가지 방식인 LPAR(Logical PARtition)이 하나의 장비를 물리적으로 분리해 주는 기술입니다. 이렇게 되면 분리된 시스템 간에 영향을 미치지 않고 독립적으로 운영할 수 있게 되죠.

> 용어 **메인프레임의 LPAR**
> 하나의 메인프레임을 물리적으로 분리하는 기술을 말합니다. 유닉스에도 유사한 기술이 있으며,
> nPar/Cell board 단위 파티션, vPar/CPU 단위 파티션이라고 합니다.

요즘은 파티션 기술들이 많이 발전해서 물리적으로 분리하거나, 일정 영역을 공유하면서 상황에 따라 자원을 할당하는 동적 할당 방식(dynamic allocation)도 존재하지만, 당시에는 메인프레임에서 처음 제공했던 기술이었습니다.

땡굴이 거의 IT 인프라의 조상이네요. 제가 생각할 때 메인프레임에서 나왔던 기술이 아닌, 완전히 새로운 기술은 거의 없는 것 같아요. 특히, 인프라나 하드웨어 기술에서는 그 당시보다 특별히 나아지거나 뛰어난 기술은 못 본 것 같아요. 시대를 앞서간 기술이라고 생각합니다.

7 동시성 제어 기술: 시스템

코타나 지난번에 저희가 동시성 제어에 관해 이야기를 나눴었죠. 동시 처리를 위해서는 모든 요청에 대해 순서를 세우고, 관련된 정보를 공유하는 것이 필요합니다. 이러한 동시 처리를 위해 메인프레임이 어떤 기술(혹은 솔루션)을 제공하고 있는지에 대해 세부적으로 이야기해 볼까 해요.

개구루 메인프레임 한 대에서 프로세스 간의 동시 처리를 말씀하시는 건가요? 아니면 여러 대의 메인프레임 장비 간의 동시 처리인가요?

코타나 지금 설명해 드리려는 내용은 후자입니다. 메인프레임의 장비당 처리 성능이 매우 높긴 하지만, 규모가 큰 서비스의 경우에는 여러 장비를 논리적으로 하나의 장비처럼 구성해야 합니다. 이때 사용하는 기술이 바로 CF(Coupling Facility)입니다. CF는 유닉스나 x86의 클러스터(cluster)와 기술적으로 매우 유사하지만, 별도의 메인프레임 장비를 활용하는 H/W 방식의 클러스터라는 차이점이 있습니다. 그러니까 동시성을

보장하기 위해 별도의 하드웨어와 소프트웨어를 구성한 거죠.

(땅굴이) CF라고 하니까 불현듯 예전에 그 장비를 봤었던 기억이 나네요.

(개구루) 그러면 CF 장비를 갖다 놓고 이것을 다른 두 대의 장비와 연결한다는 건가요?

(코타나) 맞습니다. 메인프레임에서 2대 이상의 장비를 클러스터링한다고 하면 무조건 CF가 있어야 합니다. 물리적으론 3대가 필요한 거죠. CF의 용량에 따라 달라지기는 하지만, 최대 32대까지 묶을 수가 있습니다. 그리고 CF를 기반으로 묶인 여러 대의 메인프레임을 단일 시스템처럼 사용할 수 있도록 하는 기술을 '병렬 SYSPLEX'라고 부릅니다.

(개구루) 그러면 CF가 여러 대의 메인프레임 간에 데이터를 전달해 주는 역할을 하는 건가요? 아니면 CF가 모든 데이터를 저장하고 컴퓨팅을 담당하는 메인프레임들에 나누어 주는 방식인 건가요?

(코타나) 정확히 말하자면, CF는 실제 애플리케이션을 구동하진 않아요. 메인프레임이 말하는 클러스터는 유닉스나 리눅스의 개념과는 좀 다릅니다. 유닉스나 리눅스에서 클러스터라고 하면 많이 사용하는 MC/SG(Multi Chassis/Service Guard)나 RHCS(RedHat Cluster Suite)가 있잖아요. 개구루 님, 이것들의 역할이 뭔가요?

(개구루) 복수의 노드(서버)가 있을 때 하나는 프라이머리 역할을, 나머지는 세컨더리 역할을 부여하고, 프라이머리가 문제 있을 때 세컨더리 노드를 이용하여 서비스 중단이 없도록 하는 거죠.

(코타나) 제 질문의 요지가 그거에요. RHCS나 MC/SG가 제공하는 기능은 하드웨어나 운영체제의 정상 유무를 체크해서 문제가 있으면 다른 서버로 대체시켜 '스플릿 브레인' 현상이 발생하지 않도록 하는 거죠. 그렇기 때문에 여러 서버 간에 동시성을 제어하는 CF와는 차이가 있는 거죠.

용어 **스플릿 브레인(Split Brain)**
클러스터로 묶여 있는 복수의 노드가 동일한 자원에 대해서 서로 자신이 프라이머리로 인식하여 데이터
정합성이 깨지는 현상

코타나 CF는 모든 노드(서버)의 동시성 제어를 위해 세 가지 정보를 관리합니다. 첫 번째는 연결된 시스템 간의 락(lock) 정보 관리, 두 번째는 개별 시스템 상호 간의 정합성 보장을 위한 캐시 관리, 세 번째는 데이터 목록 정보 관리입니다. 모든 메모리의 변경 사항을 추적, 관리하게 되고 이를 통해 서로 다른 장비들을 하나의 장비인 것처럼 제어할 수가 있는 거죠.

개구루 **땡굴이** 신기하네요.

코타나 설명을 위해 예를 들자면, 유닉스 환경에서 데이터 파일을 여러 시스템에서 함께 사용하려면 NAS를 사용하면 되겠죠. 문제는 NAS는 공유가 쉬운 반면에 NFS 프로토콜의 한계로 성능이 좋지 못하죠. 그래서 높은 성능이 필요한 경우에 대표적으로 사용되는 솔루션이 바로 시만텍의 CFS(Cluster File System)였습니다. 이 솔루션은 스토리지를 공유하는 여러 유닉스 서버 사이에서 소프트웨어 기반으로 자원과 락(lock)을 관리해 주기 때문에 파일을 공유할 수 있었습니다. 이러한 역할을 메인프레임은 CF가 담당했던 거죠.

용어 **락(lock) 관리**
여러 사용자가 하나의 데이터를 사용할 때, 서로간의 변경 사항이 상충되어 데이터 정합성이 깨지는
문제를 방지하기 위해 사용자의 권한이나 접근 순서에 따라 변경을 제한하는 것

하드웨어로 제어하다 보니 높은 수준의 동시성 제어나 정합성 유지가 가능했던 거죠. 또한, 시스템 중 하나가 장애나 오류로 중단이 되었다고 하면 처리 중이었던 작업이 그대로 다른 시스템에서 중단 없이 처리되었습니다. 왜냐하면, CF가 모든 시스템의 정보를 관리하고 흐름을 제어하고 있었기 때문입니다. 그래서 IBM의 Z 시리즈를 제로 다운타임(Zero Downtime)이라고 불렀던 것도 실제 그렇게 동작하게 해 주는 기술력이 있었기 때문에 허언은 아니었죠.

개구루 CF의 성능이 서비스의 성능에 직접적인 영향을 줄 수 있겠네요?

코타나　네. 맞아요. CF는 각각의 노드들과 연결을 위해 CTC(Channel-to-Channel)라는 링크를 통해 데이터를 주고받았는데, 노드가 늘어나면 성능을 보완하기 위해 CF도 같이 증설을 해 줬습니다. 이런 구조들 때문에 기능 하나 추가하려면 너무 많은 돈이 들어가니 메인프레임은 비용이 비싸다는 이야기가 나오는 거죠. 하지만, 안정성이나 신뢰성만큼은 확실했습니다. 비록 최근에 아키텍처 간의 기술이 상향 평준화가 이뤄졌다고는 하나, 메인프레임의 안정성과 신뢰성이 최고라는 점은 여전히 반론의 여지가 없다고 생각합니다.

8 동시성 제어 기술: 정보 공유

땡굴이　메인프레임에서는 파일 시스템을 공유할 때 어떤 기술을 사용했나요? CF를 이용하나요?

코타나　DASD(Direct Access Storage Device)라는 기술이 있었죠. 이건 같은 CF 내의 다른 메인프레임 장비가 하나의 스토리지를 공유하기 위한 솔루션입니다. IBM에서만 제공하기 때문에 솔루션이자 기법이라고 볼 수 있겠네요.

개구루　유닉스나 리눅스 등 다른 플랫폼에서는 이런 동시성 제어 기술이 없나요?

코타나　설명하다 보니 요즘 많이 사용하는 오라클의 RAC(Real Application Cluster)가 비슷하다는 생각이 듭니다. CF처럼 별도의 하드웨어 없이 소프트웨어적으로 구현한 방식인데요. 서버 간에 캐시나 제어 정보를 교환하기 위해 서버끼리의 직접 연결(inter-connect) 네트워크를 구성해서 각 노드의 상태를 파악하여 물리적으로 분리된 여러 대의 서버가 논리적으로 하나의 데이터베이스인 것처럼 구성하는 거죠. 지금은 클러스터 데이터베이스(cluster DB)에 있어 독보적인 위치를 차지하고 있는 기술이지만, 그 기술의 개념은 이미 오래전에 나왔다는 거죠.

개구루　그렇군요. 메인프레임에서 주로 사용되는 다른 솔루션들은 어떤 것들이 있나요?

코타나　CICS가 있죠. 메인프레임을 하셨던 분들은 참 많이도 들었던 추억의 솔루션입니다. 유닉스나 리눅스로 치면 웹 로직이나 턱시도, 톰캣 같은 역할을 한다고 보시면 됩니다. 제가 메인프레임을 사용할 때는 코볼(COBOL)로 개발했는데, 자바나 C와 같은 다른 언어도 지원하는 것 같습니다.

CICS의 풀네임이 Customer Infomation Control System인데, 이런 이름을 가지게 된 배경이 재미있습니다. 초기 메인프레임이 가장 많이 사용된 곳이 금융권이었습니다. 특히 은행에서 많이 사용했는데, 그때 업계에서 많이 사용했던 용어가 CIS(Customer Infomation System)라고 합니다. 그래서 CICS라는 명칭이 거기에서 유래되었다고 하네요. 요즘에는 다양한 제품이 있기 때문에 미들웨어라는 상위의 개념으로 통칭하여 부르지만, 당시에 CICS는 '온라인 트랜잭션을 처리하는 프로그램'의 대명사였죠.

개구루　메인프레임 파일 시스템에 대한 이야기도 해 주세요.

코타나　파일 시스템 이야기는 딱히 설명을 안 드려도 될 것 같은데, 잠깐 말씀드리면 유닉스 서버 운영자들은 가끔 SAM 파일이라는 이야기를 들어보셨을 거예요. 일반 Text 파일을 SAM(Sequential Access Method) 파일이라고 부르는데, 이 용어 역시 메인프레임에서 나왔습니다. 플랫(flat)한 평문 형태의 데이터를 사용하는 방식을 SAM이라고 불렀고, 예전부터 IT를 하시던 분들은 SAM 파일이라는 용어를 계속 사용하고 있습니다. 혹시 들어본 적 없으세요?

개구루　오! 그 용어가 메인프레임에서 유래된 것이군요. 제가 시스템을 운영할 때 은행, 카드사, VAN사와 주고받는 데이터 파일을 SAM 파일이라고 하면서 담당자들과 이야기했었거든요. 이 용어를 사용해서 이야기하면 어떤 분과 대화를 하든지 전혀 무리가 없었어요. 그냥 IT 세계에서 통용되어 온 용어 같아요.

코타나　좀 더 공식적으로 정의하자면, 데이터가 EBCDIC(Extended Binary Coded Decimal Interchange Code)로 작성된 파일, 혹은 DB에서 사용되는 파일이 아닌 것들을 SAM 파일이라 불렀습니다.

땅굴이　메인프레임에서 사용하는 데이터베이스는 어떤 것들이 있었나요?

코타나   데이터베이스는 VSAM(Virtual Storage Access Method)이라는 것이 있었는데, SAM에 포인터가 추가된 파일로서 데이터베이스의 중간 형태였습니다. 여기서 한 단계 발전한 계층형 데이터베이스인 IMS(Information Management System)도 있었고, 그 이후에 지금도 많이 사용되는 관계형 데이터베이스인 DB2도 있습니다. (유닉스, 리눅스, 윈도우에는 UDB라는 명칭으로 사용됨.)

개구루   오늘 장시간 동안 메인프레임에 대해 너무 많은 이야기를 해 주셔서 감사합니다. 정말 손뼉을 쳐 드리고 싶고 이 방송을 들으시는 모두가 코타나 님의 열정에 감동하실 것 같네요. 다음 회에 진행될 땡굴이 님의 유닉스 서버도 기대되네요.

SECTION 03 | 유닉스, 왕년의 스타이자 여전한 믿음

■ 유닉스 역사와 주요 벤더들

[땡굴이] 지금부터 유닉스 서버에 대해 이야기를 할게요. 메인프레임이 출시된 이후에 사람들은 메인프레임에 비해서 물리적인 크기가 작고 접근성도 쉬운 새로운 시스템을 원했습니다. 그래서 1980년대부터 유닉스 서버라는 이름으로 몇몇 서버 제조업체에서 개발하기 시작했고요. 제조사들은 보통 유닉스 서버용 CPU를 만들면서 거기에 맞는 운영체제도 같이 개발했습니다. 주로 우리가 알고 있는 IBM이나 HP, 2009년 오라클로 인수된 선 마이크로시스템즈(이후 SUN) 등 주로 3사가 세계 유닉스 서버 시장의 강자였죠.

[개구루] 3강 구도였나요?

[땡굴이] 네. 그렇다고 볼 순 있는데요. SUN이 조금 밀린 편이었던 것 같아요. 이 밖에 DEC라는 곳도 있었습니다. 이 회사는 컴팩에게 인수합병되었고, 그리고 컴팩은 다시 HP로 인수합병이 되죠.

[개구루] 역사를 줄줄이 꿰고 계시네요.

[땡굴이] 코타나 님은 메인프레임으로 시작하셨다고 했지만, 저는 회사 생활을 유닉스부터 시작했거든요. 아무래도 서버 제조사들이 인수합병 등 합종연횡을 많이 하다 보니 자연스럽게 관심을 가지게 된 것 같습니다. IBM의 유닉스인 AIX를 처음 접했고요. 대학원 연구실에서 처음 접한 장비도 마찬가지로 IBM이었어요. 당시 AIX 버전이 4.1

이었던 것으로 기억합니다. 지금은 아마 7.x 정도 될 것 같네요.

당시에 IBM에서 인증하던 자격증 중 최고의 엔지니어 자격증인 CATE(Certified Advanced Technical Expert)를 취득할 정도로 많은 공부를 했었죠. 시험 과목 중 일부 과목은 어려워서 세 번이나 떨어졌던 기억이 있습니다. 이렇게 개인적으로 IBM이 제일 익숙했었고, 그다음은 HP 서버를 접하게 되었지요. SUN 같은 경우는 제 업무 환경상 가장 늦게 접하다 보니 제일 정을 주지 못했습니다.

코타나 님은 3개의 유닉스 서버 중 어떤 장비를 선호하셨나요?

코타나   저는 개인적으로 메인프레임을 쓰다가 다운사이징했던 장비가 HP 슈퍼돔이었거든요. 그러다 보니 HP 서버와 HP-UX가 가장 익숙합니다. 그다음에 시스템 간의 정보를 주고받는 인터페이스 업무에 AIX를 썼었죠. SUN과 운영체제인 솔라리스는 거의 써보질 못했어요. 기계실에 가면 한두 대 있는 정도였고, 게다가 예전에 나온 낡은 장비였고요. 정확히 기억은 안 나는데, 당시 솔라리스의 기본 셸(shell)이 다른 유닉스 서버와 달랐던 것 같아요. 아마도 csh라는 셸이었던 것 같은데, 장비도 예전 장비인 데다가 설정도 다르니 조금 접하기 쉽지 않았던 기억이 나네요.

개구루   저는 솔라리스라는 시스템에는 접속해 본 경험도 없습니다.

땡굴이   그런데 예전에는 SUN 장비가 가격 경쟁력이 있어서 상당수의 개발자가 IBM이나 HP보다 상대적으로 쉽게 접할 수 있었다고 알고 있어요.

개구루   아, 저는 대형 사이트에서만 개발을 주로 해서…

땡굴이   네, 그렇군요. 기존에 유닉스 관련 커뮤니티에 가 보면 주로 SUN의 솔라리스에 관한 문의가 많더라고요. 아마도 중소기업이나 소규모 기업에는 상대적으로 SUN 장비가 많이 도입되었었고, 또 그곳에 많은 개발자가 포진해 계시다 보니 그런 게 아닌가 하는 생각도 들고요.

코타나   또, 한 가지 드는 생각이 솔라리스가 아마 x86으로의 포팅(이식)을 제일 먼저 해서 그런 게 아닌가라는 생각도 듭니다. 다른 유닉스에 비해 일반 사용자들이 접근하기가 더 쉬웠을 것 같아요.

`땡굴이` 네. 그 영향도 크겠네요. 2000년 초반에 한창 x86으로 포팅하는 것에 많은 사람이 관심을 기울였던 것으로 기억합니다.

`코타나` 당시에 유닉스 프로그래밍 좀 한다는 분들이 솔라리스에서 개발했던 것 같습니다.

`깨구루` 저의 경우도 포털 사이트에 올라온 솔라리스 관련 명령어를 IBM 장비에서 실행해도 적용이 안 되니까 해당 사이트를 바로 빠져나오게 되더라고요.

`땡굴이` 지금은 어떤지 잘 모르겠습니다만, 아마도 지금은 클라우드나 윈도우 가상화 장비에 인터넷 서비스를 많이 하겠죠? 예전에는 인터넷 서비스를 주로 SUN 장비를 이용해서 많이들 운영했던 것으로 알고 있습니다. 아시겠지만, SUN에서 자바도 만들었죠. 예전에 제조회사들은 주로 IBM, 통신회사들은 주로 HP를 많이 선호했던 것으로 알고 있습니다. 아, 그리고 제 기억에 특이한 모양을 가진 HP 서버가 있었는데요. V 클래스라고 해서 정육면체처럼 생긴 서버가 있었어요. 큐브 형태라는 게 신기했던 기억이 나네요.

`코타나` 그러면 그 서버는 표준 랙에는 장착이 안 되는 서버였나요?

`땡굴이` 네. 가로/세로/높이가 약 1미터 정도였던 것 같은데, 표준 랙에 장착할 수 있는 서버는 아니었습니다. 별도의 상면에 독립적으로 배치해야 했던 장비였어요. 최근에 구글에서 그 서버의 이미지 검색을 해 봤는데, 지금 봐도 혁신적이더라고요. 당시로써도 상당히 혁신적이지 않았을까 하는 생각이 들었습니다. 상면 측면에서는 절대적으로 손해를 보겠지만요. 쌓을 수가 없었으니까요. 하하!

2 상면이란?

`깨구루` 상면에 관해서도 설명해 주셔야 할 것 같아요.

땡굴이 박상면 씨를 생각하시는 것은 아니죠? 하하, 죄송합니다.

코타나 개인적으로 이 부분은 편집 좀 해 주세요. 땡굴이 님이 개그 욕심이 많으셔서. 하하!

땡굴이 상면은 전산실에 장비를 놓기 위한 공간을 말합니다.

코타나 네. 상면 밑에서 네트워크 케이블이나 전원 케이블을 포설하지요. 예전의 많은 데이터 센터는 그랬는데, 요즘에는 또 전산 장비 위에다 트레이(tray)라는 것을 설치해서 케이블을 위에서부터 내려오도록 하는 것도 있어요.

개구루 그런데 왜 상면이라고 불러요?

땡굴이 상면(床面)의 상은 마루 상(床)이고, 면은 우리가 알고 있는 바닥 면(面)이에요. 우리 말로 굳이 풀자면 마룻바닥이 되겠지만, 이렇게는 안 부르고 보통 아래 공간을 확보하고 이중으로 바닥을 만들기 때문에 이중 마루라고 부르죠. 영어로는 보통 엑세스 플로어(access floor) 또는 레이즈드 플로어(raised floor)라고 합니다. 좀 복잡하죠?

개구루 아, 그렇군요. 저는 랙 상단 트레이에서 케이블이 내려오도록 하는 것이 더 편하더라고요.

땡굴이 그건 사람마다 다른 것 같아요. 저처럼 키가 작은 사람은 케이블을 포설하거나 정리하려고 사다리를 놓고도 버겁거든요. 오히려 예전처럼 바닥으로 기어 다니는 게 더 편합니다. 하하!

코타나 그런데 바닥에서 작업하려면 흔히 우리가 '뽁뽁이'라고 하는 걸 이용해서 마룻바닥을 뜯어 내는데, 아주 힘든 일이지요.

개구루 그런데 그 뽁뽁이라고 부르면 뭔지 감이 잘 안 올 것 같아요.

코타나 그건 제가 15년 동안 정확한 명칭을 들어보질 못했습니다.

땡굴이 우리 화장실에 물 안 내려갈 때 쓰는 '뚫어뻥' 같은 것이라 생각하시면 됩니다. 공기의 압력을 이용해서 바닥을 들어 올리는 거죠. 조심해야 해요. 갑자기 떨어지는 경우도 있으니까요.

3 유닉스 서버의 가상화 기술

(땡굴이) 이야기를 이어가면 IBM에서 처음 만든 CPU 이름이 POWER라는 건데요. Performance Optimization With Enhanced RISC의 약자라고 합니다. 그래서 IBM에서는 지금도 Power Systems 시리즈라는 이름으로 서버 장비들이 나오고 있어요. 유닉스 서버는 이렇게 계속 출시는 하고 있는데, x86 서버는 레노버에 매각되면서 앞으로 서버 전략을 어떻게 가져갈지 귀추가 주목됩니다.

이렇게 각 제조사에서는 유닉스 서버를 개발도 하고 주기적으로 신제품을 출시해 왔고, 바야흐로 전성기를 이루기 시작했지요. 그런데 1990년대 말부터로 기억합니다. 그때부터 '서버 가상화'란 개념이 들어 오기 시작했습니다. 원래 메인프레임에 있던 LPAR(Logical PARtition) 같은 논리 파티셔닝 기술이 시작이라고 보면 되는데, 이게 유닉스에도 적용이 되기 시작합니다.

(개구루) 논리 파티셔닝 기술에 대해서 상세히 설명해 주세요.

(땡굴이) 물리적인 서버 1대에 여러 논리적인 서버를 설치해서 자원을 효율적으로 사용할 수 있게 만든 개념이에요. 이를 위해 CPU와 메모리, I/O(입력/출력) 자원들을 분할해서 사용하게 됩니다. 그렇게 구성한 논리 서버에 운영체제를 설치해서 쓸 수 있는 거죠.

IBM 같은 경우에는 메인프레임에서 사용했던 이름을 그대로 써서 LPAR이라고 불렀고, 이게 좀 더 발전해서 DLPAR(Dynamic Logical PARtitions)이라는 기술도 곧이어 나오게 되었죠.

(개구루) 서버 가상화 기술과 같은 개념이군요. DLPAR은 또 뭔가요?

땅굴이 LPAR의 CPU나 메모리 자원을 조정할 때 서버를 재기동하지 않고 가능한 거죠. 온라인 중에 할 수 있다는 것은 큰 장점이죠.

코타나 IBM의 LPAR이나 DLPAR은 HP의 vPAR 같은 거라고 보면 될 것 같아요. 더 쉽게 설명하면, 예를 들어 CPU가 1개인 서버를 소프트웨어로 쪼개서 마치 여러 개의 CPU를 갖고 있는 것처럼 보이는 기술이랄까. 메모리도 마찬가지겠고요.

땅굴이 심지어 마이크로 파티셔닝이라는 것도 있는데, 이것은 CPU를 최소 1/10 단위로 할당할 수 있고, 심지어 1/100 단위만큼 조정이 가능했어요. 뭐 이렇게까지 해야 하는가 할 정도로 말이죠. 그런데 사실 이 기술은 가상 I/O, 즉 Vitual I/O라는 기술과 맞물리면서 더 관심을 끌었는데요.

개구루 Virtual I/O라는 건 뭘까요? 처음 들어보는 용어네요!

코타나 마이크로 파티션으로 하나의 물리 서버에서 정말 많은 서버를 만들어 낼 수 있다 보니, 물리적인 I/O 카드의 수량에 한계가 있었기에 I/O 카드를 가상화해서 여러 서버가 공동으로 이용할 수 있도록 나누어 주는 기술이 적용된 Virtual I/O 서버를 통해 제공할 수 있게 되었어요.

땅굴이 아무튼, IBM 유닉스 서버의 운영체제인 AIX에서 제공했던 SMIT(System Management Interface Tool)라는 강력한 도구를 통해 시스템 환경 설정, 파일 시스템 관리, 네트워크 관리, 서버 이중화 등을 메뉴바 형태로 제공해서 초보자도 손쉽게 서버 관리를 할 수 있도록 했지요. 파일 형태로 시스템 정보를 저장하기보다는 ODM(Object Data Manager)이라는 내부 데이터베이스 형태로 시스템 정보를 저장해서 사용자 개입을 최소화시켰어요. 유연성은 좀 떨어지는 대신 안정성을 취한 거죠.

코타나 SMIT는 예전 MS-DOS 운영체제에서 텍스트 기반의 애플리케이션인 M 같은 모습을 보였다고 생각하면 될 것 같아요. 문제는 한번 쓰기 시작하면 좀처럼 헤어 나올 수 없는 거였죠.

개구루 그만큼 사용이 쉬웠다는 거군요. HP 서버도 사용해 보신 거죠?

[땡굴이] 유닉스 서버를 논할 때 IBM 말고 HP를 언급하지 않을 수 없는데요. IBM 서버에 POWER 칩이 있었다면, HP 서버에는 PA-RISC라는 칩이 있었죠. PA는 Precision Architecture를 뜻하는 건데요. RP 시리즈라는 이름으로 상당 기간 제품이 출시되었었습니다.

[개구루] 서버 가상화 기술은 어떤가요?

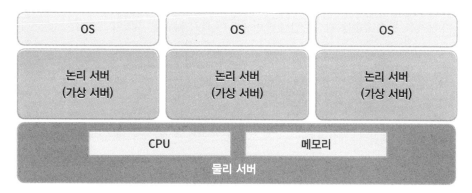

서버 가상화 기술

[땡굴이] IBM과 비교했을 때 HP의 가상화 기술이 어느 면에서는 우수한 부분이 있는 것으로 생각돼요. 예를 들어, HP 유닉스 서버의 nPAR이라는 것이 있는데, 이것은 셀(cell) 보드 단위의 파티션 기능이 제공되는 기술이거든요. 물리적으로 분리되어 있는 서버들이 여러 개 모여서 큰 하나의 서버를 이루고 있다는 거죠.

[코타나] 셀 보드도 처음 듣는 분들에게는 생소하실 수 있겠네요.

[땡굴이] 셀 보드는 데스크톱 컴퓨터 본체 너비의 반만한 크기를 가진 서버로 보면 될 듯합니다. nPAR이라는 건 셀 보드 단위로 분리되는데, 하나의 셀 보드에서 CPU나 메모리 등 장애가 발생해도 다른 셀 보드에는 영향이 없는 게 장점이죠. 셀 보드 1개 단위로 nPAR을 구성하거나 여러 셀 보드를 묶어서 하나의 nPAR을 구성할 수 있습니다. 이와 상대적으로 vPAR이라는 것이 있는데, 이것은 셀 보드 하나 또는 여러 셀 보드를 묶은 상태에서 IBM의 LPAR처럼 CPU나 메모리를 논리적으로 할당하는 기술이에요.

개구루 IBM의 LPAR이나 HP의 vPAR이나 이름만 다르지 비슷하군요.

땡굴이 네. 보통 기술이란 게 다 비슷한 것 같아요. 기업이 독보적인 기술을 갖고 시장을 독점하는 건 거의 불가능에 가깝죠. HP는 자체 개발하던 PA-RISC에 뒤이어 인텔의 아이테니엄 CPU를 탑재한 서버로 rx 시리즈라는 서버가 나오게 되었고, 이때 HP integrity VM이라는 호스트 운영체제 위에 VM(Virtual Machine)을 구성하는 기술이 나오게 되었어요. 2000년대 중반에 나왔던 것으로 기억하는데, 당시에는 호스트 운영체제를 통해 I/O를 관장하면서 오버헤드가 적지 않았던 기억이 있어요. 초반이라 안정성 문제도 우려되어 개발에만 적용했었는데요. 시간이 흘러 최근에 실제 운영하시는 분들로부터 확인한 내용은 성능이나 안정성이 많이 확보되어 지금은 어느 정도 중요한 시스템에도 많이 적용되어 있다고 합니다.

개구루 네. 최근에 가상화 기술은 통신사나 증권사에, 심지어 제조사들의 운영장비도 많이들 사용하고 있다고 하더라고요.

코타나 안정성이 많이 올라갔지요.

땡굴이 그럼에도 가상화에서 I/O 성능은 여전히 고민되는 부분이에요.

4 앞으로의 유닉스 서버

땡굴이 다시 HP 유닉스 서버 이야기로 돌아가면, 단연 독보적인 존재는 슈퍼돔(Superdome)이라는 서버죠. 개인적으로 외관은 정말 멋지다고 생각했어요.

코타나 현재까지 아마도 외모에서 다른 서버와 견주어 밀리지 않을 것 같아요.

땡굴이 슈퍼돔은 전성시대가 있었어요. 2000년경부터 해서 10년 이상 주요 통신사, 금융사 등에 많이 구축되었죠. 뒤이어 인텔과 공동으로 개발한 아이테니엄(Itanium)을 장착한 슈퍼돔 2라는 서버도 나중에 출시되었고요. 지금은 폴슨(Poulson)이라는 프로젝트명을 가진 CPU가 실제 현장에서 많이 쓰이고 있고요. 다음 칩셋은 키슨(Kittson)

의 프로젝트명을 가진 CPU인데, 이 CPU 이후에 앞으로 계속 새로운 CPU 모델을 만들고 새로운 서버를 만들지는 의문이에요.

코타나 슈퍼돔-X라는 x86 기반의 하드웨어 아키텍처가 나온 상황에서 이 제품을 밀려면 유닉스 서버를 걷어 내야 하겠죠.

땡굴이 x86과 리눅스는 IT 시장의 메가 트렌드인 상황에서 절대 무시는 못 하죠. 하지만, 당장 유닉스에서 x86 전환이 순식간에 이루어질 수는 없고요.

개구루 게다가 x86도 CPU당 코어 수가 점점 증가하고 있지 않나요?

코타나 아마도 유닉스 서버를 밀지, x86 서버를 밀지 딜레마일 듯해요.

땡굴이 인텔 아이네티엄 유닉스 서버는 키슨 이후로 더 가져가는 건 의미가 없을 듯해요. 물론 두고는 봐야겠지만, IBM처럼 독자적으로 개발한 게 아니라 인텔과 공동 개발을 해야 하다 보니 더욱 불확실성이 높을 수밖에요.

개구루 제온(Xeon) CPU가 아이테니엄만큼 성능이 잘 나오는 상황에서 고민이 되겠네요.

땡굴이 그래도 아직 시장에서 유닉스 서버는 꺼지지 않는 불씨는 맞는 것 같아요. 기존 서버들의 기술 지원 연한도 아직 상당 기간 남아 있고요. 게다가, CPU에 문제가 발생했을 때 전체 서버가 다운되지 않고 해당 CPU만 격리되는 기능 같은 것들은 아직 x86에 비해 상대적으로 우세한 편이지요.

개구루 참, HP에서는 SMIT 같은 도구는 없나요?

땡굴이 아니요. SAM(System Administration Manager)이 있었어요. 마찬가지로 파일 시스템 구성, 볼륨 구성도 가능했어요. 패치도 할 수 있었고요. SMIT만큼은 아니지만 꽤 쓸 만했던 것으로 기억합니다.

개구루 SUN 서버는, 아니 오라클 서버에 대한 설명은 안 해 주시나요?

땅굴이 네. 제가 직접 사용한 경험이 많지 않아 구체적으로 언급하기는 좀 어렵네요. IBM과 HP 유닉스 서버에 비해 점유율이 상대적으로 낮았지만, 그래도 예전에 인터넷 회사나 통신회사에서도 웹 서버 용도로 많이 사용했고요. 관리 측면에서는 SMIT이나 SAM 같은 운영체제 관리 기능이 별도로 없어서 쉽게 익숙해지려면 어느 정도 시간이 필요했던 것으로 기억합니다.

개구루 네. 그럼 유닉스 서버에 대해 간단히 알아봤는데요. 앞으로 인프라 엔지니어는 유닉스 서버에 관심을 계속 가져야 할까요?

땅굴이 물론이죠. 서버 제조사에서 각 하드웨어에 최적화된 운영체제 커널과 관리 도구를 제공하는 한 패치 안정성이나 문제 해결 측면에서는 x86에 비해 유리한 점이 있는 건 사실이거든요. 가끔 유닉스 서버 동향이나 신제품 정보에 대해 귀는 열어 두고 있는 게 좋을 것 같습니다.

SECTION 04 x86, 현 시대의 주인공

1 x86이 뭔가요?

코타나 이번엔 x86 서버에 관해서 이야기를 한번 해 볼까요? 요즘 클라우드나 IT 인 프라 기사를 보면 x86 서버 이야기를 많이 듣게 됩니다.

개구루 맞아요. 윈도우를 설치하면 디렉터리 이름에도 'Program Files(x86)'이 있죠. 그런데 왜 x86이라고 부르는지는 잘 모르겠더라고요.

코타나 그러면 우선 그 이야기를 잠깐 해 볼까요? 우리가 일반적으로 '컴퓨터'라고 부르는 것이 가정에 보급되기 시작한 시점이 30년 전쯤입니다. 그 당시에 삼보 트라 이젬, 삼성 알라딘, 현대 솔로몬 등 많은 기업에서 컴퓨터를 생산했고, 그때 사용된 CPU가 인텔의 80286이었습니다. 그 이전엔 8086, 8088이 있었지만 대중화되진 않았 기에 일반적으로 잘 알려지지 않았죠. 이후 CPU 기술의 발전에 따라 인텔은 자사의 신규 CPU를 기존의 제품과 구분하기 위해 386, 486, 586과 같이 명명하여 불렀습니 다. 특히 586, '펜티엄'이라 불린 CPU는 당시 'Intel inside' 마케팅과 함께 전 세계적으 로 공전의 히트를 기록하게 되었고, 이후 고성능 CPU의 대명사로 대중에게 인식되면 서 686, 786에 해당하는 새로운 아키텍처의 CPU가 출시되었음에도 20년이 넘게 사용 되었습니다. 즉, x86이라는 것은 '인텔의 CPU 아키텍처 명칭'이라고 생각하면 됩니다.

땅굴이 지금은 사라졌지만 90년대 말 한참 인터넷 붐이 일었을 무렵에는 VIA나 Cyrix 같은 업체들도 PC용 x86 CPU를 생산하던 시절이 있었죠. 특히, VIA는 메인보 드 제조사로 꽤 명성이 높았기 때문에 컴퓨터 매니아 중에서는 VIA CPU를 사용하는 사람들도 심심찮게 볼 수 있었습니다. 이후 시장이 인텔과 AMD 2강 체제로 재편되면서 모두 사업을 철수했지요.

코타나 그런 내용을 다 기억하고 계시다니 역시 아재는 다르군요. 새록새록 옛 기억이 떠오릅니다. 하하! 이러한 x86 기반의 CPU는 초기 16비트에서 32비트, 현재 64비트로 점차 향상되었습니다. 세대별로 보면 8086, 80286이 16비트였고, 80386, 80486, 펜티엄 초기가 32비트 였죠. 이때(2천년 초반) 전 세계 CPU 시장의 대부분을 차지하던 인텔은 가정용과 기업용 CPU를 32비트와 64비트 시장으로 나누는 전략을 세웠습니다. 그 이유는 인텔이 가정용 시장에서는 경쟁 우위에 있었으나 메인프레임이나 유닉스가 지배하던 기업용 시장에서는 입지가 좁았기 때문이죠. 또한, 일반 사용자들이 요구하는 가정용 PC의 성능은 32비트로도 충족시킬 수 있다고 판단한 거죠. 그래서 가정용 PC에는 IA(Intel Architecture)-32를, 기업에는 IA-64(Pentium과 구분 짓기 위해 Itanium이라는 이름으로 부름)라는 두 가지 아키텍처로 가져가게 됩니다

하지만 인터넷 활성화, 정보화 시대의 도래로 고성능을 요구하는 다양한 애플리케이션, 게임 등이 쏟아져 나왔고, 인텔은 이에 적절히 대응하지 못하고 있었습니다. 이런 와중에 CPU 업계의 2인자였던 AMD가 인텔보다 앞서 32비트와 64비트를 동시에 처리할 수 있는 기술(AMD64)을 개발(2003년)하는 대형 사건이 발생하죠. 이로 인해 AMD의 시장 점유율이 급성장하게 되고, 이에 마음이 급해진 인텔은 AMD로부터 특허를 사서 2005년에서야 EM64T라는 이름으로 64비트 처리 기술을 개발하게 됩니다.

이 두 가지 64비트 처리 기술을 기반으로 동작하는 CPU를 부른 것이 x64인데, 사람들이 인텔과 AMD의 CPU를 x86이라고 오랫동안 사용하다 보니 그냥 자연스럽게 x86으로 부르고 있는 거죠.

개구루 맞아요. 소프트웨어를 다운로드할 때 보면 아직 x86_64라는 용어가 남아있거든요. RPM 형식의 소프트웨어 설치 파일명을 보면 32비트인 경우에는 'i686'을 붙이고, 64비트인 경우에는 'x86_64'라고 붙이게 되어 있어요.

2 CPU 비트에 대한 인프라 관점의 분석

코타나　지금까지 나눈 이야기 중에 비트(bit)라는 말이 계속 나오는데, 이 비트가 왜 중요한 걸까요? 같은 윈도우 운영체제라도 32비트용이 있고 64비트용이 있는데, 이 건 무슨 차이가 있는 걸까요? 비트에 대해 이야기를 하기 위해서는 조금 복잡하지만 CPU의 구성요소에 대해 알아볼 필요가 있어요.

CPU의 구성요소는 세 가지가 있는데, 첫 번째, 산술논리 장치(Arithmatic Logic Unit) 로 논리연산을 해 주는 장치, 두 번째는 제어장치(Control Unit)입니다. 주변기기들(그래 픽 카드, 메모리 등)을 제어하는 역할을 합니다. 마지막으로, 레지스터라고 부르는 기억 장치(Memory Unit)가 있습니다. 이 레지스터를 통해 CPU는 메인보드에 장착된 메모리 (RAM)와 정보를 주고받습니다. 이 경로가 넓으면 넓을수록, 즉 비트가 높을수록 한 번에 처리할 수 있는 데이터의 양이 많아져서 처리 성능이 높아지는 거죠.

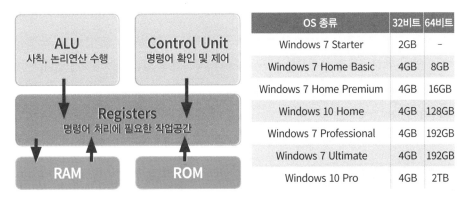

OS 종류	32비트	64비트
Windows 7 Starter	2GB	–
Windows 7 Home Basic	4GB	8GB
Windows 7 Home Premium	4GB	16GB
Windows 10 Home	4GB	128GB
Windows 7 Professional	4GB	192GB
Windows 7 Ultimate	4GB	192GB
Windows 10 Pro	4GB	2TB

비트는 CPU 구성요소 간 데이터 교환 단위. 비트에 따라 RAM의 최대 크기가 다름

이렇듯 컴퓨터가 제 성능을 발휘하기 위해서는 CPU와 운영체제, 애플리케이션이 같 은 비트로 구성되는 것이 중요합니다. 다음의 표를 보시면 32비트 CPU는 운영체제와 애플리케이션이 모두 32비트로만 동작해야 합니다. 하지만, 64비트 CPU를 사용하게 되면 운영체제와 애플리케이션이 32비트이어도 동작이 가능하죠. 하지만, 이렇게 하면 컴퓨터의 모든 자원을 사용하지 못하는 경우가 발생합니다. 예를 들면, 윈도우 운영체 제 32비트 버전을 설치하면 내 컴퓨터의 메모리가 4GB가 넘더라도 그 이상을 사용하

지 못합니다. 그 이유는 2의 32승인 4GB만큼의 메모리만 할당할 수 있기 때문에 그런 것이죠.

프로세서(CPU)	32비트	32비트	32비트	32비트
운영체제(OS)	32비트	32비트	64비트	64비트
응용 프로그램	32비트	64비트	32비트	64비트
	Yes	No	No	No

32비트 프로세서별 운영체제와 애플리케이션 호환성

프로세서(CPU)	64비트	64비트	64비트	64비트
운영체제(OS)	64비트	64비트	32비트	32비트
응용 프로그램	64비트	32비트	32비트	64비트
	Yes	Yes	Yes	No

64비트 프로세서별 운영체제와 애플리케이션 호환성

(땡굴이) 가정이나 회사에서 많이 사용하는 윈도우 7은 32비트로 설치한 경우가 많은데, 다양한 프로그램을 사용하다 보면 메모리가 부족해서 성능이 느려지게 됩니다. 이럴 때 보통 메모리 업그레이드를 생각하는데, 코나타 님이 말씀하신 이유로 메모리를 추가해도 32비트에서는 인식이 안 되기 때문에 무용지물이 되는 거죠. 어쩔 수 없이 울며 겨자 먹기로 운영체제를 재설치하는 수밖에 없습니다.

(개구루) 저희 회사의 일부 PC는 메모리가 8GB인데도 해당 부서에서 사용하는 프로그램이 64비트를 지원하지 않아 윈도우10 32비트를 설치해서 사용 중이에요. 회사의 경우 운영체제에 맞게 사내에서 개발/사용 중인 모든 프로그램을 변경해야 하니 운영체제 변경 하나도 쉬운 일이 아닌 것 같아요.

3 x86은 몰라도 인텔은 안다

(개구루) 사람들이 CPU를 부를 때 x86이라고 부르지 않고 샌디브리지(Sandybridge),

하스웰(Haswell) 이런 이름으로 부르잖아요. 이건 무슨 뜻인가요?

코타나 그건 인텔 CPU의 개발 코드네임입니다. 인텔은 그동안 '틱(tick)-톡(tock)'이라 부르는 CPU 개발 모델을 사용했습니다. 여기서 '틱'은 공정 미세화를, '톡'은 신규 아키텍처를 적용하는 것을 뜻합니다. 하지만, 최근 CPU 공정 미세화가 점점 어려워짐에 따라 인텔은 '틱-톡' 모델을 대신하여 'PAO(Process → Architecture → Optimization)'라는 새로운 개발 모델을 제시하게 됩니다.

개발 코드명	공정 노드	틱 & 톡	출시연도	인텔 PAO 로드맵			
				사이클	프로세스	출시연도	마이크로 아키텍처
콘로/메롬	65나노	톡	2006				
펜린	45나노	틱	2007	Process	14nm	2014	브로드웰
네할렘	45나노	톡	2008	Architecture	14nm	2015	스카이레이크
웨스트미어	32나노	틱	2010	Optimization	14nm+	2016	카비레이크
샌디브릿지	32나노	톡	2011				
아이비브릿지	22나노	틱	2012	Optimization	14nm++	2017	커피레이크
하스웰	22나노	톡	2013	Process	10nm	2017	캐논레이크
브로드웰	14나노	틱	2015	Architecture	10nm+	2018	아이스레이크
스카이레이크	14나노	톡	2015	Optimization	10nm+	2019	타이거레이크
카비레이크	14나노	톡	2016				
캐논레이크	10나노	틱	2017	Optimization	10nm++	2020	사파이어 래피즈

기존의 틱-톡 모델과 PAO 모델의 비교

반도체 공정이 미세화되면 집적도가 높아져서 같은 크기에 더 많은 데이터를 저장할 수 있게 되고, 당연히 같은 웨이퍼(반도체 기판)에서 더 많은 제품을 생산할 수 있죠. 또한, 전자의 이동 거리가 짧아져서 성능이 좋아지고 소비전력도 줄어들게 됩니다. 하지만, 공정이 10nm대로 진입하면서 반도체 생산장비의 비용이 대당 천억 원 이상 급증함에 따라 이렇게 전략을 수정할 수밖에 없었던 것으로 보입니다.

개구루 그렇군요. 말씀해 주신 내용을 듣다 보니 한 가지 궁금한 점이 있네요. 저희 회사에서 2017년에 x86 서버를 도입했는데, 장착된 CPU가 브로드웰이었거든요. 2014

년에 출시된 CPU인데 너무 오래된 것을 구매한 건 아닌가요?

땡굴이 그건 제가 말씀드릴게요. 위에서 코타나 님이 말씀해 주신 내용은 인텔의 데스크톱용 CPU 기준의 출시연도입니다. 서버용 CPU는 제온(Xeon)이라는 이름으로 부르는데, 이 CPU는 서버에 적합한 성능과 안정성을 가지기 위해 약 2~3년 동안 추가적인 설계 변경 및 테스트를 진행한 후 출시되게 됩니다. 그래서 현재 서버에 장착되는 CPU는 Skylake가 가장 최신 모델입니다.

코타나 정확한 설명 감사드려요. 이제는 인텔 제온 CPU의 모델명에 관해 간략히 알아볼게요. 실제 서버를 도입하기 위해 업체의 견적서를 받아보면 CPU 모델명이 적혀 있는데, 이 모델명은 다음과 같은 의미를 가지고 있습니다.

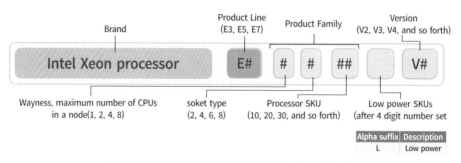

인텔 제온 CPU 모델명의 구조 및 의미(Broadwell까지)

인텔의 제온 CPU는 E3, E5, E7 세 종류로 구분되는데요, E3는 EN(Entry)급의 CPU로, 1개의 CPU만 장착이 가능한 1U(Unit. 서버의 높이를 의미함) 서버에 주로 사용되며, 코어도 4코어 이하 규격만 존재하여 소형 웹 서버 또는 워크스테이션에 적합합니다. E5는 EP(Efficiency & Performance)급으로 2개의 CPU를 사용하는 2U 서버에 사용되며, 코어는 4~22코어 규격까지 존재하여 필요 용도에 맞추어 다양하게 사용되고 있습니다. 기업에서 주로 사용하는 CPU가 바로 이 EP 계열입니다. E7은 EX(Extreme)급으로, 4개 이상의 CPU를 사용하는 4U 이상급의 서버에 사용되며, E5에 비해 코어 수/Cache 용량/동작 클록 등이 크거나 빠릅니다. 또한, 서버가 안정적으로 동작할 수 있도록 하고 문제가 발생했을 때 상세 로그를 기록하는 등의 RAS(Reliability, Availability and Serviceability) 기능을 지원하여 고성능 및 고신뢰성이 요구되는 미션 크리티컬 시스템에 사용하죠.

그다음의 xxxx는 CPU 수, 소켓 타입, 제품구분 번호로 구성되어 있으며, 마지막 v2, v3, v4는 CPU 코드네임으로, v2 아이비브리지, v3 하스웰, v4 브로드웰을 뜻합니다.

> **참고** 최근 제온 스카이레이크(Xeon Skylake)를 출시하면서 'Scalable Processor'라는 새로운 브랜드 네임을 발표했고, 이에 따라 기존 EN/EP/EX가 Bronze/Silver/Gold/Platium으로 변경되는 등 명명 규칙이 일부 변경되었습니다. 자세한 변경사항은 https://www.intel.com에서 확인할 수 있습니다.

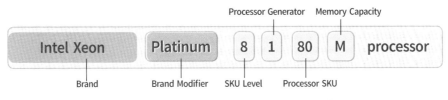

인텔 제온 CPU 모델명의 구조 및 의미(Skylake)

참고로, 인텔의 경쟁사인 AMD도 Zen으로 불리는 새로운 CPU 아키텍처를 발표하고, 데스크톱용 라이젠(Ryzen) 시리즈와 서버용 에픽(EPYC) 시리즈를 런칭 중에 있습니다. AMD도 인텔만큼의 이야기가 있으나, 내용이 너무 많으니 여기선 이 정도만 다루어야 할 것 같네요.

4 x86 서버의 주요 부품

코타나 CPU 이야기가 나온 김에 다른 부품들에 대해서도 알아봅시다. 우선, 메모리입니다. 최근 주로 사용되는 메모리는 DDR3, DDR4 타입이 주로 사용되고 있는데, 이것은 CPU에 따라 지원 여부가 다르기 때문에 확인이 꼭 필요합니다. 서버에 장착되는 메모리는 개당 4GB부터 128GB까지 다양하고, 대형 서버일수록 메모리 사용량이 많기 때문에 메모리 확장성이 매우 높습니다. 예를 들어, 일반적인 2U 서버는 메모리 슬롯이 24개 정도 제공됩니다.

[개구루] 일반 PC의 메모리 슬롯은 2개 혹은 4개 정도인데 비교가 안 될 만큼 크네요.

[코타나] 한 명이 사용하는 PC와 수백, 수천 명이 동시에 사용하는 서버는 차이가 있을 수밖에 없죠. 4U 서버는 무려 48개까지 지원합니다. 그래서 128GB 메모리를 장착하게 되면 서버 1대당 총 6TB까지 메모리를 확장할 수 있습니다. 어마어마한 용량이죠?

요즘 실시간 데이터 처리를 위해 메모리 기반으로 동작하는 애플리케이션이나 데이터베이스들이 많은데, 이런 서비스를 구축하려는 경우에 적합한 서버라고 할 수 있겠네요.

[땡굴이] 사실, 6TB의 메모리라고 하면 과도하다고 생각될 수 있는데, 어떻게 보면 메모리야말로 최소의 비용으로 최대의 효과를 누릴 수 있는 부품이라 생각됩니다. 왜냐하면, 신규 서비스를 개발한다고 할 때 총 소요 비용을 1이라 보면, x86 서버의 하드웨어 비용은 약 0.3 정도로 생각보다 높지 않습니다. 나머지 0.7은 모두 소프트웨어 라이선스 비용이죠. 소프트웨어 라이선스 비용의 대부분은 CPU 혹은 코어 수에 따라 가격이 책정되므로 CPU를 증설하게 되면 몇 배로 소프트웨어 라이선스 비용이 발생 됩니다. 그래서 메모리 증설을 통한 성능 향상이 훨씬 효율적인 거죠. (단, 메모리 기반 데이터베이스 등 일부 소프트웨어는 메모리양에 따라 라이선스 비용을 요구함)

[코타나] 서버에 메모리를 증설할 때는 중요한 규칙 세 가지 정도를 알고 있어야 합니다.

첫 번째는 모든 CPU에는 1개 이상의 메모리가 장착되어야 합니다. 예를 들어, 메모리는 별로 필요가 없는데 CPU가 많이 필요해서 CPU는 2개로 구성하고 메모리는 8GB 1개만 설치했다면, 첫 번째 규칙에 위배되어 해당 서버는 정상적으로 동작하지 않습니다. 따라서 이런 경우에는 4GB 메모리 2개를 도입하여 각각 설치해 주어야 합니다.

두 번째 규칙은 1개의 CPU가 인식할 수 있는 메모리 슬롯의 수에 제한이 있다는 것입니다. 다음의 그림을 보면 CPU 소켓이 2개이고 메모리 슬롯이 12개가 있는데, 메모리가 많이 필요하다고 해서 CPU는 1개인데 메모리는 12개를 설치하면 이 역시 정상 동작하지 않습니다. 그 이유는 인텔의 CPU는 메모리 컨트롤러와 I/O 컨트롤러를 모두 내장하고 있고, 각각의 컨트롤러는 제한된 슬롯에 대해서만 제어할 수 있기 때문이죠.

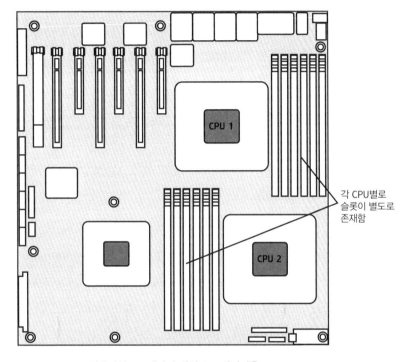

각 CPU별로
슬롯이 별도로
존재함

일반적인 2U 서버의 메인보드 레이아웃

세 번째는 조금 당연한 이야기이지만, 규격이 다른 메모리를 섞어서 사용할 수 없습니다. 다음의 표를 보시면 DDR 메모리에도 여러 종류가 있고, 동작 속도나 핀 수 등이 다르기 때문에 섞어서 구성이 불가합니다. 그래서 사진에 자신이 관리하는 서버가 어떤 메모리를 지원하는지, 어떤 타입의 메모리가 설치되어 있는지, 몇 개의 유휴 슬롯이 있는지 등을 고려하여 추가로 메모리를 도입해야 합니다.

규격	출시연도	동작 클럭 (MHz)	전송 속도 (MT/s)	핀 수
DDR1	2000	100~200	200~400	184
DDR2	2003	200~533.33	400~1066.67	240
DDR3	2007	400~1066.67	800~2133.33	240
DDR4	2014	1066.67~2133.33	2133.33~4266.67	288
DDR3L	저전력(low voltage) 모델로 발열, 전력 소모량이 낮음			
GDDR3	그래픽 카드용 메모리로 그래픽 처리 성능이 뛰어남			

DDR 메모리 규격별 특성

코타나 두 번째로 이야기할 부품은 디스크(disk)입니다. 스토리지 디스크와 구분하기 위해 인터널(internal) 디스크(서버 내부 디스크)라고 부르기도 하는데요, 주로 운영체제 및 프로그램 설치로 사용되며, 소규모 업무의 경우 실제 데이터까지 저장하는 용도로 사용합니다. 서버에 사용되는 디스크와 PC의 디스크는 몇 가지 차이점이 있는데, 혹시 알고 계신 것이 있나요?

개구루 음. 우선, 연결 방식이 SAS(SCSI 방식)와 SATA(ATA 방식)로 다르고, 디스크의 속도도 서버용은 10,000~15,000rpm인데 PC용은 5,400~7,200rpm으로 훨씬 느리죠. 대신, 디스크당 용량은 PC용이 훨씬 큰 것으로 알고 있어요. 그 외에도 SSD(Solid State Disk)라 불리는 플래시 메모리 기반 디스크도 많이 사용되고 있죠.

코타나 보통, 서버는 디스크를 10개 정도 장착할 수 있는데요. 특정 제품은 24개~48개까지도 장착되는 서버도 있으니 용도에 맞게 도입하면 됩니다. 이런 디스크들은 서버 내부의 Array 컨트롤러를 통해 연결하여 RAID(고가용 디스크 구성)를 지원합니다. 디스크에 대해서는 나중에 스토리지 파트에서 좀 더 자세히 설명해 드릴 기회가 있으니 이 정도면 될 것 같습니다.

땅굴이 다음은 파워(PSU, Power Supply Unit)를 알아보죠. 파워는 컴퓨터의 전원부를 의미합니다. 일반적으로 파워에 대해서는 신경을 안 쓰는 경우가 많은데요. 부하가 많이 몰리는 서버일수록 전원부가 튼튼해야 불의의 사고를 방지할 수 있습니다. 그래서 보통 서버에는 2개에서 4개의 전원이 장착되어 있고, 이 전원들은 상호 간 백업이 가능합니다. 회사에서 새롭게 출시된 서버를 대량으로 도입할 때 BMT(Benchmark Test)를 진행하는 경우가 있는데, 이때 전원부는 서버에 최대 부하를 걸어놓은 상태에서 전원의 절반만 살려놓았을 때 처리 성능에 이상이 없는지를 확인하고, 전원을 교체할 때도 성능이나 정합성에 영향이 없는지를 확인하기 위한 테스트를 하게 되죠.

코타나 맞아요. 일반인들이 듣기에는 '뭘 그런 것까지 테스트를 하냐?' 싶을 수도 있지만, 신규로 출시된 제품의 경우 의외로 이런 부분에서 문제가 있거나 설계대로 동작하지 않는 경우가 확인되기 때문에 도입 전에 꼭 필요한 절차라고 생각돼요. 전원부가 부실하면 CPU나 I/O 처리량이 많아졌을 때 충분한 전력 공급이 이루어지지 않아 다운되는 경우도 있고, 심지어는 파워가 고장 나는 경우가 종종 발생하기 때문에 파워를 보통 2개는 장착하는 편입니다. 물론, 파워가 1개만 있는 서버를 사용하는 경우가 있는데, 그런 서버들은 서버 간의 다중화를 통해 서비스 가용성을 유지하거나 서비스 중요도가 낮은 경우에 해당됩니다.

서버용 파워(PSU). 다중화된 파워로 일부가 고장 나도 서버는 정상 상태 유지

5 대용량 I/O 처리의 핵심, 인터페이스 카드

코타나 개구루 님의 집에서 사용하는 PC에 설치된 카드들은 어떤 것이 있나요?

(개구루) 생각해 보니 지금 집에서 사용하는 PC에는 그래픽 카드와 TV 수신 카드 밖에 없네요. 예전에는 LAN 카드, 사운드 카드, 영상편집 카드 등 정말 다양한 카드가 있었는데, 요즘에는 대부분 메인보드나 CPU에 내장되어서 별도로 카드를 사용하는 일이 드문 것 같아요. 옛날에는 옥소리, 사운드 블라스트 같은 추억의 사운드 카드 제품들을 정말 많이 사용했죠. 제가 중고등학교 시절만 해도 28.8K, 56K 모뎀 카드를 쓰면서 속도 정말 빠르다고 했었는데, 이후 인터넷이 활성화되면서 10Mb 3COM LAN 카드가 나왔을 때는 정말 그 속도에 압도당했죠. 그 당시에는 그런 카드들이 최소 3~4개씩 있어서 메인보드 구입할 때 카드 슬롯이 몇 개인지 꼭 확인했었어요.

(코타나) 그런 시절이 있었죠. 저도 현재 집에서 쓰는 PC는 별도로 장착한 카드가 하나도 없습니다. 그래픽은 CPU에, LAN은 보드에 내장되어 있으니 별도로 카드를 사용할 일이 없지요. 그런데 서버는 여전히 적게는 6개, 많게는 16개까지 이러한 카드를 장착할 수 있는 공간을 제공하는데요. 바로 이것을 확장 슬롯(expansion slot)이라고 부릅니다.

(개구루) 서버는 이런 확장 슬롯이 왜 이렇게 많이 필요한가요?

(코타나) 우선, 용도별로 다양한 카드 제품이 존재하고 연결할 장비들이 많기 때문입니다. 가장 많이 사용되는 건 NIC(Network Interface Card)라고 불리는 Ethernet 네트워크 연결용 카드입니다. 우리가 흔히 알고 있는 LAN 카드라 보시면 되고요. 요즘에는 포트당 1Gb/10Gb 속도가 나오는 카드들을 주로 사용합니다. 보통, 카드 하나에 2개 혹은 4개의 포트가 있고, 포트 커넥터의 형태에 따라 UTP 타입(전기신호)과 FC 타입(광신호)으로 나뉩니다.

가정에서는 인터넷 연결용으로 하나의 포트만 있으면 되지만, 서버는 안정적인 서비스를 위해 서비스용 포트와 백업, 서버 작업용 관리 포트를 별도로 구성하고, NIC 카드나 특정 포트에 오류가 나더라도 서비스 중단이 없게 하려고 이중으로 구성(bonding 또는 teaming 기법)을 하다 보니 최소 2개 이상의 NIC가 필요하게 되지요.

(코타나) 그다음은 HBA(Host Bus Adapter)라고 부르는 I/O 카드로, 광신호를 이용하

여 외장 스토리지와 고속의 데이터 전송 시에 사용하는 카드입니다. 보통, 가정이나 소규모 회사에서는 PC나 소형 서버 내부에 필요한 데이터를 모두 보관할 수 있지만, 수백~수천만 개의 데이터를 저장해야 하는 대형 서비스의 경우는 대량의 데이터 보관과 빠른 데이터 검색/기록을 위해 스토리지라고 하는 별도의 저장 전용 장치를 사용하게 됩니다. 이때 서버와 스토리지를 연결해 주는 카드가 바로 HBA입니다.

일반적인 HBA는 8Gb/16Gb 규격을 주로 사용하고 있으며, FCP(Fiber Channel Protocol)라는 전송 프로토콜을 이용하여 NIC보다 빠르고 신뢰성이 높은 장점이 있습니다. (반대로, NIC의 TCP/IP는 범용성, 호환성이 높음)

코타나 그다음은 조금 특수한 영역으로 가 볼게요. HCA(Host Channel Adapter)라는 게 있는데요. 이 카드는 Infiniband(줄여서 IB)라는 고성능 고가용성 연결 방식에 사용됩니다. 기업에서는 주로 오라클의 공유 데이터베이스 제품인 RAC 구성 시 데이터베이스 서버 간의 데이터 공유 링크 용도로 주로 사용되고 있고요. 그 외 연구소나 대학의 슈퍼컴퓨터 구성 시에도 사용합니다.

HCA는 초당 32Gb~56Gb 전송이 가능하고, RDS(Reliable Datagram Sockets) 프로토콜과 TCP/IP 프로토콜을 모두 지원하기 때문에 호환성이 좋습니다. 다만, HCA 카드나 IB 스위치가 다소 고가라서 널리 사용되고 있지는 않습니다.

코타나 마지막으로는 IOA(I/O Accelerator)입니다. 이 카드는 2011년경부터 시장에 등장했는데, 서버에 장착하는 카드 형태의 플래시 메모리 저장 장치입니다. IOA가 필요해진 배경에는 대량의 데이터를 실시간으로 처리해야 하는데, 메모리는 속도는 빠르지만 용량이 제한적이고 전원이 내려가면 모든 내용이 사라진다는 단점이 있었고, 디스크는 용량은 여유롭지만 속도가 떨어지는 문제가 있었습니다. IOA는 서버의 확장 슬롯에 장착되므로 용량 확장이 상대적으로 쉽고, 플래시 메모리 기반이므로 전원이 내려가더라도 데이터 손실이 발생하지 않는 장점이 있습니다. 대표적인 제품으로는 Fusion IO, FlashMax, Ramsan 등이 있으며, 최근 출시된 IOA는 카드 하나에 6.4TB까지 저장할 수 있죠.

[땡굴이] IOA가 국내에서 많이 알려지게 된 계기는 바로 카카오톡 때문인데요. 초기에 카카오톡은 사용자 간의 대화 전송을 위해 외장 스토리지를 사용하고 있었는데, 카카오톡 사용자가 급증하면서 대화가 어떨 때는 빠르고 어떨 때는 느리게 전송되는 등 일정한 응답 시간이 유지되지 않는 문제가 발생하였습니다. 이를 해결하기 위해 처음에는 외장 스토리지의 디스크를 HDD에서 SSD로 변경했었습니다. SSD가 HDD보다는 안정적인 응답을 보였으나 여전히 간헐적으로 응답 지연이 발생하였죠. 그래서 그다음으로 적용한 기술이 바로 당시 새롭게 떠오르던 IOA였습니다. 고속의 IOA를 서버에 장착하고 애플리케이션 측면의 개선을 진행한 결과, 지금과 같은 안정적인 응답 속도를 보이게 된 것이죠. 이 일을 계기로 많은 국내 기업에서 앞다투어 IOA를 도입하게 되었습니다.

6 x86 서버 타입별 형태와 용도

[코타나] x86 CPU를 사용한 서버는 세 가지 형태가 있습니다. 먼저, 타워형입니다. 집에서 사용하는 PC와 유사한 형태인데요. 크기가 좀 더 큽니다. 일반적으로 별도의 전산실이 없고 사무실에서 서버를 구성할 때 타워(tower)형 서버를 사용하는 경우가 많습니다. 워크스테이션이라고 부르기도 했지요.

두 번째는 뉴스나 기사에서 구글, 마이크로소프트 등 IT 회사의 데이터 센터 사진에서 가장 많이 볼 수 있는 랙(rack)형 서버입니다. 랙이라는 철재 프레임에 서버를 장착하여 사용하는 방식인데요. 이 프레임은 서버를 꽂아서 사용할 수 있게 하는 지지대 및 전원, 네트워크 케이블을 구성할 수 있도록 해 줍니다.

[개구루] 서버를 장착하는 랙이라는 것이 일반인들에게는 생소할 수 있는데, 어떤 형태로 생긴 건가요?

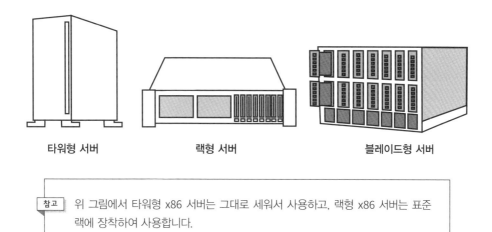

| 타워형 서버 | 랙형 서버 | 블레이드형 서버 |

참고 위 그림에서 타워형 x86 서버는 그대로 세워서 사용하고, 랙형 x86 서버는 표준
랙에 장착하여 사용합니다.

코타나 일반적으로 사용하는 19인치 표준 랙은 가로가 60cm, 높이가 2m쯤 되고,
서랍을 넣듯이 서버를 설치할 수 있습니다. 쉽게 생각하시면, 식당에서 식기 반납하는
트레이 아시죠? 그것과 매우 유사하게 생겼습니다.

표준 랙에는 총 42개의 칸이 있는데, 각각의 칸을 유닛(Unit)이라는 단위(약 5cm)로 부
릅니다. 그래서 1칸 사이즈의 서버는 1U 서버, 2칸이면 2U 서버, 절반이면 Half-Rack,
전체면 Full-Rack 서버라고 부르죠.

출처 https://goo.gl/bKuKMH   출처 https://goo.gl/7auTb1

42U 규격 표준 랙 외장. 데이터 센터에는 이런 표준 랙을 일렬로 구성하여 서버를 설치

랙 서버 중 크기가 작은 1~2U 서버는 랙에 설치하지 않아도 서버를 사용할 수는 있습니다. 서버 내부에 전원이나 네트워크 카드 등 서버가 동작하는 데 필요한 장치들은 다 포함되어 있기 때문이죠. 그래서 임시로 사무실을 꾸민 곳에 가 보면 랙 서버를 사무실 한구석에 세워놓고 사용하고 있는 경우도 있습니다. 하지만, 진동, 충격, 사용자 부주의로 인한 사고를 방지하기 위해 가능하면 랙에 설치하여 사용해야 합니다.

세 번째는 블레이드(blade) 서버입니다. 단어 그대로, 얇은 서버입니다. 기업에서 사용하는 서버의 숫자가 급격히 늘어나면서 이를 설치하기 위해 필요한 공간이 점점 더 많아지게 되었습니다. 데이터 센터에서는 공간이 곧 비용이기 때문에 한정된 공간에 최대한 많은 서버를 설치하여 공간 활용율을 극대화할 방법을 고민한 끝에 나온 형태의 서버인 거죠. 그래서 블레이드 서버는 Enclosure라 불리는 10U 크기의 전용 샤시가 있어야만 서버를 사용할 수 있습니다. 이 샤시에는 I/O 카드, 제어부, 전원부 등의 공통부분들이 통합되어 있기 때문에 서버의 크기를 작게 만들 수가 있습니다. 이러한 Enclosure는 크기에 따라 일반적으로 보통은 16개, 최대 32개까지 블레이드 서버를 장착할 수 있습니다.

[개구루] 세 가지 서버 중 추천하는 형태는 어떤 건가요?

[코타나] 요즘은 랙형 서버가 가장 범용적으로 많이 사용되긴 하는데, 회사의 전략이나 상황에 따라 다를 수밖에 없어요. 각각의 장비가 가지는 장단점이 명확하기 때문이죠. 타워형 서버는 소규모 사업장에 가장 적합하죠. 비용도 저렴하고 관리도 쉬우니까요. 다만, 많은 수의 서버를 구성하기에는 적합하지 않습니다.

랙 서버는 표준화가 가장 큰 장점입니다. 어떤 업체의 제품을 사더라도 규격이 같기 때문에 설치와 운영이 쉽습니다. 또한, 랙을 활용하기 때문에 타워형보다 같은 공간에 더 많은 수의 서버를 설치할 수 있지요.

블레이드 서버는 클라우드를 초기 구성할 때 많이 사용했습니다. 다른 장비에 비해 구성이 쉬웠어요. Enclosure 안에 설치된 서버들은 논리적으로 하나의 서버처럼 사용이 가능했거든요. 그런데 IT 엔지니어들의 운영 역량도 향상되고, 랙 서버도 슬림화,

고성능화가 이루어지면서 랙 서버로도 비슷한 효과를 가질 수 있게 되면서 예전만큼 많이 사용하고는 있지 않습니다. 그리고 Enclosure가 반드시 필요하기 때문에 상대적으로 초기 구축 및 증설 비용이 많이 드는 게 단점입니다.

조금 변형된 형태로 카트리지형 서버도 있는데요, HPe의 Moonshot이라는 서버도 있습니다. 이 제품은 약 4~4.5U 사이즈의 샤시에 서버가 45개가 장착됩니다. 서버 하나의 사이즈가 다이어리 절반 정도의 크기인데, 이 안에 CPU, 메모리, 네트워크, SSD까지 설치되어 있으니 집적률이 굉장히 높은 서버죠.

7 모델명으로 알아보는 x86 서버

[개구루] 그러면 이런 x86 서버를 판매하는 업체는 어떤 곳들이 있나요?

[코타나] 시장 점유율 기준으로 대표적인 업체들은 HPe, 델(Dell), 레노보(Lenovo), 시스코(CISCO), 후지츠(Fujitsu), 화웨이(Huawei), 오라클 등이 있습니다. 각 업체별로 위에서 설명해 드린 여러 형태의 서버 제품들을 판매하고 있습니다.

> [참고] HP는 2015년 기업용 엔터프라이즈 제품을 판매하는 HPe(www.hpe.com)와 PC/프린터 등 일반 사용자 제품을 판매하는 HP(www.hp.com)로 분할되었습니다.

[땡굴이] 업체별로 어떤 제품의 서버를 판매하는지 어디서 확인할 수 있나요?

[코타나] 해당 업체의 홈페이지를 찾아보시면 가장 정확하고 상세한 정보를 얻을 수 있습니다. 해당 업체의 '영문' 홈페이지를 구글에서 검색한 뒤, Product 메뉴에서 x86 또는 Rack/Tower/Blade Server를 선택하면 됩니다. 그다음 본인이 알고 싶은 모델을 선택하면 해당 장비가 웹 서버용인지 미션 크리티컬 업무용인지 등 대략적인 정보를 알 수 있습니다.

HPe의 x86 서버는 형태별로 랙형(DLxxx), 타워형(MLxxx), 블레이드형(BLxxx)으로 구분되고, 델은 Rxxx/Txxx/Mxxx로 구분하고 있습니다.

일반적으로 xxx에서 첫 번째 x는 서버의 크기를 의미하며, 높을수록 큰 장비를 뜻합니다. 두 번째 x는 회사마다 조금씩 다르지만, Generation 차이 혹은 I/O 카드, 디스크 확장성의 대소를 뜻합니다.

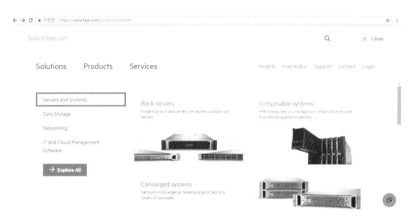

**HPe의 초기 화면의 'Product 정보'에서 서버, 스토리지 등 제품별 상세 정보 확인이 가능
(https://www.hpe.com/us/en/home.html)**

하지만 인프라 엔지니어는 그런 정보만 가지고는 해당 서버가 얼마만한 성능을 낼 수 있는지, 얼마나 확장이 가능한지 알 수 없기 때문에 제품별 상세 스펙을 확인해야 합니다. 그동안 이야기한 내용을 복습하는 차원에서 HPe의 DL580 G9 서버 스펙을 한번 보겠습니다(66쪽 참고).

[개구루] 특히, 서버를 도입하거나 CPU, 메모리 등을 증설할 때 서버별로 지원하는 부품에 제한이 있으니 주의해야 할 것 같습니다. 사전에 이런 부분들을 확인하지 않고 서버나 각종 부품을 구입했다가 실제 구성/장착 시에 정상적으로 인식되지 않아 곤란을 겪는 일이 발생할 수 있으니까요. 특히, I/O 카드는 사전에 어떤 타입의 카드를 어떻게 사용할지에 대해 미리 설계를 한 이후 그에 맞는 서버를 도입하는 게 필요하겠군요.

[코타나] 네, 잘 이해하신 것 같네요. 서버가 모든 IT 인프라의 기본이 되는 만큼 디테

일한 부분까지 잘 이해하고 있어야 합니다. 인프라 엔지니어가 가져야 할 덕목 중 가장 첫 번째는 'IT 장비의 스펙 정보를 이해하고 꼼꼼히 확인하는 습관'이라고 생각합니다. 여기까지 하고 서버에 대한 이야기는 마무리 짓도록 하겠습니다.

System features

Processor family

Intel Xeon E7-8800 v3 product family; Intel Xeon E7-4800 v3 product family

→ 장착 가능한 CPU 타입이며, v3는 제온 하스웰 CPU를, v4는 브로드웰 CPU입니다.

Number of processors: 4 or 3 or 2

→ CPU를 장착할 수 있는 수를 말합니다. 즉, 최소 2개의 CPU가 필요하다는 뜻입니다.

Processor 코어 available: 18 or 16 or 14 or 12 or 10 or 8 or 4

→ 하나의 CPU가 가질 수 있는 코어 수를 말합니다.

Form factor (fully configured): 4U

→ 앞에서 설명드린 서버의 크기입니다. 4U이니까 4칸을 사용하겠네요.

Power supply type: (4) Common Slot

→ 전원부가 총 4개로 구성되어 있다는 의미입니다.

Expansion slots: (9) Maximum - For detail descriptions reference the Quick-Spec

→ NIC, HBA, HCA 등의 I/O 카드를 설치할 수 있는 슬롯 숫자입니다.

Memory

Memory, maximum: 6TB

→ 서버 1대에 설치할 수 있는 최대 메모리 용량입니다.

Memory slots: 96 DIMM slots Maximum

→ 메모리를 설치할 수 있는 슬롯 수입니다. 96개를 모두 사용하려면 CPU 4개가 필요합니다.

Memory type: DDR4 SmartMemory

→ 해당 서버에서 장착할 수 있는 메모리 타입입니다.

Storage

Drive description: (10) SFF SAS/SSD

→ 창작할 수 있는 디스크의 타입과 숫자입니다. SFF는 Small Form Factor의 약자로 2.5인치 디스크를, LFF는 Large Form Factor로 3.5인치 디스크를 뜻합니다.

Server management

Infrastructure management

iLO Management (standard), Intelligent Provisioning (standard), HP One-View Advanced (standard); iLO Management (standard), Intelligent Provi-sioning (standard), iLO Advanced (optional), HP OneView Advanced (optional), HP Insight Control (optional)

→ 많은 수의 서버를 효율적으로 관리하기 위해 x86 업체들은 자사 제품들을 통합하여 관리할 수 있는 기능을 제공합니다. HPe는 ILO, 델은 iDRAC, 레노보는 IMM이란 이름으로 제공되고 있습니다.

개궁금

03
스토리지,
대용량 고속 저장 장치

1 스토리지의 구성요소

(개구루) 이번 시간에는 스토리지 맛보기를 시작해 볼까요?

(땅굴이) 스토리지에 관한 이야기는 기존에도 여러 번 언급하긴 했죠. 서버의 내장 디스크를 확장해서 폭발적인 데이터 증가를 수용하기 위해 전용 디스크 박스를 통해 고속으로 처리할 수 있는 필요성이 대두되어 스토리지가 생기게 된 거죠. 또한, 내장 디스크에서 흔히 볼 수 없는 복제나 백업 같은 전용 솔루션이 포함되어 관리 효율성을 높여준 겁니다. 무엇보다 우리가 스토리지를 볼 때 가장 중요한 부분은 바로 디스크 모듈이 되겠죠. 스토리지에서 가장 많은 부분을 차지하고요. 데이터를 저장하니깐요.

디스크 플래터   스핀들   헤드암   헤드 액추에이터

하드디스크의 일반적인 내부 구조

이 디스크는 데이터의 입력/출력을 컨트롤러를 통해 제어하고요. 컨트롤러의 입력/출력 속도를 빠르게 하려고 중간에 버퍼, 즉 캐시를 두어 기존에 읽었던 내용을 디스크

가 아닌 캐시에 가지고 있다가 사용자 측(서버)이 필요로 할 때 캐시에서 바로 읽어 서버 측에 데이터를 제공하여 속도를 빠르게 해 주는 기능도 있습니다. 이렇게 디스크와 컨트롤러, 캐시 이 세 가지가 스토리지에서 가장 중요한 핵심 요소라고 볼 수 있겠습니다. 우리가 사실 스토리지를 평가할 때도 이 부분의 성능을 보게 됩니다. 이들을 어떻게 조합해서 쓰는가가 중요하겠죠.

코타나 저는 거기에 채널을 추가하고 싶네요.

땡굴이 네, 그렇죠. 채널 역시 스토리지와 서버 사이를 연결해 주는 중요한 역할을 하죠. 채널 개수도 성능 평가에 있어 영향을 많이 끼치죠. 특히, 위에서 말씀드린 요소들 중에 캐시의 경우는 디스크 대비 약 10분의 1 정도의 액세스 시간을 갖는다고 합니다.

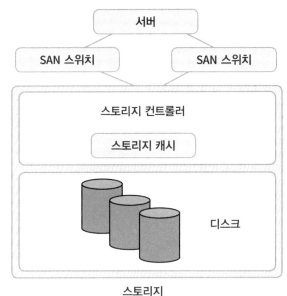

스토리지의 개념적인 구조

개구루 혹시 관련 자료가 있을까요? 방송을 듣는 분들 중의 대부분은 실제로 스토리지를 못 보셨을 테니까요.

코타나 페이스북에 최근에 가장 많이 사용하는 스토리지 사진을 하나 올리는 것도 괜찮은 방법인 것 같아요. 인프라를 아예 접해 보지 못한 분들을 사진을 보면 조금 더 쉽게 이해하시지 않을까 해요.

개구루 검색해 보시면 쉽게 아실 수 있을 거예요.

2 가용성과 연결 방식에 따른 스토리지 구분

땡굴이 물론 세부적인 부품별로 더 나갈 수도 있겠지만, 위에 언급해 드린 정도면 충분해 보이고요. 그리고 스토리지의 등급을 얘기해 볼 수 있겠는데요. 서버와 유사하게 엔트리급, 미드레인지급, 하이엔드급 등 세 가지로 구분해 볼 수 있습니다. 이 기준은 성능, 확장성, 가용성, 복제 기술 등으로 구분됩니다. 당연히 하이엔드급으로 갈수록 더 좋고요. 미드레인지급이나 엔트리급도 예전과 다르게 많이 좋아졌습니다. 굳이 가용성으로 한번 구분해 보자면, IT에서 흔히 식스 9, 즉 99.9999%라고 표현하는 정도의 가용성을 하이엔드 스토리지가 보인다면, 미드레인지급 이하는 파이브 9, 즉 99.999% 정도 된다고들 합니다. 이 가용성 지표는 식스 9은 1년에 32초의 다운타임, 파이브 9은 1년에 5분 15초의 다운타임을 허용하는 수치인데요. 사실, 32초나 5분 15초나 뭔 차이가 있겠습니까? 하하!

코타나 99.9999% 장비를 사도 절대 32초만 다운되는 건 아니더라고요. 어떤 이유에서든 훨씬 오래 서비스를 못 하는 경우도 많고요. 그래서 인프라 운영하는 분들이 힘들죠. 1년에 32초만 다운된다고 하면 인프라 엔지니어가 필요 없죠.

개구루 진짜 그렇다면 인프라 엔지니어들은 편하죠. 하하!

땡굴이 그 외 복제 솔루션 등에 대해서도 등급별로 기능적인 차이는 존재합니다. 스토리지는 이렇게 등급으로도 나눌 수 있지만, 구성 방식으로도 나눌 수 있죠. 크게 DAS, SAN, NAS로 나누는데요. DAS(Direct Attached Storage)는 서버에 직접 연결됩니다. 광케이블이나 SCSI 케이블이나에 상관없이 전통적으로 서버와 스토리지가 직접 연결되는 방식입니다. SAN(Storage Area Network)은 SAN 스위치라는 것을 통해 서버와 스토리지를 연결하여 성능이나 확장성을 보장하는 연결 방식이라고 볼 수 있습니다.

이 부분에서 흔히 혼동되는 부분이 DAS 스토리지 또는 SAN 스토리지로 표현하는 경우가 많은데, 사실 DAS, SAN, NAS라는 것은 서버와 스토리지의 연결 방식을 표현하는 것이라고 봐야 합니다. SAN 방식으로 사용하다가 SAN 스위치 없이 서버와 스토리지를 직접 연결하면 DAS 방식으로 사용하게 되는 거죠. 물론, 중간에 스위치가 없으니 확장성은 그만큼 떨어지겠죠.

코타나　예를 들면, PC에 하드디스크를 연결하는 방식을 DAS라고 보면 이해가 쉽겠네요.

개구루　SAN은 스위치를 통해서 서버도 스위치로 연결되고, 스토리지도 스위치로 연결되어 통신한다고 이해하면 되는 거죠?

땅굴이　네. 그렇습니다. 반면에 NAS(Network Attached Storage)는 네트워크, 즉 이더넷 네트워크를 통해서 서버와 스토리지가 각각 연결되어 통신합니다. SAN과 NAS의 차이가 연결 방식 면에서 어떤 매체를 사용하는가만 다르고 스위치를 사용한다는 측면에서는 유사해 보이지만, 실제 내부적으로 사용하는 프로토콜에도 차이가 있습니다.

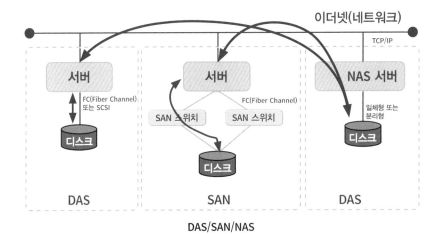

DAS/SAN/NAS

땡굴이 예전에는 SAN과 NAS 모두 전용 스토리지가 있었으나, 최근에는 유니파이드(unified) 스토리지라고 해서 SAN과 NAS를 모두 지원하는 스토리지들을 대부분의 스토리지 업체에서 보유하고 있어요. 일부는 게이트웨이 같은 특수 장비가 필요하기도 하죠.

③ 시장을 주도하는 스토리지 업체와 제품군

개구루 그러면 스토리지 전문 업체들은 어떤 곳이 있나요?

땡굴이 전통적인 스토리지 업체를 우선 본다면, EMC, Netapp, HDS, HP, IBM 등이 있었고요. 후발주자로 최근에 몇 년 전부터 플래시 메모리 반도체 디스크의 발전에 힘입어 퓨어스토리지, 바이올린메모리, 솔리드파이어 등의 신생업체가 대두되고 있어요. 중국에서 신생 스토리지 업체인 화웨이라는 곳도 새롭게 떠오르는 강자죠. 네트워크 장비에 강했던 이 업체는 프린터를 제외하곤 안 만드는 게 없다고 하는데, 막대한 R&D 투자를 감행하는 곳으로 유명한 이 업체가 향후 스토리지에서도 두각을 보이지 않을까 싶네요.

코타나 상당히 많은 업체가 있군요.

땡굴이 네. 맞습니다. 그런데 새로 생긴 신생 업체들이 신기술로 무장하고 제품 가격이 점차 저렴해지면서 기존 업체를 위협하고 있거든요. 물론, 기존 업체들도 플래시 메모리 디스크 업체를 인수하거나 자체 개발하면서 스토리지 시장 변화 추세에 적극적으로 대응하고 있습니다. 예를 들어, EMC는 전용 SSD 장비군을 보유한 익스트림 IO를 인수한 바 있고요. 익스트림 IO는 2008년경부터 자체 엔터프라이즈 스토리지인 VMAX라는 제품에서 ALL SSD 디스크를 장착한 바 있습니다.

개구루 스토리지도 모델명이 서버처럼 숫자로 주로 구성되지요?

땡굴이 하하! 네. 서버와 마찬가지로 스토리지의 모델 역시 모델 번호가 클수록 성능/확장성/기능이 높은 제품입니다. 즉, 컨트롤러에 내장된 CPU 코어 수, 스토리지의 최대 대역폭, 최대 캐시 용량, 최대 디스크 용량, 최대 드라이브 개수, 서버 연결을 위해 필요한 인터페이스의 개수에 따라서 등급이 나누어지죠. EMC의 경우에는 VMAX100k, 200k, 400k 또는 VNX8000, 7600, 5800, 5600 등이 있고요. HDS는 G1000, 800, 600, 400, 200이 있고, Netapp의 경우 FAS8000, 6000 시리즈 등이 있습니다. 각 사 홈페이지에서 제품 및 솔루션으로 된 메뉴에서 해당 스토리지를 선택하게 되면 제품의 형태와 세부 사양을 확인할 수 있어요.

[땡굴이] 그런데 서버는 주로 IBM, HP, SUN 같은 회사를 익히 알고 있는데, 스토리지 회사는 도대체 들어보지 못했다는 이야기들이 있습니다. 무슨 업체가 있는지 아는 게 중요한지도 잘 모르겠다고도 하고요. 그러면 사용자는 스토리지를 신경 쓰지 않아도 될까요? 물론, 사용자 입장에서는 스토리지는 대부분 로컬 디스크(local disk, 내장 디스크를 간혹 이렇게 표현하기도 합니다)로 인식하기 때문에 그럴 수 있다고 봅니다. 하지만, 데이터의 크기가 점점 증가하는 추세를 고려해 볼 때 스토리지의 성능은 업무의 성능에 직접 영향을 미칠 수 있어요. 따라서 적절한 스토리지를 선택하는 것이 중요합니다. 하지만, 인프라 장비 중에 스토리지는 상대적으로 고가라는 점은 사용자의 선택과 결정을 어렵게 합니다. 일반 소비자들은 쉽게 상상하기 어려운 금액이죠. 게다가, 말이 쉽지 어떤 업무에 어떤 성능이 요구되는지를 판단하는 건 상당한 도입 경험과 운영 경험이 있어야 가능하다고 볼 수 있습니다. 이에 소프트웨어로 서버들을 클러스터링해서 하나의 스토리지로 기능을 구현하는 SDS(Software Defined Storage)라는 개념도 최근에 나오고 있어요.

> [용어] **클러스터링(Clustering)**
> 동일한 기능을 하는 서버를 여러 대 연결하여 가용성과 성능을 높이는 기술

스토리지를 도입하기까지

1 스토리지 선택 시 고려사항

[땡굴이] 그러면 스토리지를 도입하기 위해 어떤 것들을 고려하면 좋을까요?

[개구루] 아무래도 예산일 것 같습니다. 그 안에서 목적을 잘 나누어야 하겠죠. 그 목적에 따라 사양이라든지 기능이 달라지기 때문이죠.

[땡굴이] 네. 예산 범위 내에서 최적의 스토리지를 도입하는 것은 당연하고 또 중요하죠. 보통, 서버는 벤더에서 자체적으로 보유하고 있는 CPU별 tpmC 등의 자료를 통해서 어느 정도 서버의 수용 가능한 용량과 이를 기반으로 예상되는 성능을 가늠해 볼 수 있습니다. 서버의 기능 면에서는 사실 특별한 게 없습니다. 하지만, 스토리지는 용량 몇 가지 사양만으로는 구입 기준을 정하기가 어렵습니다. 서버보다 훨씬 더 많은 부품으로 구성되어 있고, 복제 등과 같은 전용 솔루션도 탑재되기 때문이죠.

[코타나] 그런 면에서 스토리지 도입 시에는 고려할 게 많을 것 같군요.

[땡굴이] 네. 우선 크게 다섯 가지 정도로 요약될 수 있을 것 같습니다. 성능, 확장성, 호환성, 가용성, 활용성으로 나누어 볼 수 있겠는데요. 성능이라 함은 IOPS(아이옵스 또는 아이오피에스), 스토리지 컨트롤러의 처리 대역폭, 캐시 용량 등의 물리적인 성능 측면을 이야기하는 것이고요. 확장성은 디스크 장착 개수, 최대 용량, 인터페이스 종류별 호스트, 즉 서버와 스토리지 간의 접속 포트 수를 뜻합니다. 그리고 호환성은 서버 HBA 카드 등 서버 인터페이스 및 운영체제별 지원 여부 등을 확인해야 한다는 것

이고요. 가용성은 중요한 서비스가 무중단 업무를 실현하기 위해 운영하는 서비스의 특성에 따른 RAID, 스토리지 부품 이중화, 캐시 미러링 등 기술이 적용되는 수준을 의미하며, 활용성의 경우 스토리지 내의 데이터를 복제하거나 백업하는 등 스토리지 자체 솔루션을 이용해서 데이터를 사용자가 원하는 이용 목적에 맞게 활용할 수 있는 수준을 다르게 가져갈 수 있음을 의미합니다. 하지만, 사용자 자신에게 필요한 기능의 이해와 해당 기능의 유무에 따라 스토리지 도입 비용이 제각각이기 때문에 같은 모델이라도 가격 차이가 엄청나게 됩니다. 그래서 특히 다른 장비들보다 제조사의 프리세일즈 담당자로부터 사전에 설명을 여러 차례 듣고 조언을 구하는 경우가 많아요.

> 용어 **캐시 미러링(Cache Mirroring)**
> 스토리지 캐시의 데이터를 보호하기 위해 서버가 스토리지에 데이터를 캐시에 저장하는 시점에 다른 컨트롤러로 미러링하는 기술

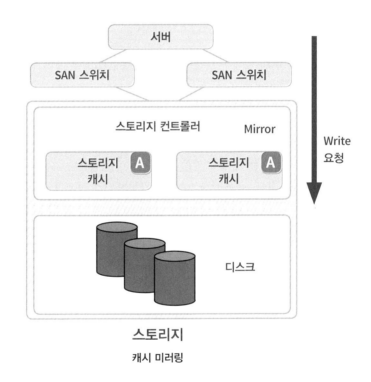

캐시 미러링

② 스토리지 비교 검증 방법

[개구루] 어찌 되었든 서버에 비해서 일반화하기가 쉽지 않다는 거군요?

[땡굴이] 네, 그렇죠. 지금부터는 스토리지를 도입하게 될 때 어떤 부분을 고려하는 것이 좋을지 이야기해 보죠. 스토리지를 도입하는 입장에서 용량의 경우에는 판단하기가 비교적 쉬운 편이죠. 예를 들어, 데이터가 수십 TB 이상이며 파일을 공유한다는 조건이 없다면 일단 외장형 SAN 스토리지를 고려할 수 있어요. 최근에는 서버의 내장 디스크가 600GB에서 수 TB에 달하기 때문에 10개만 꽂아도 수 TB 미만은 서버 내장 디스크로도 수용이 가능하게 되죠. 외장형 스토리지 용량은 실제 기업 사용자 입장에서 거의 무제한으로 볼 수 있어요. 왜냐하면, 현재 최대 수 PB의 용량이 제공되고 있거든요. 1PB는 1000TB이에요.

[코타나] 엄청나네요.

[땡굴이] 네. 사실, 엄청나지만 PB도 이제는 어느 정도 익숙해져 가는 단위죠. 이렇게 용량이 큰 경우 디스크 모듈의 개수도 거의 같이 증가하게 되는데, 디스크 I/O 성능 측면에서는 디스크 개수가 많으면 많을수록 성능이 향상되게 됩니다. 아무래도 물리적으로 같은 용량이라 하더라도 디스크 개수가 많으면 데이터를 찾는 시간이 더 줄겠죠.

3TB짜리 1개 디스크보다 300GB짜리 10개 디스크가 성능이 우수하다는 얘깁니다. 단순한 계산으로 같은 분당 회전속도(RPM, Revolution Per Minute)라고 하면 10배는 빠르겠지만, 업무 성능을 단순히 IOPS(아이옵스 또는 아이오피에스), 즉 초당 I/O 횟수 성능의 지표만 갖고 이야기하는 것은 일반적이진 않습니다. 서버의 성능 지표도 같이 봐야합니다. 그리고 제조사에서 이야기하는 성능만 믿고 구매할 수도 없죠.

[개구루] 그래서 BMT 혹은 POC를 하게 되는 거군요.

> [용어] **BMT(Benchmark Test)**
> 서버/스토리지/네트워크장비/소프트웨어 등을 도입하기 전에 동일한 조건에서 기능과 성능과 가용성 항목에 대해 테스트하는 것으로, 제품 선정에 목적이 있습니다.

뻘굴이 네, 맞습니다. 그래야 최소한의 조건을 충족하는지 검증할 수 있으니까요. 도입하는 담당자 입장에서 안심이 되겠죠. 앞서 언급해 드린 고려사항들이 여러 가지가 있었는데, 그중에서 조금 전 말씀드린 IOPS, 즉 초당 처리 성능에 대해서 조금만 더 이야기해 볼게요.

코타나 그런데 IOPS 약자가 뭐였죠?

뻘굴이 Input/output Operations Per Second예요. 이건 초당 입/출력 처리량을 의미하는데, HDD, SSD 등과 같은 컴퓨터 저장 장치의 성능을 나타낼 때 주로 사용하죠. 최근에 개인적으로 PC를 조립했었는데, SSD를 장착했거든요. 가격 대 성능비를 보고 구매했는데, 이때 판단 기준이 바로 IOPS이었습니다. 읽고 쓰는 성능은 HDD보다 빠르다고 보통 얘기하는데요. 그 이유는 HDD는 물리적인 기계 장치라 디스크 헤드가 데이터를 찾아서 이동하는 데 시간이 소요되지만, SSD는 메모리 기반의 저장 장치라서 기계 장치가 없거든요. 그런데 디스크는 아무리 빨라도 다른 부품보다는 느린 편입니다. CPU는 나노세컨드(nanosecond) 단위, 메모리는 마이크로세컨드(microsecond) 단위, 디스크는 보통 밀리세컨드(millisecond) 단위로 동작합니다.

개구루 거의 1/1000씩 차이 나는군요.

뻘굴이 네. 하지만, 디스크의 성능이 업무 성능에서 차지하는 비중이 높고, 또 다른 부품에 비해 병목이 될 가능성도 상대적으로 높아서 이를 측정하기 위한 여러 성능 측정 도구가 나와 있답니다. IOPS를 측정하는 도구로는 Iometer, IOzone, Vdbench 등이 있습니다. 장비를 선정할 때 이런 도구를 이용해서 스토리지 성능을 측정함으로써 일정 부분 판단의 기준으로 삼기도 하죠.

그런데 IOPS 수치는 측정하는 서버 사양이나 설정값, 읽기 쓰기 비율 등 측정 조건에 따라 너무 큰 차이가 있어서 절대적인 지표로 사용하기에는 어려운 부분이 있습니다.

따라서 제조사에서 제공하는 IOPS 수치가 실제로 가동되는 업무 성능을 절대로 보장하지 않는다는 사실을 잊지 말아야 합니다. 100% 믿어서는 안 돼요. 4k 등 작은 블록 사이즈로 100% 랜덤 읽기를 하면 수치가 좋게 나오거든요. 만약 더 큰 블록 사이즈로 하게 되면 IOPS는 떨어지게 되지만, 처리량은 올라갈 수 있습니다. 이렇게 성능을 표현하는 다른 방법으로 IOPS 외에 초당 전송량(MB/s), 즉 단위 시간 동안 얼마나 많이 처리하는지를 측정하는 방법도 있습니다.

[개구루] 이 두 가지를 주로 보겠군요?

[탱굴이] 네. 그런데 보통 이 두 가지 외에도 나중에 이야기할 기회가 있겠지만, 응답 시간(response time)이란 것도 측정합니다. BMT 때도 저 두 가지 항목과 더불어 응답 시간도 함께 고려해야 합니다. 일반적으로 쓸 때는 스토리지 캐시에 쓰고 나서 나중에 디스크에 쓰기 때문에 디스크에서 읽는 읽기 응답 시간보다 쓰기 응답 시간이 더 빠릅니다. 이런 것들은 Vdbench라는 프로그램을 다운로드하여 직접 PC에서 테스트해 보면 금방 이해하실 수 있어요.

[코타나] 음, 사실 PC의 디스크는 보통 1개 내지는 2개가 일반적이기 때문에 너무 자주 하는 것은 디스크 수명에 그다지 좋지 않겠지요.

1 데이터 접근 가용성과 속도를 향상시키는 RAID

[땡굴이] 지금부터는 스토리지를 사용하게 만드는 기술들을 알아보려고 해요. 우선, RAID를 이야기해 볼게요.

[코타나] 아무리 그래도 RAID 정도는 이 방송을 듣는 분들이면 최소한 이해하고 계시지 않을까요? 아무렴 바퀴벌레 잡는 약으로 오해하진 않으실 것 같은데요. 하하!

[땡굴이] 음, 그건… 저는 이런 개그 참 좋아해요. 하하! RAID는 RAID 0에서 6까지 나와 있지만, 기본적인 개념은 미러링(mirroring)과 스트라이핑(striping)으로 크게 나누어진다고 보시면 될 것 같습니다. 쉽게 말씀드리면, 우선 미러링은 같은 데이터를 2개의 디스크로 복제하여 저장하는 방식이죠.

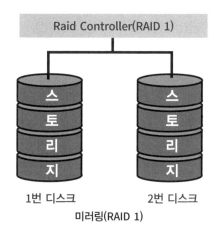

미러링(RAID 1)

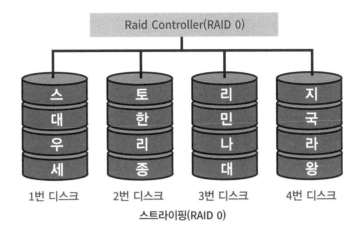

스트라이핑(RAID 0)

코타나 미러링은 일반 PC 사용자도 종종 쓰는 방식이죠. 하드디스크가 망가질까 봐 PC에 2개를 꽂아 놓고 사용하기도 하니까요.

개구루 혹시나 가정에서 NAS를 구축해 보신 분들은 RAID에 대해서 많이들 들어 보셨을 것 같아요.

땡굴이 미러링은 쉽게들 이해하시겠죠?

코타나 단점도 얘기 좀 해 주세요.

땡굴이 단점요? 아, 그건 당연히 비용이 비쌀 수밖에 없다는 것이죠. 아무래도 같은 데이터를 두 곳에 저장할 수밖에 없다 보니 그렇고요.

개구루 아, 정말 치명적이네요. 저 같은 사람들은 디스크 하나 사면서도 덜덜 떠는데요.

땡굴이 치명적이죠. 하하! 돈 없는 사람들은 구현할 수가 없는 방식이죠.

개구루 저 같은 사람들은 엄두도 못 내겠군요. 흑흑…

(땡굴이) 반면에 스트라이핑은 데이터를 복제하는 것이 아니라, 여러 개의 디스크로 분산 저장하는 방식입니다. 예를 들어, '스토리지'라는 글자를 4개의 디스크에 저장한다고 가정하면, 4개의 디스크를 하나의 그룹으로 묶어서 첫 번째 디스크에는 '스'를 저장하고, 두 번째 디스크에는 '토'를, 세 번째에는 '리'를, 네 번째에는 '지'를 저장하는 방식입니다. 모든 디스크를 번갈아 가면서 저장하다 보니 읽을 때도 모두 활용하여 읽을 수 있고요. 그러다 보니 읽기 성능이 우수합니다. 그리고 용량도 필요한 만큼만 있으면 되지요.

(개구루) 아, 정말 이해하기 쉽게 설명해 주시네요.

(땡굴이) 그런가요? 하하! 하지만, 미러링보다 가용성에서 제한적이에요. 왜냐하면, 미러링은 디스크의 데이터가 똑같이 복제되지만, 스트라이핑은 각 디스크에 존재하는 데이터가 유일하거든요. 디스크 하나만 망가져도 데이터를 인식할 수가 없답니다. 따라서 기업용 스토리지는 비용과 성능 등을 고려하여 주로 방금 말씀드린 두 가지, 즉 미러링과 스트라이핑을 혼합하는 방식을 많이 선호하는 추세예요. 이 밖에 RAID 5 라고 해서 패리티(parity) 연산 기법을 통해 특정 디스크가 망가졌을 때 이를 보완하는 방법도 존재해요. 어쨌든 기업에서 사용하는 스토리지에서 데이터를 보호하는 방법은 생각만큼 허술하지 않다는 것만큼은 알아두셨으면 해요.

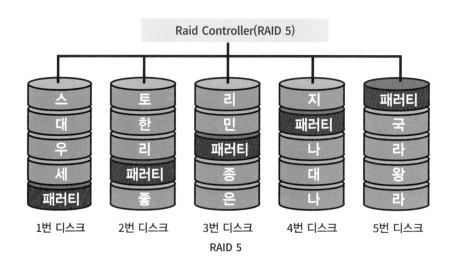

RAID 5

[개구루] 사용자가 안심하고 사용해도 되겠네요.

[땡굴이] 네, 맞아요. 대부분은 기본 옵션으로 RAID를 적용하도록 권장하니까요. 사용자는 자신이 사용하는 스토리지가 어떤 RAID로 구성되어 있는지 아는 것만으로도 기본적인 구조를 이해하는 데 많은 도움이 되죠. 아무튼, RAID 그룹에서 디스크 하나가 망가져도 다른 디스크를 통해 서비스를 계속할 수 있기 때문에 사용자는 서비스에 지장을 받지 않고 업무를 처리할 수 있는 거죠.

[코타나] 스토리지는 RAID만 이해하면 다 되는 건가요?

[땡굴이] 아, 추가로 핫 스페어(hot spare)라는 의미를 알고 가는 게 좋겠네요. 디스크가 고장 나게 되면 고장 난 디스크는 리빌딩(rebuilding)이라는 내부 연산을 통해 다른 디스크로부터 기초 데이터를 제공받아 원래의 상태로 복구할 수 있거든요. 그래서 스토리지에는 보통 핫 스페어라는 여분의 디스크를 두어 고장이 나면 핫 스페어가 RAID 그룹에 들어가게 되어 활성화되고, 고장 난 디스크는 그룹에서 빠지게 됩니다.

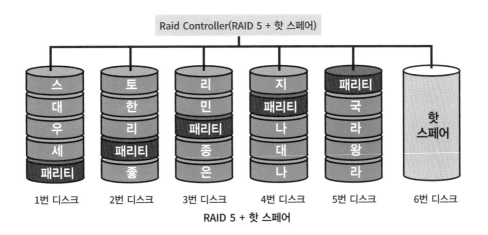

RAID 5 + 핫 스페어

[코타나] 자동차의 스페어타이어와 비슷하다고 보면 될 것 같네요?

[개구루] 오! 딱 그런 것 같아요. 대신, 스토리지는 굳이 사람이 대기하지 않고 자동으로 된다는 거군요.

땅굴이 하하! 네. 그렇게 이해하면 쉽겠네요. 그리고 스토리지 종류마다 다르긴 하지만, 이때 고장 난 디스크를 새로 교체하면 다시 원래의 RAID 그룹으로 들어가고 핫 스페어가 빠지는 경우가 있고, 교체된 디스크가 핫 스페어가 되는 경우가 있어요. 이것은 실제 장애 테스트를 하게 되면서 알게 되는 경우가 종종 있습니다. 스토리지 모델별 특성으로 이해하시면 될 것 같아요.

개구루 그러면 오늘은 스토리지에 관한 이야기로 RAID, 미러링, 스트라이핑, 핫 스페어 이렇게 네 가지를 기억해 주시면 좋겠네요. 이것만 알아도 어디 가서 조금 아는 척해도 되는 건가요? 하하!

2 안정성과 기능성을 위한 데이터 복제

땅굴이 이번에는 활용성 측면에서 이야기를 좀 해 보죠. 활용성은 간단히 말해서 어떤 목적으로 데이터를 활용하도록 만들어 주는 방식의 문제라고 볼 수 있습니다. 쉽게 말해서 스토리지에서 제공하는 복제 솔루션, 즉 내부 복제/외부 복제 솔루션 등의 제공 여부로 볼 수 있는데요. 여기서 말하는 내부 복제란 같은 스토리지 내에서 원본과 같은 데이터를 복제하는 방식이고, 외부 복제는 원본과 다른 곳에 있는 스토리지로 같은 데이터를 복제하는 방식입니다. 복제는 말 그대로 데이터를 여러 용도로 사용하기 위해 특정한 시점 그대로 복사하는 개념인데요. 아, 물론 실시간으로 복제하는 것도 있습니다.

> **용어** **데이터 복제(Data Replication)**
> 백업을 하거나 혹은 다른 목적으로 활용하기 위해 동일한 데이터를 다른 스토리지에 그대로 복사하는 것으로서, 원본의 해당 시점 데이터 용량과 동일하게 필요로 하거나, 혹은 원본을 참조하되 해당 시점의 스냅샷만 보관하여 용량을 적게 유지하는 방식, 그리고 실시간으로 원본 데이터가 변경될 때마다 복제본에도 동일하게 기록하는 방식 등 크게 세 가지로 나누어집니다.

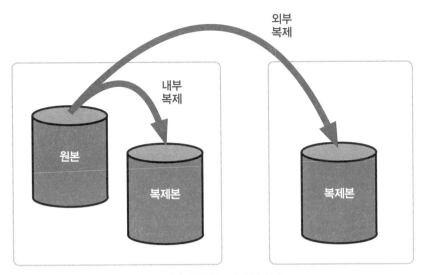

스토리지 내부 복제와 외부 복제

개구루 | 좀 어렵네요. 업무적으로 복제라는 게 왜 필요한지를 설명해 주시면 더 좋을 것 같아요.

땡굴이 | 내부 복제는 데이터 백업 등을 위해 주로 많이 사용하며, 실시간보다는 시점 복제, 즉 특정 시점 데이터를 보관하는 용도로 필요해요. 원본 데이터를 사용하다가 사용자 실수로 데이터가 깨진다거나 할 경우 데이터를 즉시 복구하기 위해서죠. 그리고 테스트를 하고 나서 데이터를 초기화하기 위해 사용하기도 합니다. 물론, 테이프 등으로 별도로 백업을 받는 경우도 있지만, 일차적으로 사용하기에는 스토리지보다 상대적으로 관리 요소가 많습니다. 그래서 복제가 흔히 사용하는 방식이죠. 복구도 쉽고, 관리도 그렇게 어렵지 않거든요. 복제 구성만 해 놓으면 명령어 한두 줄로 복제했다가 필요할 때 복구하는 거죠.

개구루 | 한두 줄요? 조금 과장하신 것 같은데요. 하하!

땡굴이 | 네. 아시겠지만, 사실은 스토리지 전문 업체의 엔지니어분들이 한땀 한땀 복제 구성해 주신 스크립트를 모아서 간단히 만들어 주시는 거죠.

다시 이야기를 이어가면, 100TB의 디스크가 원본이라면 복제본도 일반적인 풀 카피(full copy, 원본과 동일한 용량을 복제하는 것) 방식의 경우는 100TB가 필요하죠. 외부 복제는 동기 또는 비동기 방식의 복제로 이루어지는데, 이 역시 장단점이 존재하며, 실제로 기업에서는 비동기를 많이 사용하는 편이고요. 아무래도 지역 간에도 복제 구성이 가능하기 때문에 재해 복구용으로 많이 사용해요. 같거나 유사한 규모의 스토리지를 원격지에 하나 더 두어서 데이터 센터 내부에서 발생하는 스토리지의 물리적인 오류에 대비하거나 센터 자체의 재해에 대비하기 위해 외부 복제를 하는 거죠. 또 별도의 스토리지에서 다른 목적으로 사용해야 하는데, 동일한 데이터가 필요한 경우도 있거든요. 예를 들어, 1번 스토리지에서 보관하는 원장 데이터를 2번 스토리지에서 그대로 복제해서 결산 목적으로 사용할 수도 있죠. 그래서 복제를 어떻게 구성하고 운영하는가가 스토리지 구성 아키텍처의 핵심이기도 합니다.

코타나 맞습니다. 문제는 기업은 점점 더 같은 데이터로 더 많은 곳에 활용하고자 한다는 거죠. 그러면서 스토리지 비용은 계속 늘어나고 있고요.

땡굴이 같은 데이터를 사용하기 위한 디스크 비용도 늘어나게 되고, 내부 또는 외부 복제에 필요한 스토리지용 라이선스는 별도로 있거든요. 용량 기반의 라이선싱을 하거나 때에 따라서는 용량이 아닌 스토리지 박스 단위로 판매하는 경우도 있어요.

코타나 어쨌거나 업무 규모가 큰 기업에서는 복제는 꼭 필요하지만, 비용도 같이 고려해야겠죠.

3 비용 효율적인 복제, 스냅샷

땡굴이 네. 그런 차원에서 스냅샷(snapshot)이라는 것이 있는데, 이는 원본 데이터를 가리키는 주솟값만 갖는 포인터와 변경 이력만 관리하는 복제 개념입니다. 따라서 데이터 저장에 공간이 거의 필요하지 않죠. 생성 속도도 순식간이라, 앞서 언급한 풀 카피와 비교할 때 성능이나 용량 관리 측면에서 장단점이 있습니다. 결론만 말씀드리면,

성능은 좀 떨어지고 용량은 확실히 이점이 있습니다. 방식은 제조사마다 약간씩 차이가 있고, 여러 종류가 있는데 조금 복잡하므로 필요하면 다음에 기회 있을 때 설명하도록 하죠.

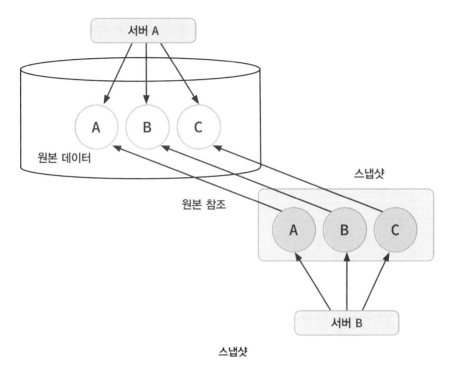

스냅샷

(개구루) 네. 사용자는 필요한 스토리지 복제 요건과 이를 충족시킬 수 있는 솔루션이 무엇인지 잘 판단해서 구매해야겠어요.

(땡굴이) 네. 스토리지에서 가장 복잡하고 중요한 부분 중의 하나가 바로 복제 솔루션이에요. 복제 솔루션은 제조사마다 이름은 다르지만 대부분 같은 기능을 제공하고 있어요. 즉, 내부 복제, 외부 복제, 스냅샷 이렇게 보면 될 것 같습니다. 그리고 복제 성능, 즉 복제하는 데 걸리는 시간도 스토리지 성능 지표에서 중요한 부분입니다. 왜냐하면, 예를 들어 데이터 유실이 발생했을 때 해당 장애 상황을 복구하기 위한 시간에 영향을 미치기 때문이죠.

코타나 　나중에 스토리지 성능 테스트 같은 것을 해 보면 아시겠지만, 스냅샷의 경우는 데이터를 읽기 위해서는 어쨌든 원본 데이터를 계속 참조해야만 하는 구조이므로 풀 카피본에 비해서는 성능이 떨어질 수밖에 없어요. 스냅샷도 변경분을 기록하는 방식도 크게 두 가지가 있죠. COW(Copy on Write)와 ROW(Redirect on Write)인데요. COW는 예전에 많이 쓰던 방식이고, ROW는 기존보다 좀 더 개선되었다는 방식인데, 어떤 방식이 더 좋다고 명확하게 말할 순 없습니다. 실제로 COW도 만드는 공간을 스토리지 전체를 활용하는가 혹은 그렇지 않은가에 따라서도 성능이 달라질 수도 있거든요.

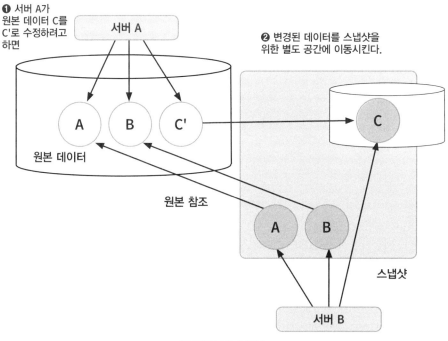

COW 방식의 스냅샷

땡굴이 　스냅샷은 성능에 대한 단점은 있지만, 읽기만 할 경우 저장 공간이 거의 필요하지 않을뿐더러 생성 시간도 순식간이기 때문에 용도에 맞게 잘 선택하셔야 합니다. 예를 들어, 데이터를 임시로 백업해야 할 때와 같이 논리적인 데이터 보호를 위해서 충분히 활용할 수 있어요. 물리적인 보호는 안 되겠죠. 원본이 깨지면 원본을 참조하는 스냅샷도 당연히 문제가 되니까요.

(개구루) 풀 카피는 아무래도 초기 복제 시간을 무시할 수 없겠죠?

(땡굴이) 개구루 님은 실제로 최근에 해 보셔서 알겠지만, 요즘에 나오는 대형 스토리지에서 시간당 몇 TB나 복제하던가요?

개루구: 시간당 20TB 가까이 나오기도 하죠.

(땡굴이) 정말 대단한데요? 예전에는 보통 시간당 3-4TB 정도였는데, 성능이 많이 올라갔네요.

(코타나) 시간당 20TB면 초당 5.7GB이거든요. 이 속도는 1초에 영화 서너 편을 복사할 수 있다는 이야기네요. 엄청나군요.

４ 가성비를 추구하는 씬 프로비저닝과 오토티어링

(땡굴이) 네. 그리고 앞서 몇 가지 스토리지에서 자주 사용하는 용어에 대해 간단히 설명해 드렸는데, 나름 최신 기술인 씬 프로비저닝(thin provisioning)이라는 용어도 설명해 드리는 게 좋을 것 같아요. 이건 말 그대로 얇게 할당한다는 의미인데요.

(코타나) 얇은 할당이라고 표현하니 좀 생소하네요.

(개구루) 그럼, 반대는 두꺼운 할당인가요? 하하!

(땡굴이) 네, 맞아요. 씬 프로비저닝의 반대 용어로 씩 프로비저닝(thick provisioning)이 있어요. 고정 할당 방식이죠. 이는 사용자 10명이 각각 100GB를 요청했으면, 있는 그대로 스토리지에서 정직하게 1TB를 할당하는 거죠.

(코타나) 그래서 예전에는 용량 관리를 상당히 꼼꼼히 했죠. 할당해 주고 나서 남는

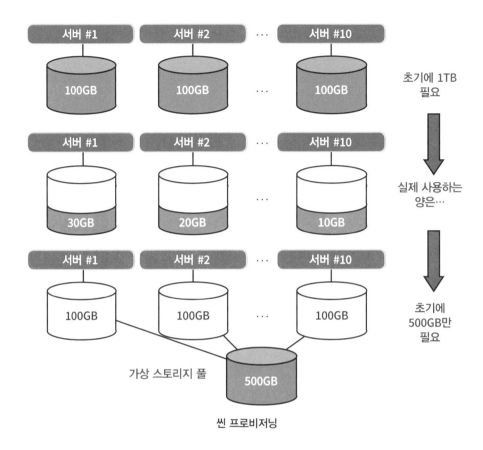

초기에 1TB
필요

실제 사용하는
양은…

초기에
500GB만
필요

가상 스토리지 풀

씬 프로비저닝

것도 관리해야 했고요. 잘 안 쓰는 데이터인 것 같아서 사용자에게 물어보면 한 달에
한 번 쓴다고 하니 지울 수도 없고. 갑갑하죠.

(땡굴이) 그리고 막상 할당하면 줄이기도 힘들죠.

(개구루) 네. 스토리지에서 용량을 줄이는 건 너무 힘들어요. 조금 과장해서 거의 불
가능하죠. 줄이기 전에 데이터를 다른 곳에 보관해 놓고 다시 줄여서 구성하고 데이터
를 이전해야 하는 등 공수가 많이 드니까요.

(땡굴이) 씬 프로비저닝은 스토리지의 효율적인 사용을 위해 조금 심하게 말하면 사
용자를 속인다(?)고 보면 이해하기 쉬워요. 즉, 10명이 각각 100GB를 요청했다면 실제

로는 껍데기만, 즉 가상의 스토리지로 100GB를 만들어주고 정말로 데이터가 필요할 때마다 조금씩 할당해 주는 개념이죠. 왜 그런지 이해하시겠죠? 이렇게 되면 1TB가 아니라, 예를 들어 500GB만 있어도 최소 50GB만큼은 10명에게 보장할 수 있고, 추가로 정말 필요하면 그때 가서 증설하면 되기 때문에 증설 시기를 늦출 수 있거든요. 투자 시점을 늦추는 것도 TCO 관점에서 좋으니까요.

마지막으로, 한 가지 용어에 대해서 더 소개할게요. 오토 티어링(auto tiering)이라는 것인데요. 스토리지 성능을 가격 대비 효율적으로 보장해 주는 방법입니다. 현재 디스크는 크게 세 가지 종류, 즉 SSD, SAS, SATA로 나눌 수 있으며, 각각의 장단점이 존재합니다. 아무래도 SSD는 성능은 제일 좋지만, 상대적으로 고가죠. SATA의 경우는 그 반대이고요. 모두 SSD를 쓰면 좋겠지만, 그러면 비용이 너무 비싸지죠. 그래서 우리는 성능 위주냐 용량 위주냐에 따라 디스크를 선택적으로 사용할 필요가 있는데요. 바로 오토 티어링이라는 기법은 사용자가 개입하지 않고 스토리지 사용 패턴에 따라 자동으로 데이터가 옮겨지는 기술이라고 이해하면 됩니다.

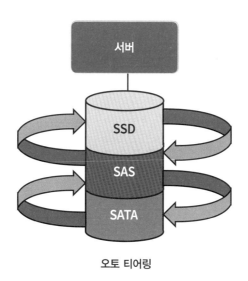

오토 티어링

[개구루] 그런데 스토리지의 어느 부분이 데이터를 옮겨주나요?

[땡굴이] 스토리지 컨트롤러에서 옮겨줍니다.

코타나　그러고 보니 스토리지 컨트롤러는 참 하는 일이 많네요. 서버 연결하랴, 디스크 관리하랴, 데이터 복제하랴, 오토 티어링도 하랴 참 바쁘네요.

땡굴이　하하! 컨트롤러야말로 스토리지의 두뇌이니까요. 컨트롤러는 서버에서 스토리지 내에 분포된 데이터의 물리적인 접근 빈도를 보고 빈번하게 접근하는 데이터는 SSD로 이전시켜 성능을 개선하고 그렇지 않은 데이터는 SATA 하위 계층 디스크로 내립니다. 이런 작업은 보통 백그라운드로 이루어지는 것이 대부분인데요. 제조사마다 지원하는 방식이 약간 다르지만 개념은 유사합니다. 약간 두서없이 이야기해 드리긴 했는데요. 현재 IT 장비 중에 가장 예산 비용을 많이 차지하는 장비가 스토리지인 만큼 제대로 도입하기 위해서는 유사한 전산 환경을 가진 곳의 사례를 분석하고, 다양한 제품을 비교하고 테스트하는 등 신중하게 준비해야 합니다.

스펙과 성능 지표로 스토리지 분석하기

1 디스크와 성능 지표(IOPS, 처리량, 응답 시간)

(개구루) 마지막으로, 스토리지 성능 분석 가이드 같은 게 있을까요?

(명굴이) 이건 BMT 편에서도 일부 다룰 내용이지만, 성능적인 측면에서만 다뤄 볼게요. 이제 잘 아시다시피 IOPS의 경우는 높은 IOPS를 처리할수록 좋은 스토리지입니다. 스토리지 IOPS는 스토리지 사용량에 대한 추이를 분석할 때 가장 먼저 보는 항목입니다. 하드디스크의 경우 하나의 I/O를 처리하기 위해서 디스크는 계속 회전하면서 암(arm)을 이동시켜 데이터 입력/출력을 처리하는데, 이때 필요한 시간은 암 이동에 필요한 시간과 디스크가 회전하여 암 근처에 올 때까지 기다리는 데 필요한 시간, 그리고 실제 읽기/쓰기 시간을 합한 시간이에요. 이렇게 보면 엄청 느릴 것 같지만, 실제 유튜브 동영상에서 하드디스크 동작에 대해 검색해 보시면 나름대로 엄청나게 빠른 속도로 움직입니다. 느린 화면으로도 볼 수 있는데, 암이 움직이는 모습이 상당히 예술적입니다. 하지만, 실제로는 1000분의 1초 단위로 움직이기 때문에 사람의 눈에는 움직이는지 쉽게 분간이 안 갈 정도로 빠릅니다. 반면에 SSD는 이런 기계적인 이동 시간이 필요하지 않기 때문에 IOPS 성능이 훨씬 뛰어나죠. 일반적으로 온라인 업무의 경우에는 서버와 스토리지 간에 주고받는 데이터, 즉 블록의 크기가 일반적으로 작고, 디스크에 랜덤(random)하게 접근하며, 높은 IOPS를 필요로 하는 경우가 많게 됩니다. 그래서 온라인 특성의 업무를 수용할 수 있는지의 여부를 판단할 때는 처리 속도인 IOPS 측면에서 보게 됩니다. 물리적인 하드디스크는 7,200rpm, 15,000rpm 등 분당 회전수를 갖게 되는데, 이로 인해 1초당 처리할 수 있는 횟수가 정해져 있습니다.

코타나 추가로, 15,000rpm 디스크가 나온 지가 한참 된 것 같은데요. 그 이상의 rpm은 구현하기가 어렵다고 들었었어요. 그리고 그걸 구현하려면 비용이 많이 들어간다고 합니다. 그런데 SSD까지 나온 판국에 굳이 그렇게 돈을 들여서 투자할 필요가 있겠나 싶겠죠. 그래서 더 이상 개발은 안 하고 용량만 늘어날 거라는 이야기가 있더군요.

개구루 올해 제가 스토리지 업계 분들을 많이 만나봤는데, SSD의 가격이 15,000rpm 디스크보다 상대적으로 많이 떨어졌기 때문에 고성능 스토리지가 필요한 서비스에서는 SSD의 비율을 매우 높여서 도입한다고 하더라고요. 심지어 플래시 메모리 드라이브만을 사용한 스토리지인 AFA(All Flash Array)의 시장 점유율이 급격하게 상승하고 있다고 합니다.

땡굴이 아무래도 성능도 더 좋고요.

개구루 기계적인 속도보다 전자기적인 속도가 더 빠르니까요.

코타나 전기도 더 적게 먹잖아요? 열도 덜 나고요.

땡굴이 딱 하나 단점이라고 굳이 이야기한다면, 쓰기 성능이 읽기 성능에 비해 그렇게 많이 향상되지는 않았고, 내구성 문제도 좀 있죠. 그래서 보통 스토리지 업계에서는 몇 년 동안은 디스크에 대해 워런티를 보장합니다.

코타나 내구성은 시간이 해결해 줄 것 같고요. 쓰기 성능도 어쨌든 HDD보다는 빠르니까요.

땡굴이 다시 각설해서, 최근에 나오는 일반 SAS 디스크는 디스크당 통상 200IOPS 정도로 보면 되는데요. 업계에서는 이 숫자가 앞서 말한 물리학적인 한계로 더 많이 늘어날 것으로 보지는 않는 것 같습니다. 실제로 스토리지의 IOPS 최대치를 측정해 보면 경험상으로 대략 맞는 것 같아요. 예를 들어, 디스크 900개로 이루어진 스토리지는 약 18만 IOPS 정도가 나옵니다.

코타나 물론, 모든 디스크를 다 고르게 펼쳐 쓴다는 가정이겠죠?

땅굴이   아, 네. 그렇죠. 모든 디스크를 이용해서 I/O 처리를 한다는 가정에서 그렇고요. 스토리지는 보통 I/O 크기가 크면 클수록 이를 처리하기 위한 스토리지의 응답 시간은 늘어나게 되고 IOPS는 줄게 됩니다. 두 번째는 처리량(MB/s)이죠. 온라인 업무와 달리 백업 또는 배치 업무는 상대적으로 블록의 크기가 크며, 시퀀셜(sequential)하게 디스크에 접근하는 경우가 일반적이죠. 배치는 수행 시간이 관건이므로 단위 시간당 처리량이 중요합니다. 그런데 이런 IOPS나 처리량은 스토리지 사양이나 HDD 종류, I/O 블록 사이즈, 서버 스레드(thread, 프로그램의 실행 단위) 개수 등의 변수에 따라 성능 차이가 다소 다르게 나타날 수 있습니다. 왜냐하면, 스토리지는 시키는 대로 일만 하거든요.

코타나   동일한 스토리지라도 사용 방법이나 환경에 따라 성능의 차이가 나는 이유이죠.

땅굴이   세 번째로는 응답 시간(response time)인데요. 보통, 서버와 연결되는 스토리지 컨트롤러 포트에서의 응답 시간을 나타냅니다. 서버의 HBA에서 요청해서 스토리지의 컨트롤러의 포트까지 갔다 오는 데 걸리는 시간이죠. 실제 애플리케이션 입장에서는 응답 시간이 중요하죠. 그 기저에는 스토리지로부터의 응답 시간도 중요한 축으로 자리하고 있습니다. 일반적으로 기업의 중요한 온라인 업무의 5~6ms 응답 시간을 목표로 하고요.

그다음엔 컨트롤러 사용률이 있죠. 프로세서 사용률이라고도 하는데요. 스토리지 포트, 캐시, 디스크 간의 I/O를 처리하고 복제나 오토 티어링 등의 솔루션 처리를 하는 역할을 합니다. 프로세서 사용률이 계속해서 50%를 넘게 되면 증설을 고려해 봐야 합니다.

코타나   사실, 컨트롤러는 컴퓨터나 마찬가지죠. 안에 CPU가 들어가 있으니까요. 만약 컨트롤러 사용률이 높으면 디스크가 아무리 많아도 처리량이 올라갈 수 없겠죠. 그 반대도 마찬가지이고요. 디스크 1,000개 정도 있어야 20만 IOPS가 나올 수 있는 것이지, 100개를 꽂아놓고 20만이 나올 수가 없거든요. 다 설계 단계에서부터 밸런싱을 맞게 해 주어야 하는 거죠.

땡굴이 네, 맞습니다. 병목 지점은 바뀔 수가 있거든요. 그리고 그다음에 보게 되는 것이 물리적인 디스크 그룹의 사용률입니다. 보통, 디스크 busy율이라고 하는데, 최근에는 대부분의 스토리지가 전체를 고르게 펼쳐서 쓰는 방식으로 구성되기 때문에 스토리지 내 디스크가 균형 있게 분산되는 경우가 많은데요. 스토리지 내 디스크들의 사용률을 그림으로 보면 정말 칼로 자른 듯이 아주 고르게 표현되더군요. 계속해서 50%를 넘게 되면 디스크 개수의 증설을 고려해 봐야 합니다. 캐시 히트율이라는 게 있어요. 캐시는 임시 작업 공간이라고 보면 되겠죠? 임시 작업 공간에 데이터를 넣어서 수시로 꺼내서 보면 디스크까지 다녀오지 않고 빠르게 처리할 수 있죠. 따라서 캐시에 있는 데이터를 얼마나 많이 활용했는가를 비율로 나타낼 수 있고요. 당연히 100%에 가까울수록 좋습니다.

코타나 캐시 히트율은 사용자가 임의로 조정할 수 없는 거니까 높으면 좋은 거죠.

2 스토리지 캐시와 CWP

땡굴이 네. 그다음은 CWP(Cache Write Pending) 비율이라는 게 있습니다. 일반적인 상황에서는 캐시에 쓰기를 할 때 1ms 이하로 처리하는 게 정상적인 상황이거든요. 그런데 디스크가 너무 busy해서 캐시에 데이터를 써야 하는데 캐시에서 즉각적으로 처리하지 못할 수도 있거든요. 즉, 디스크로 내리지 못하고 남아있는 상태가 많게 되는 거죠. 그렇게 즉시 처리하지 못하는 비율을 의미한다고 이해하시면 좋을 것 같습니다. 제가 스토리지 전문가에게 물어보니 스토리지마다 조금씩 다르지만, 30%를 초과하게 되면 캐시의 데이터를 디스크로 강제로 내리게 되면서 쓰기 응답 시간이 1ms를 넘어가게 된다고 하더군요.

개구루 그전까지는 호스트(서버)의 쓰기 요청을 캐시에 저장하는 것이 우선이었다면, 30%가 넘어가면서부터 캐시에서 디스크에 저장하는 것이 처리 우선순위가 높아지기 때문에 호스트(서버)의 쓰기 요청에 대한 처리가 지연되는 것이죠.

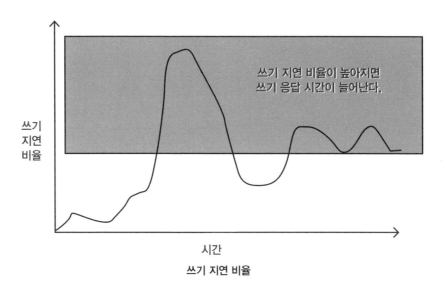

쓰기 지연 비율이 높아지면
쓰기 응답 시간이 늘어난다.

쓰기 지연 비율

코타나 스토리지는 '난 벅차! 그러니 캐시에서 머물고 있는 쓰기 요청 데이터를 디스크에 먼저 내리고 그다음에 서버 네가 요청한 것 처리해 줄게' 뭐, 이런 식이겠군요.

땅굴이 네. 데이터 정합성이 우선이니까요. 그렇게 말씀하시니 저도 잘 이해되네요. 보통은 변경이 많으면 디스크가 병목이 되면서 지연(pending)이 발생할 수도 있지만, 컨트롤러 사용률이 높아서 발생하는 경우도 있습니다. 이 항목은 명시적으로 제공되는 제품도 있지만, 별도로 제공되지 않는 제품도 있고요. 또 어떤 스토리지에서는 지연이 있었다 정도만 표시하는 제품도 있습니다.

코타나 그런데 밀리세컨드 단위는 1,000분의 1초 단위인데, 그게 몇 ms 더 늘어난다고 해서 그렇게 차이가 있을까 생각하는 분들도 계실 것 같아요. 그런데 사실 그렇지 않죠. 업무 부하를 측정할 때 TPS라고 하는 기준이 있는데, 이런 게 10TPS, 20TPS라고 하면 상관이 없겠지만, 10,000TPS, 15,000TPS라고 하면 몇 ms의 차이로 실제 사용자가 느끼는 체감 성능은 크게 달라질 수 있어요. 우리가 여기서 말하는 응답 시간은 굉장히 하이엔드급의 스토리지에 관한 이야기예요.

개구루 은행이나 게임회사 같은 실시간성 업무를 하는 곳에는 좋은 성능을 가진 스토리지가 많이 필요할 것 같아요. 그게 아니라 웹 서비스만을 주로 하는 곳이라면 서버의 내장 디스크로도 충분하겠죠.

코타나 네. 스토리지가 워낙 고가이니 필요도 없는데 쓸데없이 도입할 필요는 없죠.

땡굴이 네. 좋은 말씀을 해 주셨네요. 무조건 다 5ms의 응답 시간을 필요로 하는 스토리지를 도입할 필요는 없는 거죠. 성능에서 대기행렬 이론이란 것을 이야기하는데, 시스템 자원에 여유가 있을 때는 부하가 10% 증가해도 사용자는 응답 시간에 별 차이를 못 느끼지만, 자원에 여유가 없을 때는 같은 10%가 증가해도 응답 시간은 갑자기 확 증가하거든요. 이런 것들을 고려할 때 온라인상의 핵심 업무 시스템들은 이럴 경우를 대비해서 응답 시간을 아주 낮게 확보해야 할 필요가 있는 거죠.

개구루 네. 좋은 말씀 감사합니다.

(땡굴이) 잠시만요. 마지막으로 준비한 게 더 있어요. 시간이 별로 없나요?

(코타나) 크… 오늘 스토리지 편을 완전히 끝내시겠다는 결연한 의지!

(땡굴이) 일단, 스토리지가 도입되었다면 설계를 해야 할 것 아닙니까? 그래서 설계에 대한 이야기로 마무리를 짓죠. 하하! 보통은 다음과 같이 진행합니다. 우선, RAID를 정의하게 되죠. 용도에 맞게 RAID를 구성해야 하는데요. 보통은 최고 수준의 가용성과 성능을 위해서는 1 + 0을, 적절한 가용성과 용량을 위해서는 5를 선택하게 됩니다. 일반적으로 방금 말씀드린 두 가지가 많이 사용하는 RAID 구성이고요. 그래서 운영 데이터나 특히 성능을 필요로 하는 데이터를 저장하는 스토리지는 RAID 1 + 0으로

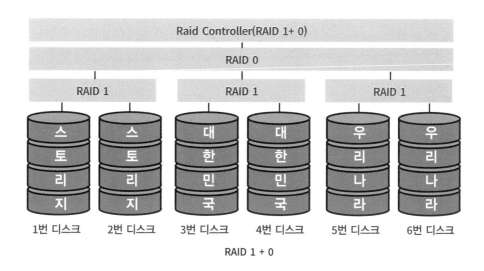

RAID 1 + 0

구성하고, 개발이나 백업, 혹은 테스트 데이터를 저장하는 스토리지는 RAID 5로 많이 구성합니다.

코타나 RAID 6도 많이 쓰더군요.

땡굴이 네. RAID 6은 패리티 디스크를 하나 더 두어서 가용성을 좀 더 높인 거죠.

 RAID를 정의한 다음에는 서버별 용량 할당 계획을 수립하죠. 위에서 정의된 RAID 그룹을 사용할 서버별로 용량을 할당하는 것입니다. 서버마다 얼마씩 가져다 쓸 건지 정하는 것입니다. 그 이후에는 서버별로 스토리지의 포트 할당 계획을 수립합니다. 이때는 최대 처리량 등을 고려하여 서버와 함께 적절한 FC 포트를 할당하는 것이 관건이죠. 처리량이 중요한 경우에는 1:1로 연결을 시키고, 그렇지 않은 경우는 1:N으로 연결합니다. 아무래도 스토리지의 포트는 가격이 상대적으로 비싸기 때문에 I/O 성능을 많이 요구하지 않는 서버 간에 포트를 공유할 수 있다면 같이 쓰는 게 합리적인 것이죠. 그리고 마지막으로 스토리지 복제 환경을 설계하게 됩니다. 데이터 보호 또는 활용성을 극대화하기 위해 비용을 고려하면서 요건에 맞는 복제 환경 구성이 필요합니다.

이렇게 해서 스토리지에 대한 이야기를 모두 마치게 되었네요.

개궁금

04

백업,
데이터 보호

백업, 데이터 보호

1 연결 방식에 따른 백업의 구분

개구루 오늘은 백업에 대한 이야기를 나눠보고자 합니다. 제가 예전에 개발자였을 때는 백업이라고 하면 자기가 사용하는 데이터, 즉 파일을 다른 장소에 복사하는 것으로 생각했거든요. 그리고 필요할 때 해당 파일의 이름과 시점을 이야기하면 원래대로 복구시켜 준다. 이렇게요.

코타나 가장 피상적인 정의가 아닌가요? 하하!

땡굴이 왜요? 맞는 것 같은데. 하하!

코타나 저는 PC를 쓰다가 윈도우를 포맷해야 한다든가, 중요한 사진을 따로 외장 하드에 저장한다든가 하는 것들이 생각납니다. 요즈음은 클라우드나 N드라이브 같은 곳으로도 사진을 저장할 수도 있잖아요? 그런 것들이 아닐까 해요.

땡굴이 그럼, 백업에 관한 이야기를 본격적으로 해 볼까요? 방금 말씀하신 내용이 다 맞아요. 대부분 백업의 의미는 쉽게 아실 것으로 생각됩니다. 굳이 유창하게 이야기한다면, 백업이란 바로 사용자가 사용하는 정보 시스템에서 가장 중요한 데이터를 보호하기 위해 테이프나 디스크에 미리 저장했다가 유사시에, 즉 장애가 발생하거나 데이터 손실이 발생하는 경우에 원래의 데이터를 복구하기 위해 사전에 방비하는 활동으로 정의할 수 있습니다.

코타나 그렇게 유창하진 않는데요?

땡굴이 그런가요? 아무래도 우리 방송은 전문용어를 지양해야 하니까요. 하하! 백업은 크게 몇 가지로 나누어 볼 수 있습니다. 백업을 받는 대상에 따라서요.

개구루 몇 가지죠?

땡굴이 크게 두 가지인데요. 하나는 시스템 백업, 즉 운영체제 백업이고요. 다른 하나는 데이터 백업, 즉 오라클 같은 데이터베이스 백업과 일반 파일 시스템 백업으로 나누어지죠. 또한, 백업은 백업 구성 방식에 따라 나누어볼 수도 있어요. 직접 연결 백업과 네트워크 백업, SAN 백업으로 나뉘집니다. 직접 연결 백업은 말 그대로 서버와 백업 장비를 FC 케이블이나 SCSI 케이블 등으로 직접 연결하여 백업받는 방식입니다. 물론, 서버마다 별도의 백업 소프트웨어는 있어야죠. 최근에 SCSI 케이블은 성능이나 관리 측면에서 FC 케이블에 자리를 내준 지 오래되어서 사용하지 않죠. 두껍고 잘 휘어지지도 않고요. 스토리지 시간에 DAS를 이야기한 적이 있는데, 그 개념과 유사하다고 보면 되겠습니다. 네트워크 백업은 로컬 네트워크, 즉 LAN을 통해 백업 장비와 서

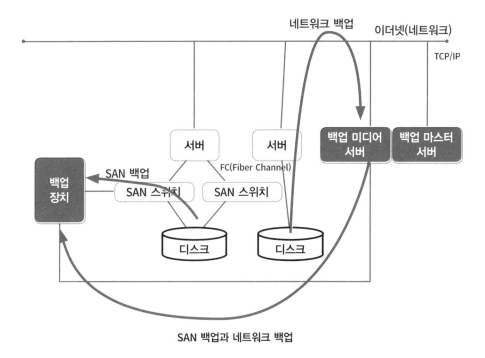

SAN 백업과 네트워크 백업

버를 접속하는 개념으로, 별도의 백업 관리 서버에 백업 장비를 연결하고 나머지 서버는 이 백업 서버를 통해 백업을 수행하는 방식입니다. 스토리지에서 이야기한 NAS와 유사하죠. 네트워크 백업은 기존의 서비스 네트워크를 사용하거나 별도로 백업 전용 네트워크를 사용하기도 합니다. 이건 백업을 구축하는 사이트마다 다르더군요.

코타나　네. 별도로 하려면 네트워크를 분리해야 하는 거고, 그러다 보면 서버의 네트워크 카드나 스위치 포트도 더 필요하고, 제반 비용이 증가하게 되니까요. 서비스에 민감도가 높은 시스템의 경우에는 서비스 네트워크에 영향을 주지 않도록 격리된 네트워크로 NAS를 구성하고, 관리용 네트워크나 백업용을 별도로 분리하는 경우가 많죠.

개구루　NAS의 경우는 서비스 네트워크의 사용률이 증가할 때 같이 사용률이 증가하기 때문에 별도로 분리하는 경우가 많이 있지만, 백업의 경우는 민감도가 크지 않다면, 즉 업무 시간과 백업 시간이 분리되는 경우라면 같이 써도 되지 않을까 싶어요.

코타나　네. 개인적으로는 분리하는 게 맞는 것 같고요. 물론, 설계를 잘 하면 되겠죠. 관리 수가 적은 경우는 그럴 수 있는데, 몇백 대씩 관리하게 되면 그것도 만만하진 않을 거예요.

탱글이　살아있는 현장의 목소리, 감사합니다. 세 번째 SAN 백업 방식은 백업받을 데이터 용량이 증가함에 따라 서버에 백업용 테이프 장치를 SAN을 통해 인식시켜 FC 케이블을 이용해서 백업 장치로 직접 백업을 받는 방식입니다. 요즘에는 네트워크 속도의 비약적인 발전으로 실제 속도 면에서 SAN 백업이 기존에 가졌던 상대적인 우위가 약간 떨어진 것은 사실이나, 보수적인 전산 환경에서는 여전히 백업 용량 및 백업/복구 목표 시간이 중요한 경우 SAN 백업을 고수하고 있는 곳도 있습니다. 나름의 정책들을 갖고 있어요. 예를 들어, '데이터 용량이 3TB 이상이면 우리는 SAN 백업을 하겠어요.'와 같은 식이죠.

미디어에 따른 백업 구분

1 테이프를 이용한 전통적인 백업

(땡굴이) 다음으로 백업 미디어를 말씀드릴게요. 저장 매체죠. 일반적으로 테이프의 경우에는 DAT(Digital Audio Tape) 또는 LTO(Linear Tape Open)라고 하는 전용 백업 미디어가 있어서 그곳에 백업을 받게 되죠.

(코타나) 개구루 님은 보신 적이 없을 것 같은데요?

(개구루) DAT는 모르고 LTO는 알고 있습니다.

(땡굴이) LTO의 실제 크기는 사람 손바닥만하다고 보시면 될 것 같습니다. DAT는 그 것의 반 정도보다 조금 더 작을 것 같네요.

(코타나) 예전에 보던 카세트 테이프보다 더 작은 규격인데, 거기에다 백업을 받았었 죠. 사실, 그 이전으로 가면 메인프레임에서 쓰던 진짜 옛날 사진을 보면 동그란 원판 이 빙글빙글 돌아가면서 백업받는 게 있거든요.

(땡굴이) 네. 예전 뉴스 시간에 나오던 화면이었던 것 같네요.

(코타나) 네, 맞아요. 그것도 사실 백업 테이프이거든요. IBM 3422이라고 하는 릴 테 이프인데요. 그런 큰 테이프도 있고요. 예전에 NT 서버나 작은 유닉스 서버는 꼭 DAT 를 샀었어요. 그걸로 직접 서버에서 백업을 받았죠.

(땡굴이) 제 기억에 DAT도 몇십 GB 정도 용량이었던 것 같네요.

（개구루） 생각보다 용량이 크네요. 조그마한 게.

코타나 대형 테이프 장치에는 테이프가 굉장히 많잖아요? 로봇 팔이 달려 있어서 알아서 백업받다가 용량이 부족하면 테이프를 자동으로 교체해 주거든요. 그런데 DAT는 사람이 일일이 바꿔주어야 해요. 옛날에 저도 전산실을 운영할 때 DAT 관리를 진짜 귀찮아했었어요. 테이프가 정말 수없이 나왔어요. 날짜별로 손으로 다 기록해야 하고 관리해야 했어요.

（땡굴이） 서버 운영하시는 분들은 주말에 운영체제 백업을 위해 서버마다 테이프를 꽂아 놓았습니다. 그리고 월요일에 나와 배출된 테이프를 일일이 수거하죠.

코타나 그런 시절이 있었죠.

（개구루） 상당히 아날로그적인데요!

코타나 지금도 DAT 쓰는 곳이 있을 거예요. 하도 많이 쓰던 것이라서요.

（땡굴이） 방금 우리가 이야기한 이런 테이프는 백업 장치에서 테이프 드라이브라는 장치에 넣어서 순차적으로 데이터를 기록하게 됩니다. 코타나 님이 말씀하신 것처럼 테이프 하나에 데이터가 다 들어가지 못하는 용량이라면 기존 테이프를 드라이브에서 빼서 새로운 테이프를 드라이브에 넣고 이어서 백업을 수행하고요. 이는 백업 장치 안에 있는 로봇 암이 수행하게 됩니다. 혹시 로봇 암을 보신 적이 있나요?

（개구루） 저는 본 적이 있습니다.

（땡굴이） 실제 백업 장치를 보면 철커덕, 철커덕거리며 로봇 암이 움직이고 있는 모습을 볼 수 있고, 움직이는 소리도 들을 수 있는데요. 이렇게 전산실 내에서 거의 유일하게 살아 있는 것처럼 보이는 장비를 백업 라이브러리라고 부릅니다. 실제로 규모가 큰 백업 장치는 사람도 들어갈 수 있죠. 다시 테이프 이야기로 돌아와서, 백업 테이프들은 최근까지 계속 용량과 저장 속도를 향상시켜 왔는데요. 제가 조사해 보니 로드맵상에는 LTO 10까지 있습니다. 요즘은 LTO 7이라는 규격까지 지원하고 있더라고요. LTO 7은 압축 시 용량이 무려 15TB입니다. 그런데 데이터 저장 속도는 생각보

다 많이 발전하지는 않았습니다. 물리적인 한계 때문인 듯합니다. LTO 3은 저장 용량이 800GB, 데이터 속도가 160MB/s이고, LTO 7의 데이터 속도는 750MB/s이거든요. 용량은 20배가량 증가했지만, 속도는 5배도 채 안 되는 거죠. 아직 나오진 않았지만, LTO 10은 120TB입니다. 정말 어마어마하죠.

코타나 저는 테이프가 조만간 없어질 거로 생각했었거든요. 점점 밀도가 높아지면서 미디어 오류도 많이 생길 것 같고요. 가장 치명적인 단점이 테이프에 오류가 나면 그 데이터 전체를 복구할 수 없다는 거죠. 그러다 보니 같은 데이터를 여러 테이프에 두 번 복제하는 경우도 있었고요. 미디어도 소모품이지만 작업하는 데도 오래 걸리고요. 이게 순차적(sequential) 작업이거든요. 필요한 게 일부라 하더라도 일단 처음부터 모든 테이프를 다 읽어야만 복구한다는 거죠. 그런데도 여전히 고용량의 테이프들이 나오는 게 신기하네요.

2 SATA를 이용한 VTL백업

땡글이 아무래도 테이프에 저장하는 속도는 한계가 있다 보니 새로운 기술들이 나오기 시작한 거죠. 즉, 하드디스크에 저장하는 백업 기법들인데, 여러 개의 디스크를 장착한 스토리지를 통해 쓰기 성능을 엄청나게 향상시킨다는 것이지만, 상대적으로 테이프에 비해서 여전히 고가였어요.

코타나 하지만 SATA 디스크 때문에 가상 테이프 라이브러리(Virtual Tape Library), 즉 VTL이라는 장치도 출현하게 된 게 아닐까 해요.

땡글이 네, 그렇죠. SATA 디스크는 상대적으로 가격이 저렴했으니까요. VTL이라는 용어가 나왔으니 기존에 테이프를 이용했던 장치는 PTL(Physical Tape Library)이라고 부른다는 것도 말씀드려야겠네요. 아무튼, VTL은 SATA 디스크를 마치 백업 테이프인 것처럼 에뮬레이션해서 데이터를 백업하는 장치라고 생각하면 됩니다. 그러다 보니 기존에 테이프 백업을 받기 위해 서버마다 설치했던 백업 소프트웨어들을 그대로 쓸 수 있어요. 운영 환경의 변화가 크지 않은 거죠. 또한, 디스크로 백업을 받다 보니 백업 시간과 복구 속도도 테이프보다 빠릅니다. 스토리지를 기반으로 하다 보니 RAID 5, 6 등 디스크단의 데이터 보호 기법을 적용할 수 있습니다. 필요에 따라 핫 스페어 구성을 해서 가용성을 매우 높게 가져갈 수 있죠.

개구루 VTL이 PTL보다 무조건 좋은 건가요?

행굴이 음, 무조건 좋다기보다는 장단점이 있다고 봐야죠. 지금은 VTL의 기능이 다양해지고 활용도가 높아졌지만, 처음 나왔을 때는 데이터 이동성 면에서는 PTL에 비해 못하다는 단점도 있었지요.

개구루 PTL이 이동성이 좋다는 의미를 잘 모르겠네요.

코타나 아, PTL은 백업 후에 테이프 미디어를 빼서 다른 곳으로 소산(疏散, 원거리 분산 보관)할 수 있었거든요. 하지만, 초기의 VTL은 그렇지 못했었죠. 소산할 방법이 없었어요.

행굴이 네, 맞아요. 수십 개의 디스크를 빼서 옮기는 일을 직접 해 보신 분은 알겠지만, 중노동이거든요. 옮기다가 디스크가 깨질 수도 있는 거고요. 하지만, 지금은 VTL에서 백업 데이터를 중복 제거해서 작게 만든 다음, DWDM(Dense Wavelength Division Multiplexing, 고밀도 파장 분할 다중) 같은 전송망을 이용하여 멀리 떨어진 곳에 데이터를 복제하는 방식으로 소산할 수 있답니다.

개구루 그런데 소산이 뭐예요?

행굴이 재해가 발생했을 때라도 데이터를 복구해야 하잖아요. 그러면 사전에 메인 센터에서 백업받은 테이프를 원격지, 즉 재해 복구 센터로 보내 놓는 거죠. 그래서 예전에 소산을 위해 주기적으로 운송해 주시던 분도 계셨어요. 우리가 백업 테이프를 그분께 드리면 철가방처럼 생긴 곳에 안전하게 보관해서 차로 옮겨주셨던 거죠.

개구루 그러면 철가방에서 빼서 어디에 보관하나요?

땅굴이 내화 금고 같은 곳에 보관하죠.

코타나 지금도 금융권은 법적인 규제 요건 때문에 소산하는 것으로 알고 있어요. 그래서 여전히 테이프를 계속 쓰는 것 같아요.

개구루 그리고 조금 전에 중복 제거한다고 하셨는데, 그게 뭔가요?

땅굴이 아, 먼저 그것도 설명해 드렸어야 했는데 제가 그냥 넘어갔네요. 중복 제거는 쉽게 얘기해서 같은 데이터를 중복해서 백업받지 않는 것으로 이해하면 됩니다. 예를 들어, 매일 10TB의 데이터를 풀 백업으로 받아야 하는 요건이 있고, 데이터의 변경률이 하루에 10%라고 하면 하루에 1TB가 변경되겠죠? 그러면 기존에 백업했던 데이터의 원본 정보의 실제 위치를 기록한 메타데이터를 별도로 기록하고 실제 변경된 1TB만 백업을 받는 거죠. 매일 10TB를 받지 않고도 풀 백업본을 유지하는 거예요. 그러면 실제로 저장하는 양도 획기적으로 줄게 되고요. 복구할 때는 변경분과 메타데이터를 참조해서 완전하게 복구할 수가 있습니다. 쉽게 설명하자면, 대표되는 데이터와 그것을 조합해 낼 수 있는 설계도만 갖고 있으면 된다는 거죠.

개구루 그러면 스토리지의 스냅샷 같은 것이네요?

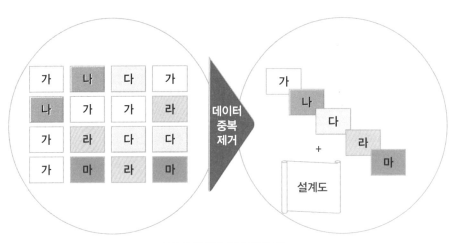

VTL의 데이터 중복 제거 기능

땡굴이 개념상 비슷하죠. 변경한 것만 저장한다는 개념이니까요.

코타나 그래서 중복 제거의 핵심은 이후의 백업본이 참조할 수 있도록 원본이 남아 있어야 한다는 거죠. 최소한 참조할 정보는 필요하다는 거죠. 그래야 변경 여부를 알 수 있으니까요.

1 스토리지와 유사한 백업 장치의 구조

(탱굴이) 구조에 관해서 이야기를 해 보면, 전통적인 백업 장치인 PTL은 크게 테이프 미디어를 장착하는 드라이브, 그리고 테이프를 보관하는 슬롯, 그리고 테이프를 넣고 빼는 장치인 로봇 암, 그리고 SAN 같은 외부 장치와 연결하는 인터페이스로 구성됩니다. 소형 냉장고만한 크기에서 큰 방만한 크기까지 매우 다양한 크기로 나와 있고요. VTL의 경우에는 테이프 미디어를 대신하여 스토리지와 유사하게 하드디스크 집합체로 구성되어 있고요. 백업을 관장하는 백업 전용 컨트롤러가 있는데, 이것은 가용성을 위해 보통 이중화를 많이 하죠. 그리고 서버와 연결하는 인터페이스부로 구성되어 있습니다.

(개구루) 인터페이스는 다양하게 호환이 되는 거죠?

(탱굴이) 네. 대부분 FC 방식과 이더넷 방식 모두 존재합니다. 그리고 컨트롤러의 경우, 예전에는 백업 컨트롤러와 실제 데이터를 저장하는 곳을 다른 벤더의 스토리지를 이용하는 제품도 있었습니다.

(개구루) NAS도 디스크 부분과 NAS 컨트롤러로 분리된 것도 있잖아요?

(탱굴이) 네. 그런데 요즘에는 보통 일체형으로 많이 판매되고 있습니다.

(코타나) 좀 더 쉽게 이야기하면, 백업 서버 입장에서는 백업 장비가 VTL인지 PTL인지는 구분할 필요는 없어요. 미디어만 다를 뿐 백업 소프트웨어를 통해서 동일하게 관

리할 수 있거든요. 대신에 VTL은 테이프와 테이프 드라이브를 가상으로 만들어 주다 보니 훨씬 유연하게 자원을 활용할 수 있습니다. PTL은 실제로 존재하는 테이프와 드라이브만을 갖고 백업받아야 하죠. 최대 용량의 백업을 고려해서 무한정 테이프와 드라이브를 도입해서 구성한다는 건 비효율적이거든요. 백업이란 게 사실 특정 시간에 몰릴 수밖에 없는 거죠. 주로 야간 시간대죠. 자원이 한정적이면 갑자기 요청이 들어올 때 대응이 어려울 수밖에 없죠. 그런 측면에서 VTL이 유연하죠.

(개구루) 드라이브를 이해하지 못하시는 분도 계실까 봐 말씀드리면, PC에 CD 드라이브가 있잖아요? 그 드라이브로 이해하시면 돼요. CD 대신에 테이프 장치를 넣고 기록한다고 보시면 됩니다. 그 드라이브 수만큼 병렬로 쓸 수 있는 거죠. 또, 각 벤더의 제품마다 최대 드라이브 개수도 모두 다르죠.

② 가성비를 위한 중복제거 기술

(땡굴이) 앞에서 VTL 같은 디스크 기반 백업 기술 중에서 많이 언급되고 있는 솔루션 중의 하나가 중복 제거(De-Duplication)인데요. 중복 제거 솔루션의 핵심은 백업 대상 데이터에서 기존에 백업된 내용은 다시 저장하지 않고 새로운 또는 변경된 내용만을 저장해서 스토리지 저장 효율을 향상시키는 것입니다. 백업 대상 데이터에서 중복된 데이터는 한 개만 저장하고, 나머지는 일종의 인덱스 형태로 메타데이터에 저장하는 솔루션입니다. 사실, 우리가 운영하는 시스템에서 중복 제거 효과가 가장 큰 업무는 백업 업무거든요. 같은 데이터를 많이 받으니까요. 그런데 중복 제거 방식은 어디에서 중복 제거를 하는가에 따라 크게 소스 기반의 중복 제거 방식과 타깃 기반 중복 제거 방식으로 나눌 수 있습니다.

(개구루) 아, 중복 제거마저 분류가 되는군요.

(땡굴이) 이 내용을 설명해 드릴까 고민하다가 이왕에 여기까지 왔으니 마무리를 하려고 해요. 소스 기반의 중복 백업은 백업 대상 서버에 중복 제거 백업 솔루션을 설치

하여 해당 서버에서 직접 중복 제거한 후에 백업받는 방법입니다. 예를 들어, 예전에 EMC의 아바마라는 제품이 있었는데, 이 솔루션이 바로 소스 기반 중복 제거 솔루션의 대표 주자였죠.

코타나 개구루 님. 그러면 소스 기반 중복 제거 백업의 단점은 뭔가요?

개구루 아무래도 해당 서버에 오버헤드가 있을 것 같은데요.

땡굴이 네, 맞습니다. 당연히 백업을 받게 되는 운영 서버에 부하가 발생할 수 있고, 이는 업무에도 영향을 줄 수 있다고 볼 수 있습니다. 이와 달리 타깃 기반의 중복 제거 방식은 백업 대상 서버가 아닌 백업 장치에서 중복 제거하는 방식이며, 이는 다시 인라인 방식과 포스트 프로세싱 방식으로 나눠집니다.

개구루 앗, 또 나누어지는 건가요?

땡굴이 네. 이제 거의 다 왔습니다. 인라인 방식은 백업 중에 중복 제거하는 방식인데요. 그러다 보니 당연히 대용량 백업 시에 병목 현상이 발생할 수 있고요. 포스트 프로세싱 방식은 백업 장치에서 백업 완료 후에 유휴 시간을 이용해서 백그라운드로 중복 제거하는 방식이라 기존 백업 성능에 영향을 주진 않지만, 디스크 저장 공간이 추가로 필요한 단점이 있습니다.

개구루 뭐가 더 좋은 건가요?

땡굴이 당연히 인라인 중복 제거 방식이 더 좋죠. 최근에는 백업 장치와 디스크 성능이 향상되었거든요. 추가로 필요한 용량도 없기 때문에 인라인 방식이 대세가 되고 있죠.

코타나 포스트 프로세싱 방식은 지금 별 의미가 없는 것 같아요.

개구루 결국, 백업 장치가 모든 데이터를 받아서 처리해야 하는데, 이제는 실시간으로 처리를 하더라도 성능이 충분히 뒷받침해 준다는 얘기네요.

백업 중요성을 반영한 설계와 선정

땡굴이 그리고 우리가 지금까지 이야기한 백업 장치를 도입하기 전에 고려할 기본적인 내용이 있어요. 보통 백업 목표 시간, 복구 목표 시간, 백업 주기, 보관 주기, 백업 용량, 백업 정책 등을 정해 놓고 필요한 장비를 선택해야 합니다. 예를 들어, '백업 대상은 무엇인가? 백업 용량은 얼마나 되는가? 일/주/월 단위로 백업받는가? 풀 백업을 받는가, 증분 백업을 받는가? 보관 기간은 어느 정도야 하는가?' 등이 모두 백업 장비 설계와 도입 시 고려해야 할 사항입니다. 백업 장치의 사양을 보고 상기 요건을 충분하게 수용할 수 있는지 확인이 필요합니다.

코타나 백업은 정말 필요한데, 표가 안 나요.

개구루 표가 나는 순간, 큰일 나는 것 아닌가요?

코타나 네. 백업이 중요함에도 기업의 IT 투자 우선순위에서 항상 밀리는 편이에요. 그리고 백업은 백업 장비도 있어야 하지만 백업 소프트웨어도 있어야 하거든요. EMC는 데이터 도메인이라는 업체를 인수해서 DD 시리즈의 VTL을 판매하지만, Networker라는 통합 백업 및 복구 소프트웨어도 판매합니다. 씨만텍은 많이들 아시는 Netbackup이라는 소프트웨어뿐만 아니라 최근에 Netbackup 어플라이언스라는 백업 전용 어플라이언스 제품도 출시했죠. 백업 어플라이언스는 장비와 솔루션이 하드웨어에 통합되어 출시되는 제품인데, 최근에 컴볼트라는 회사에서도 Simpana라는 백업 어플라이언스를 출시했습니다. 또한, 백업 소프트웨어와 백업 장치를 어떻게 구성하는가에 따라 사용할 수 있는 기능도 달라질 수 있거든요. 제품 선정할 때 이런 것들을 고려해야 합니다.

[땅굴이] 네. 벤더가 나온 김에 주요 백업 장치 업체를 말씀드릴게요. PTL에는 오라클, 퀀텀, HPE, IBM 등이 있어요. 오라클은 기존의 썬, 그리고 썬 이전의 스토리지텍의 SL 시리즈 등과 같은 테이프 라이브러리 제품군을 보유하고 있고, 퀀텀은 스칼라 시리즈, HPE는 스토어에버 시리즈, IBM은 TS 시리즈 등을 보유하고 있습니다. VTL에는 스토리지의 전통 강자인 EMC의 데이터 도메인, 즉 DD 시리즈가 있고, 퀀텀은 DXi 시리즈, HPE의 스토어윅스 시리즈, 시만텍의 넷백업 어플라이언스 시리즈 등이 있습니다.

[개구루] 오라클은 안 하는 게 없군요.

[코타나] 스토리지 빼고는 다 하는 것 같아요.

[땅굴이] 사실, 스토리지도 인수할 수 있는 여력은 충분히 있겠지요. 안 하는 이유는 잘 모르겠지만요. 아무튼, 백업 업체에 대해서 간단히 말씀드렸고, 최근의 백업 기술에서 기억해야 할 중요한 단어인 중복 제거에 대해서 정리하고 넘어갈게요.

SECTION 05 백업의 미래

코타나   혹시 땡굴이 님이 스펙 이야기를 해 주실지 모르겠지만…

땡굴이   아, 스펙 이야기는 안 합니다. 하하!

코타나   아, 그런가요? 아무튼 장비 사양에 대해서 구글 등에서 검색을 해 보시면 이제 VTL의 컨트롤러는 웬만한 스토리지의 컨트롤러 사양만큼 따라왔어요. 다만, 디스크는 저가의 SATA 디스크를 많이들 사용하죠. 데이터 저장 용량에 따라 디스크 비용이 올라가게 되니까요. 그렇지만 컨트롤러만큼은 백업, 복구, 중복 제거 등 할 일이 많다 보니 사양이 좋아질 수밖에 없는 거죠.

개구루   아무래도 컨트롤러는 x86 기반의 서버 시스템이 많이 활용되니까 x86 가격이 다운되면 컨트롤러 가격도 내려갈 것 같아요. 사실, 이미 x86이 많이 내려가긴 했지만요. 컴퓨팅 용량도 좋아지고요. x86을 알아야 합니다. x86 전문가가 되십시오. 하하!

땡굴이   그러면 결국 PTL은 없어질까요? 당장은 아닐 것 같다는 게 중론입니다. 최근 들어 백업 VTL이나 백업 전용 어플라이언스의 중요성 못지않게 테이프에 대한 인식이 변화되고 있어요. PTL이 데이터 손실이나 보안 문제는 물론, 소산이나 암호화 등에 있어 여전히 이점을 갖고 있는 데다, 아까 코타나 님 말씀처럼 금융감독원의 보안 규정도 충분히 충족할 수 있기 때문이죠.

또한, 빅데이터 시대에는 스토리지 용량뿐만 아니라 백업에 필요한 용량도 함께 증가

될 수밖에 없는 상황에서 디스크 기반 솔루션으로 이를 처리하기에는 비용 부담이 엄청나서 PTL을 버릴 수가 없는 거죠. 특히, 백업 어플라이언스나 VTL 등은 디스크의 높은 성능으로 주목을 받고 있지만, PTL에 비해 여전히 높은 도입 비용과 유지보수 비용은 여전히 부담되는 건 사실이죠. 저도 2000년 초반에 VTL이 막 나오면서 곧 PTL이 없어지겠다고 생각했는데, 이번에 LTO 로드맵을 다시 보고 관련 동향을 살펴보니 쉽게 물러나진 않겠더라고요. 백업 기술도 클라우드 백업, 중복 제거 백업 등 백업 트렌드가 변화하고 있지만, PTL의 수요가 지속될 것이라는 예측이 나오는 이유도 여기에 있을 것 같네요.

(땡굴이) 네. 이렇게 백업에 대해서 짚어 봤는데요. 짧은 시간에 담으려다 보니 충분치 못한 내용이 있는 것 같아 다소 아쉽네요. 아무쪼록 백업의 중요성은 재차 강조해도 중요한 것이니, 기업에서도 투자 순위에서 조금만 더 우선순위를 높게 가져갔으면 합니다. 나중에 후회해야 소용이 없거든요. 이상으로 백업에 대한 내용을 마칩니다. 감사합니다!

05

네트워크,
IT 인프라의 혈관

네트워크의 기본 지식

1 네트워크의 시작과 끝, 프로토콜

[개구루] 우리가 인프라 업무를 하면서 '네트워크(Network)'란 단어를 정말 많이 사용하잖아요. 신규 서버를 구성할 때나 시스템을 운영할 때, 그리고 서비스 장애가 생겨 원인을 확인할 때 등 인프라 운영에 있어서 빠지지 않는 게 네트워크인데요. 인프라에 있어서 네트워크란 무엇인지 정의를 한번 내려보고 시작하는 게 좋을 것 같아요.

[땡굴이] 네트워크의 정의라… 말 그대로 네트워크 아닌가요? 서버와 네트워크 장비 간에 케이블을 통해 데이터를 주고받을 수 있게 되어 있는 환경이나 망 그 자체를 의미하는 거죠.

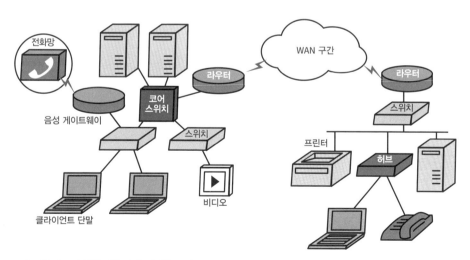

네트워크는 다양한 사용자가 다양한 접속 경로를 통해 서비스를 제공하는 시스템과 연결되어 있는 것

코타나 땡굴이 님 말씀이 맞아요. 하지만, 좀 더 명료하게 표현한다면 '정보를 주고 받아야 하는 모든 IT 인프라 장비 간의 물리적, 논리적인 연결'이라고 표현할 수 있을 것 같아요. 그런 의미에서 보면 단순히 연결 그 자체를 의미한다기보다는 정보를 주고 받는 장비와 그 경로상의 모든 유/무형 환경이 포함된다고 보는 게 더 좋을 것 같네요. 그러면 네트워크에서 통신할 때 가장 기본적인 요소는 무엇일까요?

개구루 빠른 전송 속도나 신뢰성이 아닐까요?

코타나 속도나 신뢰성도 중요한 요소이지만, 통신에 있어서 가장 기본적인 요소는 바로 '식별'이라고 생각합니다. 내가 누구이고, 내가 만나고자 하는 너는 누구인지를 알고 있어야 한다는 거죠. 이렇게 상호 간의 식별을 가능하게 해 주는 것, 그것이 바로 프로토콜입니다.

프로토콜은 일반적으로 컴퓨터나 네트워크 장비가 서로 통신하기 위해 미리 정한 약속, 규약을 뜻하는데요. '국제 인터넷 표준화 기구(Internet Engineering Task Force, IETF)' 와 '전기 전자 기술자 협회(Institute of Electrical and Electronics Engineers, IEEE)'에서 국제 표준을 정하고 관리하고 있습니다.

개구루 아, 두 단체를 들어본 적이 있는 것 같아요. 공유기 사양에 보면 'IEEE 802.11b/g/n/ac 지원'이란 내용도 있고, 전공 책에서 'TCP/IP가 IETF RFC5961 표준'이라는 내용도 본 적이 있어요.

코타나 맞아요. 이 두 단체와 무선 쪽을 담당하는 국제전기통신연합(International Telecommunication Union, ITU)이 대표적인 네트워크 분야의 표준화 기구들이죠. 아무튼, 이런 표준화 기구에서 여러 프로토콜을 정의하는데, 그중 가장 대표적인 것이 바로 TCP/IP입니다. TCP/IP는 1974년에 전송 제어 프로토콜(Transmission Control Protocol, TCP)이 먼저 나왔고, 1981년에 IP(Internet Protocol)가 RFC791로 제정되면서 1982년에 TCP/IP란 이름으로 표준화되었습니다. 82년이면 우리나라에선 모뎀도 잘 찾아보기 힘든 시절이었는데, 현재 인터넷의 가장 핵심이 되는 TCP/IP가 제정되었다니 놀랍죠.

[땅굴이] 제 기억에도 대략 90년대 초중반쯤에 와서야 하이텔, 천리안 같은 PC 통신이 막 유행하기 시작했던 것 같네요. 요즘 사람들이 들으면 이해 못 하겠지만, 그때는 전화선으로 통신을 해야 해서 통신하고 있으면 하루 종일 전화가 불통이 되고, 혹시 누가 전화를 들기라도 하면 통신이 끊겨 애태우던 기억이 납니다. 덤으로, 전화 요금 폭탄 때문에 엄마에게 엄청 혼나는 친구들도 많았죠.

[개구루] 저도 예전에 처음 모뎀으로 PC 통신을 할 때 사용한 모뎀의 속도가 28.8kbps였어요. 그러다 몇 년 뒤에 56kbps가 처음 나왔는데, 첫 느낌이 너무너무 빠르다는 생각이 들었어요. 그러다가 인터넷 붐이 슬슬 일어나면서 한국통신에서 ISDN 서비스가 나왔었죠. 당시에 속도는 64k~128k 정도였고, 무엇보다도 전화와 통신을 함께 사용할 수 있다는 장점 때문에 초기에 많은 사람이 관심을 가졌지만, 문제는 전화랑 통신을 동시에 사용이 사용하면 데이터 속도가 절반으로 떨어지는 문제가 있었고, 요금 대비 체감 성능에 별 차이가 없어 조용히 사라졌던 기억이 나네요.

[코타나] 그때가 세계적으로 인터넷 붐이 일어났던 시기이고, 정부도 인터넷 전국망 구축 등의 지원 정책을 펼치다 보니 ISDN보다는 바로 ADSL(Asymmetric Digital Subscriber Line)로 넘어갔습니다. ADSL의 큰 장점이 기존의 전화선이나 전화기를 그대로 사용하여 고속의 데이터 통신이 가능했기 때문에 별도의 설비나 케이블 포설이 필요 없다는 점이에요. 그래서 굉장히 빠르게 대중화가 가능했죠. 그리고 ISDN처럼 하나의 전화선으로 일반 전화와 데이터 통신을 모두 처리할 수 있었는데, 음성 통신은 낮은 주파수 대역을 사용하고 데이터 통신은 높은 주파수 대역을 이용했기 때문에 ISDN과 다르게 혼선이 일어나지 않고 통신 속도도 떨어지지 않았죠. 이러다 보니 메가패스, 하나로, 두루넷, 파워콤 등 바야흐로 '인터넷 회사의 춘추전국 시대'가 열린 거죠.

2 OSI 7계층의 의미

[코타나] 조금 멀리 나갔는데 다시 프로토콜 이야기로 돌아와서, 인터넷 통신의 기본

이 되는 TCP/IP 이야기를 좀 더 해 볼게요. TCP/IP는 앞에서도 이야기했듯이, TCP 와 IP가 결합된 것입니다. 컴퓨터 쪽 공부를 한번이라도 하신 분이라면 'OSI 7계층'이 란 이야기를 들어보셨을 텐데요. 바로 이 안에 TCP/IP뿐만 아니라 우리가 사용하는 모든 프로토콜이 정의되어 있습니다. 그러면 이런 계층을 왜 정의한 걸까요?

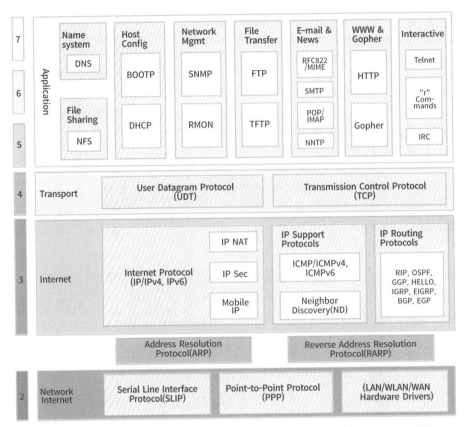

OSI 7계층과 계층별 프로토콜(단, 1계층은 전기신호 기반의 물리 계층이라 그림에서는 제외)

[땡굴이] 코타나 님이 앞서 말씀하신 것처럼 서로 간의 통신을 위한 약속인 거죠. 외 국인과 대화를 할 때 서로가 이해하는 언어를 써야 대화가 가능하듯이, '상호 이질적 인 네트워크 간의 호환성을 위해서 제정한 개방형 통신 모델'이 바로 OSI(Open System Interconnection) 7계층의 정의입니다. 위 그림이 OSI 7계층과 각 계층별로 처리되는 프

로토콜을 정리한 자료인데요. 여기에 보면 과거 모뎀 통신 때 주로 사용되던 SLIP, PPP부터 인터넷의 대명사 HTTP까지 총 망라되어 있죠.

코타나 자세한 설명, 감사드립니다. 그러면 이러한 계층이 통신과 무슨 상관이 있는 걸까요?

땡굴이 우리가 OSI 7계층을 '계층'이라고 부르는 이유는 Layer 2, Layer 3, Layer 4 가 개별적으로 동작하는 것이 아니라 상호 연관성을 가지고 동작하기 때문입니다. 무슨 말이냐면, 송/수신자가 서로 다른 운영체제, 브라우저, 회선 환경에서도 통신이 이루어져야 하기 때문에 송신자는 각 계층에서 필요한 정보를 전달하기 위해 상위에서 하위 계층으로 이동하면서 '헤더'라고 부르는 구분자를 계속 덧붙이게 됩니다.

각각의 헤더에는 해당 계층에서만 사용되는 정보(L2: MAC 주소, L3: IP 주소, L4: 포트 번호 등)를 포함하고 있으며, 수신자는 하위 계층부터 차례로 자기 계층에 해당하는 헤더의 정보를 읽어 상위 계층으로 데이터를 전달하게 됩니다.

개구루 그러면 전송하는 데이터양에 비해서 헤더가 너무 많아지는 것 아닌가요? 배보다 배꼽이 더 클 것 같은데요?

코타나 예리한 질문이시네요. 결론부터 말하면, 그 정도로 오버헤드가 많지는 않습니다. 나중에 이야기할 기회가 있을지 모르겠는데, 네트워크에서 MTU(Maximum Transmission Unit)라고 부르는 최대 전송 단위가 있는데요. 보통 1500bytes입니다. L3, L4 헤더를 합치면 각각 20bytes씩 총 40bytes이고, 다른 레이어도 전체 전송량에 비하면 크지 않은 수준입니다.

코타나 처음에 제가 네트워크의 기본 요소를 '식별'이라고 이야기했는데요. 계층별로 전달받은 데이터에 대한 관리와 제어를 위한 고유의 식별 정보가 있습니다.

L2 계층에서는 MAC(Media Access Control) 정보가, L3 계층에서는 IP 정보가, L4 계층에서는 포트 정보가 그 역할을 수행하지요. 계층별 식별 정보는 헤더에 포함되어 있으며, L2의 경우 Ethernet 헤더 안의 MAC 정보로 송신자와 수신자를 구분하는데,

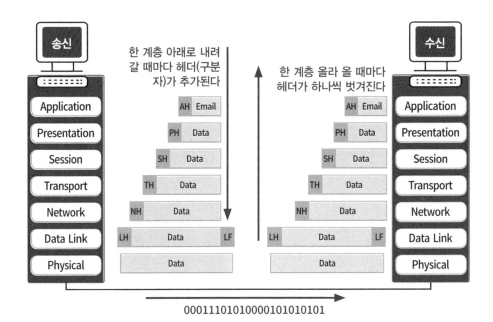

한 계층 아래로 내려 갈 때마다 헤더(구분자)가 추가된다

한 계층 올라 올 때마다 헤더가 하나씩 벗겨진다

000111010100001010101

48비트 주소로 되어 있어 총 281조 개의 식별자를 가질 수 있습니다.

개구루 식별자를 가진다는 의미가 어떤 것인지 잘 모르겠어요.

코타나 쉽게 설명하면, 여러분 집에서 사용하는 PC의 LAN 카드든 서버에 사용하는 NIC든 전 세계 모든 이더넷 카드에는 해당 카드를 지칭하는 유일무이한 고유의 이름이 존재한다는 겁니다. 마찬가지로, L3 계층의 IP 헤더 내부의 주소는 32비트로 총 43억 개의 IP를(IPv4 기준), L4 계층의 TCP 헤더 내부의 주소는 16비트로 총 65,536개의 포트를 가지게 되는 거죠. 따라서 'L2 스위치'라고 하면 '아, MAC 주소를 가지고 통신을 하는 장비구나'라고 쉽게 생각하면 됩니다. 마찬가지로, L3는 IP 주소를 가지고 통신을, L4는 포트 번호를 가지고 통신하는 장비인 것이죠.

3 TCP/IP 헤더와 특징

코타나   그러면 여러 프로토콜 중에서 가장 널리 사용되는 TCP/IP에 대해 이야기해 볼게요. 먼저, IP(Internet Protocol)입니다. 프로토콜의 특성을 이해하려면 헤더의 구조를 보는 것이 가장 확실합니다.

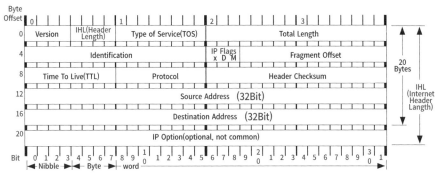

IP 헤더

그림에서 보는 것처럼 IP 헤더는 총 20byte의 크기이고, 각각 32비트 크기의 출발 IP 주소와 도착 IP 주소를 가지고 있습니다.

IP 주소를 32비트라 부르는 이유가 있습니다. 우리가 일반적으로 알고 있는 IP는 '201.100.101.102'처럼 십진수 세 자리의 연속으로 되어 있는데, 이것을 이진수로 표현하면 '11001001.01100100 01100101.01100110'이 됩니다. 즉, '.'을 기준으로 각각 8자리 숫자(=8비트)가 4개이므로 32비트가 되는 것이죠. 그 이외에도 패킷 전체 길이의 값과 연속된 패킷의 경우 분할 정보(Fragment Offset), 해당 패킷이 유효한 시간(구간)을 표시하는 TTL 등의 정보가 담겨 있습니다.

그다음은 TCP(Transport Control Protocol)을 살펴보겠습니다. TCP는 16비트 주소여서 65,536개의 주소를 가진다고 말씀드렸는데, 이 역시 2의 16승의 값이 65,536이기 때문입니다. 다음 그림의 헤더 정보를 보면 출발지와 도착지 포트 주솟값이 각각 16비트씩 할당되어 있는 걸 볼 수 있습니다.

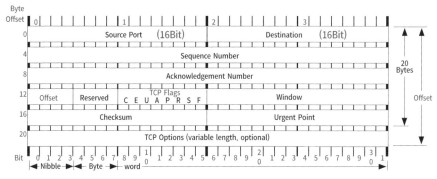

TCP 헤더

그러면 TCP와 IP는 왜 하나로 묶여서 표준이 된 걸까요? 그 이유는 TCP와 IP가 가진 고유의 특성이 인터넷에 적합하기 때문입니다. 기술 문서에 보면 IP는 'Connectionless Protocol의 특성을 가진다.'고 되어 있는데, 여기서 Connectionless의 의미는 뭘까요?

땅굴이 음, 연결이 안 되어 있는 뜻인가요? 아니지 연결이 안 되어 있는데 어떻게 통신이 되는 거죠? 잘 모르겠네요.

코타나 여기서 말하는 Connectionless의 의미는 Ignore, 즉 무시한다는 의미입니다. 다시 말해, 상대방과의 연결 여부에 상관없이 데이터를 보내고 받는다는 뜻이죠. 보내는 입장에서 수신자가 정상적인 상태인지 응답이 불가한 상태인지 확인하지 않고 그냥 보냅니다.

이런 특성을 가지는 대표적인 프로토콜이 IP와 UDP인데, 그 이유는 수많은 사용자와 대량의 정보를 주고받아야 하는데, 그때마다 서로 간의 상태를 확인하고 전송을 하게 되면 그로 인한 부하가 너무 높아지는 문제가 생기기 때문에 그렇습니다.

그러면 이렇게 막무가내(?)로 보내버린 데이터의 신뢰성은 누가 보장하느냐? 바로 그 역할을 TCP가 하게 됩니다. TCP는 Connectionless한 IP의 위에서 'Connection-Oriented한 연결을 구현'하기 위한 목적으로 만들어졌습니다. TCP에서 말하는 Connection-Oriented의 의미는 바로 상대방이 데이터를 받았음을 보장한다는 뜻입니다. 이것의 장점은 데이터가 정상적으로 전달되지 않으면 다시 전달해 줄 수 있는 기능 (ACK, Retransmission)을 가지고 있고, 만약 통신 선로 상태가 좋지 않아 데이터의 순서가 뒤바뀌어져 전달되면 이를 바로 잡아주는 기능(SEQ, Reordering)도 가지고 있습니다.

또한, 전송 중 연결이 중단되었는지를 확인하는 기능과 송수신 측의 버퍼 사이즈나 현재 상태를 확인하여 미처 처리되지 못한 데이터가 있으면 전송 속도를 조절해 주는 기능(Window, Flow Control)도 가지고 있습니다.

[개구루] 학교에서 이론으로 배울 때는 이해하지 못했던 내용인데, 이렇게 설명을 들으니 정말 잘 이해되네요. 그리고 새삼 TCP와 IP가 너무나도 잘 어울리는 찰떡궁합이라는 생각이 듭니다.

SECTION 02 네트워크 장비의 종류

1 리피터와 허브

코타나 그러면 이제 각 계층을 대표하는 장비들에 대해 하나씩 알아보도록 하겠습니다. 그리고 현장에서는 '계층'이라는 단어보다는 '레이어(Layer, 줄여서 L)'라는 용어를 주로 사용하므로 앞으로는 'L...'로 칭하겠습니다. 첫 번째는 L1 레벨 장비로 '리피터(Repeater)'라고 부르는 장비가 대표적입니다. 개구루 님, 혹시 리피터 장비를 본 적이 있으신가요?

개구루 글쎄요. 리피터란 건 책에서나 보았지 실제로는 한 번도 본 적이 없는 것 같아요. 너무 오래전에 사용하던 장비라 지금은 사용되지 않는 것 아닌가요?

코타나 네. 아마 대부분의 사람, 심지어 인프라 엔지니어들도 리피터는 못 보신 분들이 많을 거예요. 아까 OSI 7계층의 최하단인 물리 계층을 보면, 전기신호를 통해 데이터를 전달한다고 되어 있잖아요. 이 전기신호는 당연하게도 장거리 전송 시에 간섭이나 발열 등의 이유로 자연적으로 신호가 감쇄하고 잡음이 발생하게 됩니다. 이때 전기적으로 신호를 증폭시켜 주지 않으면 데이터가 정확하게 전달되지 못하기 때문에 이런 장비가 필요해지는 거죠. 그런데 문제는 물리적으로 신호를 증폭하다 보니 정상적인 신호뿐만 아니라 잡음도 함께 증폭되기에 무한정 증폭하면서 전달할 수가 없다는 겁니다. 따라서 4홉(hop, 장비와 직접 연결된 다음 장비까지의 구간) 이상의 거리는 연장이 불가능합니다. 더 정확히 말하면, 연장은 가능하나 신뢰성은 보장할 수 없는 것이죠. 예를 들어, 일반적으로 가정에서 많이 사용하는 1000base-T(Cat5/5e/6/7) 케이블은 100m

가 제한 거리인데, 리피터를 사용하면 곱하기 4, 즉 400m까지는 연장할 수 있습니다.

규격	전송매체	허용거리
1000BASE-CX	Shielded balanced copper cable	25m
1000BASE-KX	Copper backplane	1m
1000BASE-SX	Multi-mode fiber using 770 to 860nm wavelength	220m~550m
1000BASE-LX	Multi-mode fiber using 1,270 to 1,355nm wavelength	550m
1000BASE-LX	Single-mode fiber using 1,270 to 1,355nm wavelength	5km
1000BASE-LX10	Single-mode fiber using 1,260 to 1,360nm wavelength	10km
1000BASE-EX	Single-mode fiber using 1,310nm wavelength	~40km
1000BASE-ZX	Single-mode fiber using 1,550nm wavelength	70km
1000BASE-BX10	Single-mode fiber, single-strand: 1,480~1,500nm down/1,260~1,360nm up	10km
1000BASE-T	Twisted-pair cabling(Cat-5, Cat-5e, Cat-6, Cat-7)	100m
1000BASE-T1	single, balanced twisted pair cable	15m
1000BASE-TX	Twisted-pair cabling(Cat-6, Cat-7)	100m

전송 규격 및 전송 매체(케이블 타입)에 따른 허용 거리

[개구루] 그렇군요. 그런데 요즘같이 네트워크 환경이 잘 구성된 시대에도 아직까지 그렇게 사용하는 곳이 있나요? 설명만으로는 박물관에 전시되어 있을 것만 같은 장비라는 생각이 들어요.

[코타나] 아마 대부분의 사람이 그렇게 생각할 것 같아요. 심지어 IT를 꽤 오래 했다는 인프라 담당자들조차도요.

한번 생각을 해 봅시다. 만약에 해외 사용자가 네이버로 접속한다면 어떤 경로를 통해서 HTTP 요청이 전달될까요? '에이, 설마 바다를 건너서…'라고 생각한다면 정답입니다. 전 세계적으로 대륙 간 인터넷의 90% 이상이 해저 광케이블을 통해 이루어집니다. 일부 위성을 통해서 통신하는 곳도 있으나 위성은 날씨의 영향을 많이 받는 편입니다.

예를 들어, 태평양의 경우 9,000km가 넘는 거리를 안전하게 통신하기 위해 어른 허리 두께의 광케이블과 대포알 모양의 '광신호 증폭기(Repeater)'를 촘촘히 깔아두게 됩니다. 이 케이블을 타고 바다 건너 일본을 거쳐 우리나라 춘천의 네이버 데이터 센터까지 전달되는 거죠.

[땡굴이] 최근 진행된 'FASTER' 해저 광케이블 공사는 구글과 동아시아 통신 업체들이 합작하여 추진되었는데, 미국-일본 사이를 최대 60Tbps(초당 테라비트)의 전송 속도로 전송할 수 있다고 하네요. 그리고 이 구간에 설치된 리피터는 개당 무게가 200kg 이상이고, 40~100km마다 하나씩 해저에 설치되어 얇은 광섬유 케이블을 통과하는 신호를 증폭시키고 있다고 합니다.

[코타나] 조금 더 일반적인 경우는 바로 무선 통신 영역에서 사용됩니다. 무선 신호 역시 공기 중에서 신호 반사나 산란이 일어나는데, 기지국이 다음 기지국으로 전송할 때 리피터의 기능을 수행하고 있는 거죠. 그리고 가정에서도 무선 AP의 와이파이 음영 지역이 있을 때 별도의 액세서리를 통해 전파를 재전송해서 음영을 해소하는 경우도 많이 있습니다.

[개구루] 예전에 네트워크 관련 서적을 보니 L1 장비에 '허브(Hub)'란 게 있던데 이건 뭔가요?

[코타나] L1에서 말하는 허브는 '더미(dummy) 허브'를 뜻하는 것으로, 초창기 유선 인터넷 공유기라고 생각하시면 이해가 빠를 것 같습니다. 형태는 가정용 공유기의 모습을 하고 있으며, 여러 포트가 동시에 리피터의 역할을 수행합니다. 기본적인 특성에 대해 잠깐 말씀드리겠습니다. 발생된 신호는 나머지 모든 포트로 재전송을 하게 되며, 각각의 포트는 리피터 역할도 수행합니다. 포트 간 혹은 스위치 간 경로 설정이나 스위칭 기능이 없기 때문에 더미 허브라고 부르는 것이죠. 이러한 제어 기능이 없어서 허브에 연결된 사용자들은 전체 대역폭을 나눠 가지게 됩니다. 또한, 한 번에 한 명만 통신할 수 있고, 통신 이용자가 늘어나면 상호 간에 신호 충돌도 증가되어 병목이 발생하게 됩니다.

2 L2 스위치(VLAN)

코타나 두 번째는 L2 레벨 장비인 '스위치(switch)'입니다. 스위치는 서버와 직접 연결되는 장비라서 데이터 센터의 네트워크 장비 중 가장 흔히 볼 수 있습니다. 이 장비는 데이터 링크 계층까지만 참조하여 송신자의 헤더에 포함된 목적지의 MAC 주소를 확인하고, 자신이 가지고 있는 MAC 주소 테이블을 참조하여 데이터를 전달합니다. 그리고 허브와는 달리 포트별로 다른 속도를 제공할 수 있고, 각각의 포트는 고유의 MAC을 가지고 있습니다.

땡굴이 코타나 님이 말씀하셨지만, 서버와 직접 연결되는 스위치이기 때문에 '액세스 스위치' 혹은 '스위칭 허브'라고 부르기도 하지요.

개구루 업무를 하다 보면 L2 스위치에 관해 네트워크 담당자들과 이야기할 때 가장 많이 언급되는 기술이 루프(loop) 방지와 VLAN인 것 같은데, 이 두 가지가 어떤 내용인지 설명 좀 부탁드릴게요.

코타나 우선, 루프 방지부터 설명해 드릴게요. 루프라는 게 어떤 내용이냐면 네트워크 내에 1개 이상의 스위치가 존재하는 경우 브로드캐스트 패킷이 종료되지 않고 계

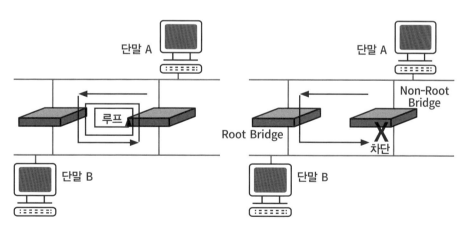

스위치 간 브로드캐스트 패킷이 순환/재생산을 방지하기 위해서
STP로 블로킹 포트를 지정해서 루프를 차단

속 재전파되면서 대역폭을 소진하게 되는 현상(broadcast storm)을 일으키게 되는 걸 의미합니다. 앞의 그림을 보시면 좀 더 이해가 쉬울 것 같은데요. 보통, 서버 구성 시 스위치 장비의 장애를 대비하여 스위치를 이중으로 구성하게 됩니다.

이때 L2 계층에서는 사용자의 MAC 주소 확인을 위해 ICMP(Internet Control Message Protocol) 브로드캐스트가 발생하는데, L2 헤더에는 IP 헤더와는 달리 TTL(Time to Live)이 없기 때문에 다른 장비로 전파된 패킷이 계속해서 반복, 재생산되게 되는 거죠. (IP의 경우라면 TTL만큼 전파되다가 TTL이 '0'이 되면 해당 패킷은 버려집니다.)

이를 해결하기 위한 가장 전통적인 방법은 STP(Spanning Tree Protocol)를 이용하는 겁니다. 간단히 말해서 스위치 중 하나를 Termination Point로 지정해서 브로드캐스트가 도착하면 강제로 제거해 버리는 거죠. 그러다 보니 케이블은 양쪽으로 연결되어 있으니 실제적으로는 한쪽으로만 통신이 가능한 Active-Standby 구조가 되어서 전체 대역폭 중 절반만 활용할 수 있습니다.

(개구루) 좀 아깝네요. 비싼 장비 두 대를 연결했는데 한 대 성능밖에 사용을 못 하다니…

[코타나] 그렇죠. 그래서 나온 기술이 MLAG(혹은 MC-LAG, Multi-Chassis Link Aggregation)라는 기술입니다. 이 기술을 활용하면 물리적으로 분리된 장비를 논리적으로 하나의 장비처럼 인식할 수 있는 Active-Active 구조가 되어서 스위치 장애 발생 시

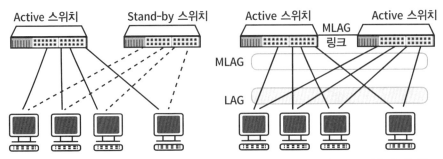

STP 방식은 하나의 링크만 사용이 가능한 반면, MLAG 방식은 양쪽 링크 모두 사용이 가능함

서비스 중단도 없고, 정상적인 상황에서는 장비 두 대의 성능을 모두 활용할 수 있다는 장점이 있습니다. 업체별로 구현하는 방식에 차이가 있는데, 가급적이면 국제 표준 방식을 사용하는 것이 향후 다른 회사의 장비가 들어왔을 때 이슈가 적습니다.

코타나 다음은 아무리 들어도 지나치지 않는 것, 바로 VLAN(Virtual Local Area Network)입니다. VLAN은 물리적으로 구분된 여러 개의 LAN 구성을 사용 환경에 맞게 논리적으로 확장할 수 있도록 해 주는 기술입니다.

이게 무슨 이야기냐 하면, 물리적으로 구성된 스위치가 있다고 합시다. 그러면 이 스위치에 연결된 장비들은 브로드캐스트 도메인을 형성하게 되는데요. 브로드캐스트 도메인 내부의 사용자끼리 통신할 때는 MAC 주소를 사용하게 됩니다. 그리고 ICMP를 활용하여 MAC 주소를 수집 및 전달하게 되는 거죠. 그래서 이 스위치는 같은 도메인의 사용자(같은 조직)들만 연결하여 사용할 수 있습니다.

그런데 만약 장비는 1대인데 2개의 조직이 사용해야 한다면 어떻게 해야 할까요? 이럴 때 사용하는 기술이 VLAN입니다. VLAN을 구성할 때 사용할 포트를 지정하게 되는데요. 이 포트에 연결된 모든 사용자는 같은 VLAN에 소속되게 되어 물리적인 경계가 없어지고 논리적으로 분리된 네트워크를 구성할 수 있게 되는 거죠. 하드디스크의 파티션과 같은 개념이라고 생각하면 이해가 쉬울 거예요.

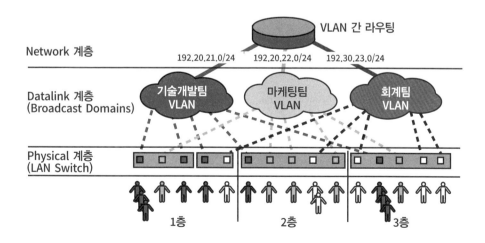

땡굴이 그러면 VLAN 간에 통신이 필요할 때는 L3 스위치를 통해 라우팅이 되어야 겠군요.

코타나 네, 맞아요. 그리고 여러 대의 스위치 간에 VLAN을 구성한 경우에는 해당 도메인에만 패킷을 전달하기 위해서 스위치 간 Trunk를 통해서 패킷에 VLAN 태그를 붙여서 송수신합니다.

개구루 Subnet도 네트워크 세그먼트를 분리하여 별도의 그룹을 만드는 방법으로 알고 있는데, Subnet과 VLAN은 어떤 차이가 있는 건가요?

코타나 Subnet은 네트워크를 쪼개서 논리적인 브로드캐스트 도메인을 만들기 위한 설계에 해당되는 작업이고요. 이 설계에 따라 실제 물리 스위치 혹은 포트를 Subnet 에 매핑되도록 구성을 한 것이 VLAN입니다. 아니면 'VLAN은 브로드캐스트 도메인 = 로지컬 네트워크 = Subnet과 같은 개념이구나' 정도로만 이해해도 됩니다.

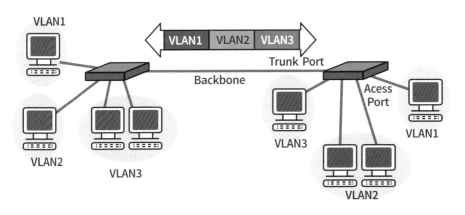

스위치 간 VLAN 구성 시에는 Trunk 포트를 통해 VLAN 태그를 주고받으며 통신

땡굴이 아, 그리고 L2 장비 중에 브리지도 있긴 한데, 브리지는 아주 예전에 허브(L1) 와 허브(L1)를 이어서(L2) LAN을 확장해 주던 장비였습니다. 요즘은 스위치가 그 역할 을 수행하고 있기 때문에 순수한 의미의 브리지는 없다고 보는 게 맞을 것 같아요.

3 L3 스위치와 라우터

코타나 세 번째는 인터넷의 핵심인 L3 스위치입니다. 아까 L3 세계에서는 IP를 가지고 서로를 식별한다고 말씀드렸죠. L3 스위치는 자신에게 패킷이 들어오면 해당 패킷의 네트워크 계층에 포함된 송신자 IP 헤더를 확인합니다. 그리고 그 안에 있는 목적지 IP 주소를 확인한 뒤에 자기가 가지고 있는 주소록(라우팅 테이블, routing table)을 참고하여 해당 패킷을 다음 위치의 장비로 전달하는 역할을 합니다.

이해를 돕기 위해 VLAN 그림을 예를 들어 설명해 드릴게요. 만약 2층에 있는 마케팅팀 A가 3층에 근무하는 같은 팀 B와 통신할 때는 동일 VLAN 내에 있기 때문에 라우팅이 필요 없습니다. 하지만, 서로 다른 VLAN에 존재하는 기술개발팀의 C와 회계팀의 D가 통신을 할 때는 L3 스위치를 통해 라우팅해야지만 서로 연결이 가능하게 되는거죠.

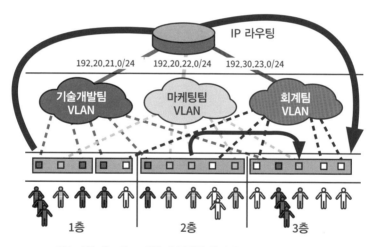

서로 다른 네트워크 대역 간 통신을 위해서는 IP 라우팅이 필요

코타나 일반적으로 데이터 센터에서는 L3 스위치는 서버와 직접 연결하지 않고, L2 스위치 혹은 다른 L3 스위치와 연결해서 사용합니다. 왜냐하면, L3 스위치는 L2 스위치보다 고가의 장비인데 수많은 서버를 L3 스위치에 직접 연결하면 많은 비용이 들기 때문이에요. 그래서 L3 스위치 중 대량의 포트를 제공하는 장비를 두고 데이터 센터

내부 장비 간 라우팅을 처리하는데, 이를 보통 '백본 스위치(backbone switch)'라고 합니다. 그리고 데이터 센터 간 또는 외부 사옥 간 통신을 하기 위해서 사용하는 L3 스위치는 용도를 구분하기 위해서 '허브존 스위치(hubzone switch)'라고 부르기도 해요.

[개구루]　L3 스위치의 메인 역할이 라우팅이라고 하셨는데, 라우터(router)와는 어떻게 다른가요? 제가 알기로는 라우터도 라우팅을 해 주는 장비로 알고 있거든요.

[코타나]　좋은 질문이네요. IP를 라우팅한다는 측면에서 두 장비는 같은 역할을 수행합니다. 그러면 어떤 차이가 있느냐? 일반적으로, 라우터는 비싸고 L3 스위치는 쌉니다. 농담처럼 들릴지 모르나 진짜입니다. 하하! 왜냐하면, 라우터가 L3 스위치에 비해 훨씬 다양한 통신 모듈을 제공하기 때문입니다.

CISCO의 라우터 중 한 제품의 제품설명서(specification sheet)를 예를 들어 보겠습니다. ATM, SONET/SDH, TDM, Ethernet 등 다양한 인터페이스를 지원하고 있습니다.

Cisco 12000 Series Channelized Line Card

Cisco 12000 Series Dynamic Packet Transport Line Cards

Cisco 12000 Series Performance Route Processor-1

Cisco 12000 Series Routers with Cooling, Fabric, and Power Enhancements

Cisco 12000 Series SPA Interface Processor-400

Cisco 12000 Series ATM Line Cards

Cisco 12000 Series Packet over SONET/SDH (POS) Line Cards

Cisco 12000 Series TDM Line Cards

Cisco 4-Port and 8-Port OC-3c/STM-1 Packet over SONET SPA

Cisco 2-Port, 4-Port, and 8-Port OC-12c/STM-4 Packet over SONET SPA

Cisco XR 12000 and 12000 Series Gigabit Ethernet Line Cards

Cisco XR 12000 and 12000 Series Performance Route Processor-2

CISCO 12000 시리즈의 제품설명서

ATM(Asynchronous Transfer Mode)은 회선 교환을 실시간으로 가능하게 하고, 패킷 교환을 유연하게 할 수 있는 패킷 교환 기술을 뜻합니다. TDM(Time Division Multiplexing)은 전통적인 시분할 통신 방식입니다. 통신이 있든 없든 동일한 양의 데이터를 전송하는 동기 모드와 통신이 있을 때만 데이터를 전송하는 비동기 모두 지원합니다. SONET/SDH(Synchronous Optical Networking and Synchronous Digital Hierarchy)은 기가비트급 이상의 전송 속도를 가지는 장거리 유선망의 광케이블 구간에 적용되고 있는 물리 계층 표준으로, SONET은 미국 표준, SDH는 유럽 표준입니다.

반면, L3 스위치는 이더넷만 지원하는 대신에 1Gb/10Gb/40Gb/100Gb까지 훨씬 높은 속도와 대량의 포트를 제공하죠. 최신 모델의 경우 장비 한 대에 100Gb 포트를 무려 768개나 구성할 수 있다고 하니 어마어마하죠.

참고로, 패브릭(Fabric)이라 부르는 것은 이더넷 모듈(라인 카드라고도 함), 슈퍼바이저 등 장비 내부 간의 데이터를 처리하는 용도이고, 슈퍼바이저는 장비의 제어를 담당하는 파트입니다.

Cisco Nexus 7000 Fabric Module

Cisco Nexus 7000 F2-Series 48 포트 1 및 10기가비트 이더넷 모듈

Cisco Nexus 7000 M2-Series 6포트 40기가비트 이더넷 모듈(XL 옵션)

Cisco Nexus 7000 M2-Series 2포트 100기가비트 이더넷 모듈(XL 옵션)

Cisco Nexus 7000 M1-Series 48포트 기가비트 이더넷 모듈(XL 옵션)

Cisco Nexus 7000 M1-Series 32포트 10기가비트 이더넷 모듈(XL 옵션)

Cisco Nexus 7000 M1-Series 8포트 10기가비트 이더넷 모듈(XL 옵션)

Cisco Nexus 7000 Series Chassis

Cisco Nexus 7000 Series Environment

Cisco Nexus 7000 Series Supervisor Module

CISCO Nexus 7000 시리즈의 제품사양서

코타나　실제 두 장비를 비교해 보니까 차이점이 명확하죠? 라우터는 다양한 인터페이스 카드를 장착하는 반면, L3 스위치는 이더넷만 지원하고 있습니다.

４ L4 스위치(SLB)

코타나　그다음은 L4 스위치입니다. L4, 즉 TCP의 영역인데요. 개구루 님, TCP의 특징에는 어떤 것들이 있죠?

개구루　기본적인 특징은 이전에 말씀해 주셨고, 핸드쉐이킹(handshaking)을 통한 TCP 세션 연결과 종료가 대표적인 특성 아닐까요? 그런데 업무를 하다 보면 세션(session)이란 용어를 쓰는 사람들도 있고 소켓(socket)이라 하기도 해서 좀 헷갈리는 것 같아요.

코타나　맞습니다. 세션과 소켓을 혼동되게 사용하는 경우가 많은데, 제 경험상 서버 운영자들은 세션이라는 용어를 주로 쓰고, 개발자들은 소켓이란 용어를 쓰는 것 같아요. 사실, 둘 다 틀린 말은 아닙니다. 왜냐하면, 세션은 일정 시간 같은 사용자(혹은 애플리케이션)로부터 들어오는 일련의 요청을 동일 상태로 보고 그 상태를 유지해 주는 '논리적 경로'를 말합니다. 그러면 소켓은 무엇이냐? 바로 그러한 '논리적 경로'인 세션을 이용하는 '물리적 경로'라고 보면 됩니다. 프로그램에서 통신할 때 스레드(thread)를 통해 소켓을 생성하고, 통신이 종료되면 해당 소켓을 닫게 되죠. 그래서 개발자들은 소켓이란 용어를 더 자주 사용하는 것 같아요.

땡굴이　세션은 논리적 경로이고, 소켓은 물리적 경로다. 이렇게 구분하면 될 것 같은데 서버의 입장에서 보면 수많은 사용자들과 연결을 해야 되고, 그중에서 누가 연결이 되고 있는지, 누가 중단을 요청하는지와 같은 관리는 어떻게 하나요?

코타나　그런 정보를 담아두는 곳이 '백로그 큐'입니다. 백로그 큐에는 서버(혹은 송신자)가 보낸 SYN 기록을 남겨두고, 클라이언트(혹은 수신자)의 ACK가 도착했을 때 이것이 본인이 보낸 SYN에 대한 ACK인지를 백로그 큐에 있는 정보로 확인하는 거죠. 그러기에 이 백로그 큐가 가득 차 버리면 정상적인 통신이 불가능합니다. 이러한 취약점을 이용하는 대표적인 보안 공격이 SYN 플러딩(flooding)입니다. 백로그 큐를 SYN으로 가득 채워 버려서 정상적인 서비스가 되지 않도록 하는 거죠. 이에 대한 여러 대응 방안이 존재하는데, 그건 보안쪽 내용이라 여기서는 다루진 않겠습니다.

코타나　설명하다 보니 이론적인 부분이 조금 길어졌네요. 다시 본론으로 돌아와서, 그러면 L4 스위치는 왜 필요할까요? 장비의 탄생 배경과 목적을 알아야 이해가 쉽습니다. 한 가지 예를 들어 볼게요. 스타트업에서 신규 웹 서비스를 출시했습니다. 그런데 시장의 반응이 엄청났고, 사용자 트래픽도 폭발적으로 증가하게 되었죠. 신나는 마음도 잠시, 현재의 서버로는 사용자 트래픽을 다 수용하기 어려운 상황에 이르게 됩니다. 어떻게 해야 할까요?

땡굴이　두 가지 정도의 방법이 있겠네요. 성능이 더 좋은 서버로 교체를 하거나, 여러 대의 서버로 나누어서 처리하는 방식으로요.

코타나　그렇죠. 좀 더 자세히 말씀드리자면, 첫 번째 서버 교체 방식은 현재 서버보다 훨씬 큰 용량의 서버를 사는 거죠. 그러다 다시 용량이 부족해지면 또 사서 바꾸고, 계속 새롭게 교체하는 방법입니다. 그런데 이 방식은 몇 가지 문제가 있어요. 우선 한 대가 처리할 수 있는 한계가 있다 보니 지속적으로 장비를 교체해야 하고, 이에 따라 기존 장비를 활용할 수 없게 됩니다. 그리고 사용자 트래픽이 갑자기 대폭 줄어서 지금과 같은 대형 서버가 필요가 없어지게 되면 또 골치가 아프게 됩니다. 시장 상황에 맞추어 유연하게 대응하기가 어렵죠.

고심 끝에 '여러 대의 서버를 설치해서 트래픽을 나누어 처리해 보자'는 생각을 하게 됩니다. 이렇게 하면 그때그때 부족한 용량만큼의 서버를 도입하면 되니 매우 경제적이겠죠. 하지만, 여기서도 고민이 있습니다. 서버가 여러 대면 각각의 서버에 사용자 요청을 고르게 분배해야 하는데, 어떻게 하면 될까요?

개구루　음… 가장 기초적인 방법은 DNS에 사용하는 서버 전체의 IP를 등록하고 '라운드 로빈' 방식으로 사용자 요청을 전달하는 방법이 있겠네요. 다만, DNS는 서버별 성능이나 상태를 확인할 수 없으니 서비스 품질이 일정하진 않겠네요.

코타나 그래서 '시스템의 서비스 상태를 모니터링하고 지능적으로 로드밸런싱을 할 수 있는 장비가 있으면 좋겠다.'는 생각을 하게 되고, 이것이 L4 스위치(Server Load Balancer)가 등장하게 된 배경과 목적입니다.

개구루 그러면 L4 스위치는 어떻게 트래픽을 (정확히 말하면 세션을) 여러 서버에 나누어 줄 수 있나요?

코타나 L4 스위치는 다음 그림에서 보는 것처럼 클라이언트와 서버 양측의 Layer2 MAC, Layer3 IP, Layer4 TCP 정보를 합쳐서 가상 교환기 역할을 수행합니다. 그래서 Virtual IP, Virtual Port라는 용어를 사용하는 거죠.

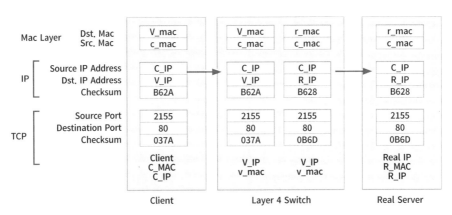

L4 스위치는 클라이언트와 서버 사이에서 가상의 IP, 포트를 매핑

뚱딴지 서버 간의 부하 분산과 서버 상태 체크는 어떻게 하는 건가요?

코타나 L4 스위치의 부하분산(로드밸런싱) 방식은 크게 세 가지가 있는데요. 첫째는 라운드 로빈 방식입니다. 4대의 서버가 있다고 하면 '4 → 3 → 2 → 1 → 1 → 2 → 3 → 4'의 순서로 세션을 연결해 줍니다.

두 번째는 최소 연결(least connection)과 응답 시간(response time) 방식입니다. 세션이 적은 서버에 신규로 세션을 연결해 주는 방식과 응답 시간이 빠른 서버에 세션을 연결해 주는 방식이죠.

세 번째는 hash 방식입니다. 보편적으로 가장 많이 사용하는 방식인데요. 클라이언트의 IP, 포트 정보를 가지고 고유의 hash key를 만들어서 연결해 주는 방법입니다. 고유의 키를 가지기 때문에 동일 사용자는 동일 서버로 연결해 줄 수 있습니다. 다만, 처음 접속했을 때의 서버로 계속 접속되기 때문에 전체 서버에 고르게 분산이 되지는 않는데, 사용자가 많으면 많을수록 평균적으로 유사한 수의 세션이 분배되기 때문에 크게 문제는 없습니다.

지금까지 이야기한 내용을 복습하는 느낌으로, 여러 대의 웹 서버를 L4 스위치로 묶어서 인터넷 서비스를 구성하는 케이스를 생각해 보면 다음과 같이 작업을 진행하면 됩니다.

---

1. DNS에 서비스의 URL과 IP를 등록. 예를 들어, 인터넷 서비스라면 공인 IP를 등록 (210.111.** 형식. 보통, L4 스위치가 제공하는 IP를 사용함. http나 https 사용 시 별도 포트 번호를 쓸 필요 없음)

2. L4 스위치에 웹 서버들의 실제 IP와 서비스 데몬 포트를 등록(192.168.** / 8060)

3. L4 스위치에 서버들 간의 로드밸런싱 정책 결정 – RR, LC, RT, Hash 등

---

5 L7 스위치(ADC)

코타나 드디어 마지막으로 L7 스위치입니다. L7 스위치는 URL, Cookie, Contents와 같은 애플리케이션 정보를 바탕으로 로드밸런싱, 웹 가속, SSL 가속 기능을 제공하는 장비로, L4/7 기능을 합쳐서 ADC(Application Delivery Controller) 스위치라고도 부릅니다. 주요 회사/제품은 Radware의 Alteon 시리즈, Citrix의 Netscaler 등이 있죠.

하나씩 기능을 살펴보겠습니다. 먼저, 웹 캐싱은 자주 호출되는 오브젝트를 L7 스위치

가 캐싱하여 전달하는 기능으로, 사용자 요청이 웹 서버까지 전달되지 않아서 웹 서버의 부하를 감소시켜 주고 응답 시간을 개선하는 효과가 있기 때문에 사용자가 많은 사이트는 대부분 사용하고 있습니다.

다음은 웹 압축 기능입니다. 이 기능은 데이터 전송 시 L4 스위치가 오브젝트를 압축(deflate, gzip 등)하여 원본 대비 30~70%까지 크기를 줄여서 전송하기 때문에 네트워크 트래픽이 감소되고 전송 시간이 단축되는 장점이 있습니다. 그러나 압축 작업에 따른 L7 스위치의 부하가 증가하며, 클라이언트는 전송받은 압축 데이터를 다시 해제해야 해서 클라이언트가 저사양일 경우 부하를 유발할 수 있습니다.

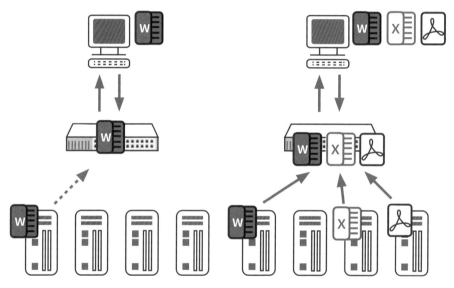

**자주 호출되는 오브젝트는 L4에서 임시저장(캐싱)하여
요청 즉시 직접 응답하고, 전송할 데이터를 압축해서 전달함**

요즘에는 코드 압축(minification) 기능도 많이 사용하는데요. js, css, json, html을 결괏값에 영향 없이 압축해 주는 기능으로, 주로 공백, 주석 등을 제거하게 됩니다. 웹 압축과는 다르게 압축, 해제에 별다른 부하가 발생하지 않는 장점이 있는 반면, 압축률이 상대적으로 낮고 클라이언트에는 압축된 소스가 내려감에 따라 프로그램 오류로 인한 디버깅 시에 소스 해석이 어렵다는 단점이 있습니다.

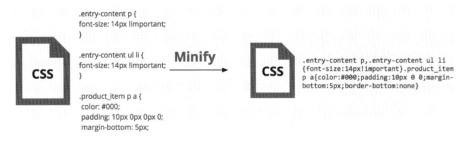

```
.entry-content p {
font-size: 14px !important;
}

.entry-content ul li {          Minify
font-size: 14px !important;  ───────►
}

.product_item p a {
color: #000;
padding: 10px 0px 0px 0;
margin-bottom: 5px;
```

```
.entry-content p,.entry-content ul li
{font-size:14px!important}.product_item
p a{color:#000;padding:10px 0 0;margin-
bottom:5px;border-bottom:none}
```

코드 압축 기능에 따른 데이터 형태 변환

다음은 SSL(Secure Socket Layer) 가속 기능입니다. 이 기능도 굉장히 많이 사용되는데요. SSL 특성상 서버와 클라이언트 사이에 세션을 맺고 데이터를 암·복호화하는 데 많은 리소스가 필요합니다. 그래서 개별 서버에 SSL 가속 카드 형태로 구성하거나, L4/7 스위치에서 가속 기능을 처리하도록 구성하고 있습니다.

[땡굴이] 참고로, WAF(Web Application Firewall)도 L7 기반 장비라고 볼 수 있을 것 같아요. WAF는 일반적인 네트워크 방화벽(firewall)이 IP와 포트로 접속 제어를 하는 것과 달리, 웹 애플리케이션의 콘텐츠(contents, 내용)로 접속 제어를 합니다. 무슨 말이냐하면, 웹 애플리케이션의 특성상 SQL 인젝션, Cross-Site Scripting(XSS) 등과 같은 웹 공격에 취약하게 되는데, 이런 것들을 탐지하고 차단하기 위한 용도로 사용되거든요. 당연히 모든 트래픽을 조사해야 하므로 처리 성능이 좋아야 합니다. 그래서 혹여 과부하로 처리가 지연될 경우를 대비하여 문제 시 그냥 통과시키는 바이패스(bypass) 형태로 구성하는 경우도 종종 있습니다.

[개구루] 그러면 일반적으로 가정에서 사용되는 유/무선 공유기는 어떤 장비에 해당하나요?

[코타나] 흥미로운 질문이네요. 요즘 많이 판매되는 공유기의 제품설명서를 보면, 일단 기본적으로 내부 장비 간 통신을 가능케 해 주는 L2 기능을 가지고 있고요. 외부 공인 IP를 내부 사설 IP로 변환해 주는 NAT/PAT 기능, TCP/IP 통신도 해 주니 L3, L4 기능도 있는 거죠. 그리고 DNS와 DHCP 서비스도 제공하니 L7 기능도 일부 가지

고 있다고 봐야겠네요.

(개구루) 가정용 공유기에서 DNS 서비스도 제공하나요?

(코타나) 공유기 DNS는 엄밀히 말하면 DDNS(Dynamic DNS)로, 공유기 제조사가 DNS 서비스를 제공하고 개별 공유기는 해당 DNS에 자신의 정보를 등록하게 됩니다. 그러면 인터넷 사업자가 제공하는 공인 IP가 변경되어도 외부에서 똑같이 접속할 수 있는 거죠. 가정에서 간단하게 웹 서버 구성할 때 많이 사용하는 방법입니다.

여기까지 해서 네트워크 장비들에 대해 대략적으로 알아봤습니다. 조금 도움이 되었는지 모르겠네요. 여기서 모두 다루지는 못했지만 라우팅 경로 확인하는 법, TCP 웨이트(wait) 상태의 의미 등 실제 서버를 운영하면서 마주하게 되는 여러 문제에 대한 해결 방법을 잘 알고 있어야 좋은 엔지니어가 될 수 있습니다. 이런 부분들을 관심 있게 찾아서 공부해 보는 게 중요할 것 같네요.

SECTION 03 케이블과 공사

1 UTP 케이블의 형태와 종류

개구루 지금까지 서버, 스토리지, 네트워크 이야기를 쉼 없이 진행하면서 이제는 HBA, NIC, HCA 등의 용어에 대해서 많이 익숙해지셨을 것 같아요.

코타나 복습 들어갑니다. HBA는 서버와 스토리지 또는 SAN 스위치 간의 연결에 사용하는 인터페이스 카드죠. HCA는 인피니밴드 네트워크로 연결하기 위해서 사용하는 인터페이스 카드이고, 마지막으로 NIC는 이더넷 네트워크와의 연결에 사용하는 카드죠.

개구루 코타나 님의 친절한 설명, 감사드립니다. 말씀해 주신 것과 같이 그동안은 서버나 스토리지 등에 장착되는 부품에 대해서 주로 이야기했죠. 하지만, 실제로 통신하기 위해서는 전자파를 이용한 무선 통신이나 케이블을 이용한 유선 통신 환경이 필요하죠. 그중에서도 안정적인 서비스를 제공하는 것을 목표로 하는 대부분의 시스템의 경우에는 유선 통신 환경을 구성합니다. 유선 통신이라는 표현에서 알 수 있듯이, 통신을 할 수 있게 해 주는 핵심 미디어가 선/케이블입니다.

코타나 케이블이라고 하니 데스크톱 컴퓨터에서 인터넷을 엑세스하기 위해서 사용하는 회색 케이블이 가장 먼저 떠오르는데, UTP라고 하죠?

개구루 대부분 UTP라는 용어는 모르셔도 회색 랜선은 아실 것 같아요. 회색 랜선의 겉 피복에 보면 UTP라고 적혀 있죠. UTP는 영어로는 Unshielded Twisted Pair,

우리말로는 비차폐연선이라고 합니다. 용어만 보면 겉에 피복이 없어야 할 것 같은데, 실제로는 회색 겉 피복이 있죠.

(땡굴이) STP라는 것도 있잖아요?

(개구루) UTP와 거의 같은 형태로 STP라는 케이블 형태가 있는데, STP는 Shielded Twisted Pair, 차폐연선이라고 해요. 두 가지 케이블 모두 데이터 통신을 하는 데 주로 사용하고 형태도 비슷한데, 심선이라고 해서 구리로 되어 있는 선을 고무 재질의 속 피복으로 감싼 형태죠. 이때 심선은 단선이라고 불리는 1개의 두꺼운 구리선 또는 연선이라고 불리는 7개의 얇은 구리선을 꼬은 것을 말합니다. 이렇게 속 피복으로 감싼 심선 2개씩을 페어로 꼬아서 총 4쌍, 8가닥을 하나로 묶어 겉 피복을 감싸게 됩니다.

(땡굴이) UTP와 STP의 차이도 설명해 주세요.

(개구루) UTP는 심선을 그대로 회색 플라스틱 재질의 겉 피복으로 감싸지만, STP는 겉 피복을 감싸기 전에 2개의 심선을 꼬아서 호일(은박) 실드로 감싸는 구조입니다. 그 외에 SFTP라는 케이블 형태가 있는데, 2가닥씩 꼬아놓은 4쌍 8가닥 전체를 편조 실드로 감싸고 난 뒤 겉 피복으로 감싸는 형태입니다. 겉 피복 안에는 페어로 구성된 심선 간에 간섭을 최소화하기 위하여 명주실이 들어가는 경우도 있습니다. 호일(은박) 실드와 편조 실드는 용도가 다른데, 호일(은박) 실드는 심선 간의 간섭(노이즈)을 최소화하는 것이라면, 편조 실드는 8개의 심선을 한 번에 감싸고, 겉 피복 바로 밑에 있는 구조이기 때문에 외부 간섭(노이즈)을 최소화하기 위한 용도라고 생각하시면 됩니다.

| UTP 케이블 | 호일(은박) 실드가 적용된 STP | 편조 실드가 적용된 SFTP |

(코타나) 저는 STP는 거의 못 본 것 같아요.

(개구루) 신호 간섭이 많은 공장이나 야외, 통신 속도가 굉장히 빨라야 하는 경우에 사용하는데, 유럽에서는 안정적인 네트워크 환경을 더 선호하기 때문에 STP를 주로

사용한다고 합니다.

카테고리 6 UTP 케이블

`코타나` UTP 겉 피복에 보면 영문으로 제조사나 제조년월, 유통기한 등이 적혀 있고, 카테고리(category)도 적혀 있잖아요. 카테고리에 대한 설명도 해 주세요.

`개구루` 카테고리 이야기는 케이블 형태랑 같이 이야기해야 할 것 같네요. 대부분 가정이나 회사에서 많이 사용하시는 것이 카테고리 5E(CAT.5E)입니다. 보통, 랜(LAN, Local Access Network)을 구성한다고 하면 카테고리 5E 케이블을 사용하죠. PC방과 같이 패킷 손실률이 최소화되어야 하는 사업장에서는 카테고리 5E 케이블 중에서도 FTP라는 케이블을 사용하기도 합니다. 겉보기에는 UTP와 같지만, 2라인씩 꼬인 4쌍의 심선을 각각 호일(은박) 실드로 한 번 감은 것이 특징이죠. 따라서 4쌍 간의 구리선이 서로 간섭하지 않게 되어 손실률이 낮아지게 됩니다.

`땡굴이` 손실률이 낮은 FTP를 사용한 PC방에서 실시간 대전 게임을 해야 더 유리하겠네요.

`코타나` 그러게요, 하하! 데이터 센터에서는 카테고리 6 이상을 많이 사용하는 것 같아요.

`개구루` 몇 년 전만 해도 데이터 센터에서는 카테고리 6로 대부분의 네트워크를 구성했어요. 카테고리 6는 기가비트(1Gb) 속도의 이더넷 네트워크를 100미터까지 연결하는 것을 보장합니다. 따라서 규모가 큰 데이터 센터에서는 카테고리 6 케이블을 이용하여 기가비트 네트워크를 구성했죠. 최근에 구축되는 데이터 센터는 10기가비트(10Gb) 네트워크를 구성하기 위해서 카테고리 6A 케이블을 사용합니다. 카테고리 6는 250MHz

의 전기신호를 보낸다면, 카테고리 6A는 심선 간의 간섭을 최소화하여 500MHz의 전기신호를 주고받을 수 있기 때문에 고속 전송에 유리합니다.

코타나 굉장히 신기한 것 같아요. UTP로 10기가비트(Gb)가 나온다는 것이…

개구루 지금까지 설명해 드린 카테고리 6까지는 UTP, FTP, STP 형태로 모두 나옵니다. 하지만, 카테고리 7부터는 S-FTP라고 해서 앞에서 설명해 드린 호일(은박) 실드와 편조 실드가 모두 필수입니다. 아무래도 CAT.7은 대중적으로 사용하기에는 시간이 오래 걸릴 것으로 보입니다. 물론, 최근 데이터 센터에서 일부 도입해서 사용하고 있으나, 비용이 다른 케이블들에 비하여 상대적으로 비싸기 때문에 대중화되기에는 오래 걸릴 것 같습니다.

코타나 대중화가 안 될 수도 있지 않을까요?

땅굴이 제가 실제로 봤는데, 생각보다 두껍고 잘 휘어지지가 않더라고요. 그래서 케이블들이 많이 연결되어야 하는 데이터 센터에서 CAT.7을 많이 도입하면 구축과 운영 모두 쉽지 않을 것 같아요.

개구루 당연히 오래 걸릴 거예요. 10기가비트 이상의 속도로 구성하는 네트워크는 대부분 광케이블로 하거든요. 그 외에 카테고리 1부터 4도 있지만, 고릿적 얘기가 될 것 같아 설명은 생략하도록 할게요.

2 커넥터와 광 케이블의 종류와 형태

땅굴이 구리선 이야기는 충분히 한 것 같으니 광케이블(fiber channel) 이야기도 해 주세요.

개구루 광케이블은 케이블 자체에 대한 이야기보다 케이블 커넥터에 대한 이야기부터 시작할게요. 커넥터는 케이블과 인터페이스 카드를 연결할 때 사용하죠. 제가 구리선 이야기를 할 때 커넥터 이야기를 생략했는데, UTP, FTP, STP 케이블은 RJ45라는 공통된 규격의 커넥터를 이용하기 때문이에요. 하지만, 광케이블 공사를 할 경우에 꼭 신경 써야 하는 것이 커넥터 규격입니다. 광케이블은 커넥터 종류가 다양하기 때문이죠.

[땅굴이] 가장 많이 사용하는 타입은 무엇인가요?

[개구루] 가장 많이 사용하는 커넥터 타입은 LC 타입이에요. Lucent Technology에서 개발해서 Lucent Connector의 앞글자를 따와서 LC 타입이라고 하는 겁니다. 또한, 생김새가 그동안 나왔던 것 중 가장 작기 때문에 Little Connector라고 하기도 하죠. 내구성이 떨어지기 때문에 Local Connector라고 부르기도 합니다.

[땅굴이] LC라고 해서 라지 커넥터라고 생각하시면 안 됩니다. 하하하!

[코타나] LC 말고 SC 타입도 있어요. 그래서 SC의 S를 스몰이라고 생각하고, LC의 L을 라지라고 생각하시는 분이 계실 수 있어요. S가 스탠다드죠?

[개구루] SC 타입은 Serial Interface for Connecting Type이라고 해서 요즘은 거의 사용하지 않습니다. 크기는 LC 타입 커넥터의 딱 두 배입니다.

[코타나] 네, 맞아요. 커요.

[개구루] 그러나 이 커넥터도 왕년에는 정말 잘 나갔습니다. 이 커넥터로 인해서 그 이전에 나왔던 수많은 커넥터 규약들이 정리되고 이 커넥터 방식으로 통일이 되었기 때문에 Subcriber Connector라고 불리기도 하죠. 생김새가 네모이기 때문에 Sqaure Connector라고도 합니다. 코타나 님 말씀처럼 당시에 거의 표준으로 사용되었기 때문에 Standard Connector라고도 해요.

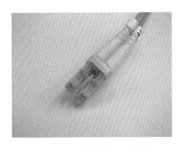

광케이블 커넥터 LC 타입
(출처 https://goo.gl/images/oi2ije)

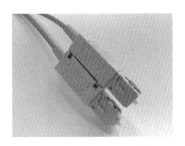

광케이블 커넥터 SC 타입
(출처 https://goo.gl/images/L5Qxsu)

개구루) 그 외에 ESCON(에스콘) 커넥터 등 여러 커넥터가 있습니다.

코타나) 하늘색 케이블을 말씀하시는 거죠? 수도 파이프처럼 큰 모습을 하고 있고 엔터프라이즈 시스템 커넥션(Enterprise System CONnection)이라고 IBM에서 정의한 커넥터죠.

땅굴이) IBM은 항상 이름을 참 멋지게 짓죠.

개구루) 이제는 광 타입 케이블에 관해서 이야기할게요. 광케이블은 싱글 모드와 멀티 모드가 있습니다. 싱글 모드는 케이블 색깔이 노란색이고, 파장이 하나만 지나갑니다. 싱글 모드는 광 파장 하나만 지나가니까 고속 전송과 장거리 전송에 유리하죠. 보통 주센터와 DR 센터 간의 데이터 전송 시에 싱글 모드 2개를 엮어서 업(up) 채널, 다운(down) 채널로 만들어요. 아무래도 싱글 모드 케이블은 연결되는 채널 수에 비해 상대적으로 단가도 비싸죠.

땅굴이) 데이터 센터 내에서 인프라 장비끼리 연결할 때는 멀티 모드 케이블을 많이 쓰죠?

개구루) 네. 멀티 모드는 케이블 한 라인에서 여러 개의 파장이 전송되죠. 여러 파장을 동시에 보낼 수 있으므로 전송하는 데이터양에 비하여 상대적으로 쌉니다. 그렇기 때문에 비교적 근거리에서 다량의 케이블을 사용해야 할 때는 거의 멀티 모드로 포설합니다. 하지만, 파장 간의 상호 간섭이 발생할 수 있으므로 손실률이 싱글 모드보다 상대적으로 큽니다.

코타나 싱글 모드 케이블로 DR 센터로 통신할 때는 장파 모드를 많이 쓰죠. 장파 모드는 광파가 케이블에 부딪히는 횟수가 적어져서 손실률이 낮아집니다.

땡굴이 센터 내에서 케이블 공사할 때 보면 OM3, OM4라는 용어를 쓰던데, 케이블의 등급을 말하는 거죠?

개구루 OM1부터 OM4까지 있고, OM(Optical Mode) 케이블들은 멀티 모드로 전송하는데, 멀티 모드가 상대적으로 단거리라는 말이 무색해질 정도로 성능이 좋습니다.

땡굴이 숫자가 높을수록 좋은 건가요? 어떻게 구분하나요?

개구루 4로 갈수록 좋습니다. 케이블을 구분하는 것은 색깔이에요. OM1과 OM2 등급의 광케이블은 오렌지 색깔입니다. OM3와 OM4는 아쿠색입니다. 시안색이라고 부르는 사람도 있어요.

코타나 하늘색 아닌가요?

개구루 우리는 하늘색이라고 하는 게 익숙하겠죠.

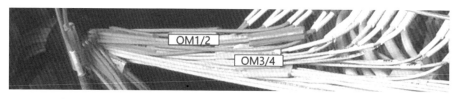

OM1/2와 OM3/4 케이블의 색깔 비교

코타나 전 예전에 벤더별로 색깔을 다르게 판매하는 것인 줄 알았어요. 센터에 보면 케이블을 용도별로 색깔을 분리하는 경우도 있잖아요. 그래서 내가 원하면 색깔별로 주문할 수 있는 줄 알았어요. 특히, 시스코의 데이터 센터에 가보면 UTP 케이블이 용도별로 색깔이 다르게 되어 있는 것을 봤었거든요. 색깔 수는 세보지 않았지만, 거의 무지개 색깔로 되어 있더라고요.

개구루 UTP 케이블도 표준에 보면 회색으로 정의되어 있으나, 색깔을 넣어서 주문 제작이 충분히 가능합니다. 제가 최근에 구축한 시스템도 목적에 따라서 케이블 색깔을 달리해서 관리했더니 구축하거나 운영할 때 모두 편하더라고요.

땡굴이 Optical Mode 등급이 전송 거리나 전송 속도에도 영향이 있는 거죠?

개구루 OM1과 OM2는 기가비트 전송에 대한 기준만 있고, OM1은 단파(850nm)로 275미터, OM2는 단파로 550미터 거리 전송이 가능합니다. 그리고 OM3와 OM4에 대한 기준은 10기가비트로 되어 있고, 각각 300미터와 550미터 거리 전송이 가능합니다.

기준 제품	OM1	OM2	OM3	OM4
1Gb/s	275/550m (단파/장파)	550/550m (단파/장파)	800/550m (단파/장파)	1100/550m (단파/장파)
10Gb/s	33m	82m	300m(단파)	550m(단파)
40Gb/s	불가	불가	100m(단파)	125m(단파)

멀티 모드 케이블 종류별 성능 요구사항

코타나 10기가비트 이상의 전송 속도가 필요한 경우도 있잖아요. 예를 들면, 스토리지로 16기가비트 데이터 전송이 가능한가요?

개구루 당연히 16기가비트 전송을 하려면 광케이블에서 전송할 수 있는 빛의 강도가 상대적으로 더 강해야 합니다. 따라서 SFP가 더 강한 빛을 쏘아야 하고 광케이블에서 빛의 손실이 더 적어야죠. 그렇기 때문에 기존 OM 케이블을 사용할 수는 있지만, 케이블에 부딪히는 횟수가 적어야 하므로 전송할 수 있는 거리가 상대적으로 짧아지게 되죠. 예를 들어, OM4 케이블로 기가비트 이더넷을 사용한다고 하면 무려 1,100미터를 전송할 수 있지만, 40기가비트 이더넷 용도로 사용한다면 125미터까지만 전송할 수 있습니다.

코타나 같은 등급이라도 물리적 특성에 따라서 오차가 발생할 수 있겠네요?

개구루 그 오차가 허용치 내에 있다는 인증을 어떻게 하는지 궁금해하실 수도 있을 것 같은데요. 케이블을 주문 제작해 보면 테스트 결과가 붙어 있는데, 파장 길이와 거리에 따른 손실률이 적혀 있습니다.

땡굴이 방금 전에 잠깐 언급을 해 주셨는데 케이블 쪽에 붙어 있는 커넥터 말고, 서버 쪽에서 전기신호를 광신호를 바꿔주는 역할을 하는 Gbic이라고 부르는 SFP에 대해서도 궁금해하실 것 같아요.

개구루 실제로 NIC이나 HBA를 구매해서 광케이블을 그대로 꽂으려고 하면 빈 구멍이 있을 겁니다. 그대로 케이블을 꽂을 수가 없죠. 이때 인터페이스 카드에 장착하는 것이 SFP(Small Form-factor Pluggable)입니다. 용도는 인터페이스 카드의 전기신호를 케이블에 적합한 광신호 형태로 바꿔주는 역할을 합니다. 더 상세히 말씀드리면 광케이블을 사용하는 경우 서버가 데이터를 송신할 때 전기신호를 광신호로 바꿔주고 데이터를 수신할 때 광신호를 전기신호로 바꿔주는 역할을 합니다. 땡굴이 님이 말씀하신 것처럼 용도가 유사하여 Gigabit Interface Converter(Gbic) 또는 mini-Gbic이라고도 하지만, 규격이 다르게 정의되기 때문에 엄연히 다른 부품이죠.

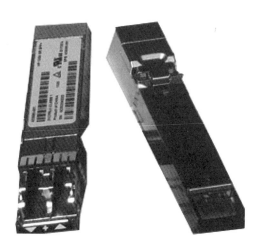

SFP(Small Form-factor Pluggable)

땡굴이 SFP와 SFP+가 있던데, 속도 기준으로 구분하는 건가요?

개구루 속도에 따른 구분으로 SFP, SFP+, SFP28 등이 있습니다. 각각 기가비트, 10기가비트, 25기가비트 속도를 지원합니다. 그 외에 CSFP(Compact Small Form-factor Pluggable)라고 해서 SFP와 같은 기능을 하지만 SFP보다 더 작은 규격도 있습니다. 아무래도 단위 면적에 케이블을 더 많이 꼽을 수 있게 하려고 규격이 자꾸 작아지는 것 같아요. 그리고 광케이블 외에 구리 케이블을 위한 SFP도 있지요.

③ 케이블 공사 방법과 사례

개구루 데이터 센터에서 일상적으로 하는 공사는 전원 공사, 케이블 공사, 공조기 공사, 발전기 공사 등이 있는데요. 전원 공사나 공조기 공사는 데이터 센터 담당자들이 주로 진행하지만, 케이블 공사는 시스템 담당자들이 진행하는 경우가 많죠. 코타나 님이나 땡굴이 님은 케이블 공사를 해 보셨죠?

땡굴이 저는 인프라 업무를 십수 년간 했기 때문에 많이 해 봤습니다. 개구루 님은 케이블 공사를 하면서 가장 어려웠던 점이 무엇인가요?

개구루 아무래도 처음 시작할 때와 지금은 다른 이유로 어려운 점이 있어요. 처음에는 케이블을 다루는 것 자체가 어려웠어요. 서버용 케이블 커넥터는 노트북에 연결하는 것처럼 쉽게 되지는 않거든요. 하지만, 시간이 지나다 보니 점점 용량이 큰 서버들을 만지게 되고, 심지어 수백 가닥의 케이블이 랙에 주렁주렁 매달려 있는 경우를 흔히 보게 되었죠. 이럴 때 설계된 위치에 정확히 꽂기 위해서 분류하는 게 상당히 괴로운 작업이더라고요. 또, 만약 하나라도 잘못 끼우면 통신이 안 되는데 그 원인을 분석하느라 많은 시간을 보내게 되고요.

코타나 그래서 케이블의 용도를 쉽게 구분할 수 있도록 용도별로 색깔을 다르게 해서 특별 주문을 하는 경우가 있지요. 시스코 데이터 센터는 거의 무지개 색깔 수준으로 구축해 놨더라고요. 최근에 우리가 같이 구축한 시스템도 다섯 가지 색깔의 케이블을 사용했죠?

(개구루) UTP 케이블이 세 가지 색깔이었고, FC 케이블이 두 가지 색깔이었죠. 확실히 구분하기 쉬웠던 것 같아요. 용도별로 케이블의 위치도 달랐죠.

(땅굴이) 케이블의 위치라고 하면 랙 기준으로 더블 플로어 하단으로 공사하기도 하고, 랙 상단에 트레이를 놓고 공사하는 경우를 말씀하시는 것 같네요. 최근에는 TOR 이라고 해서 네트워크 스위치를 모든 서버 랙 상단에 놓는 것이 유행(?)이기 때문에 상단 트레이로 많이 공사합니다. 네트워크 케이블과 스토리지 케이블을 구분하기 위해서 스토리지 케이블만 더블 플로어 하단을 통해서 공사하기도 해요.

(개구루) 케이블 공사하면서 기억에 남는 에피소드가 있으신가요?

(땅굴이) 개구루 님, 광케이블이 정상적인지 아닌지 보려고 눈으로 보는 사람들이 있잖아요. 그게 괜찮을까요?

(개구루) 그런 뻔한 질문을 아무렇지 않게 하시나요? 하하! 당연히 안 됩니다. 광케이블을 지나가는 빛은 너무 강해서 눈에 아주 좋지 않아요. 특히, 멀티 모드 신호는 그나마 괜찮으나 싱글 모드로 오는 빛은 더 안 좋아요. 또한, 전송 속도가 높은 광신호일수록 빛의 강도가 더 강해지기 때문에 앞으로 점점 더 강해질 것 같습니다.

(땅굴이) 위험하다는 건 알겠지만, 케이블이 굉장히 얇아서 이쑤시개 3개를 합쳐 놓은 정도라 광신호가 잘 안 보이죠. 그래서 처음 인프라 업무를 했을 때는 그냥 봤습니다만, 한참 지난 후에 보니까 그렇게 보면 안 된다고들 하더라고요.

(개구루) 그래서 어릴 때 야광 시계를 보던 식으로 손바닥으로 눈과 케이블 끝을 가린 뒤에 케이블에서 나오는 빛을 손바닥에 비춰서 손을 말아쥐고 봐야 합니다.

(코타나) 잘 알고 계시네요. 하하!

(개구루) 이렇게 네트워크 편을 마무리해야겠네요. 네트워크부터 케이블까지 꼭 알아야 하는 내용만 골라서 알아보았습니다. 그러면 다음은 하드웨어가 아닌 영역이지만, 인프라 담당자들이 꼭 알아두어야 하는 가상화와 클라우드에 대해서 알아봅시다.

개궁금

06

가상화,
아나바다

인프라 자원을 재구성하는 가상화

1 가상화란?

개구루　이제부터 가상화에 대한 이야기를 시작하려고 하는데, 코타나 님은 가상화라고 하면 무엇이 가장 먼저 떠오르시나요?

코타나　서버 한 대를 여러 대의 작은 서버로 나눠서 사용하는 것?

개구루　이렇게 쉽게 설명해 주시다니 놀랍네요. 하하! 서버 가상화에서 가장 핵심 개념을 설명해 주셨네요. 우리는 서버 가상화를 이야기하기 전에 먼저 가상화 자체에 대한 이야기부터 풀어보도록 할게요. 얼마 전에 땡굴이 님도 가상화 기술을 사용해서 서버를 한 대 구성해 보셨죠? 서버에 접속했을 때 어떻게 느끼셨나요? 물리적으로 독립된 서버와 차이점이 있었나요?

땡굴이　큰 차이는 없었고, 하드웨어 정보를 여러 명령어를 통해서 찾아볼 때 가상화 서버인 것을 알 수 있겠더라고요.

개구루　그렇죠. 그게 핵심입니다. 가상화 기술은 그 서버의 관리자가 아닌 이상 가상화 서버인지 물리 서버인지 차이를 느낄 수 없게 만드는 것이죠.

땡굴이　개구루 님. 저를 이용해서 너무 쉽게 넘어가시려고 하는 것 같은데, 가상화라는 용어의 정의에 대해서부터 설명해 주세요.

개구루　하하! 눈치채셨군요. 가상화 용어 자체로 접근하자면 매우 어려울 수 있어서 요청했던 거예요. 가상화의 정의는 물리 장치의 리소스를 분할하거나 통합해서 추상화된 논리적인 리소스로 가상화 장치를 만들고, 사용자는 가상화 장치를 물리 장치처럼 사용하는 것입니다. 이때 가상화 장치가 그대로 완전한 하나의 하드웨어처럼 수행될 수 있도록 물리적 특성을 그대로 재현하거나 새로 부여합니다.

땡굴이 용어들이 생소해서 그런지 이해가 잘 되질 않네요. 말씀하시는 가상화 장치가 가상화 서버를 이야기하는 것인가요?

개구루 서버뿐만 아니라 물리적으로 존재하는 CPU, 메모리, NIC, 스토리지 등 거의 모든 하드웨어 리소스를 가상화할 수 있어요. 이때 물리적으로 존재하는 하드웨어를 물리 장치라고 하고, 그것을 논리적으로 연결하거나 분할, 통합해서 새로운 장치로 만들어 낸 것을 가상화 장치라고 합니다. 가상화 장치는 사용자로 하여금 어떠한 물리적인 구성을 통해 생성하였는지 전혀 알 수 없지만, 물리적 자원(하드웨어 리소스)과의 성능 및 기능 차이를 최소화하기 위하여 여러 가상화 기술을 적용하여 최근에는 거의 차이가 매우 줄어든 상태죠.

땡굴이 조금 더 쉬워지긴 했으나 아직도 이해하기 어렵네요. 비유를 곁들여 주시면 좋을 것 같아요.

개구루 그렇다면 고시원을 생각해 보시면 좋은 비유가 될 것 같아요. 고시원은 건물 내에 수많은 가벽을 세워서 작은 방을 만들어 내고 많은 사람을 수용하잖아요. 이때 나누기 전의 방을 물리 메모리라고 하고, 나눈 작은 방을 가상화 메모리, 그 안에 사는 사람들을 데이터라고 생각하면 메모리 가상화를 이해하기가 쉬울 것 같아요.

코타나 아주 쉬워졌는데요? CPU도 해 주세요.

개구루 네. 그러면 이번엔 고시원 화장실을 CPU라고 가정해 보죠. 아침에 여러 명이 동시에 화장실을 사용할 때 화장실 개수만큼의 사람만 사용하고 나머지 사람은 자신의 차례를 기다리겠죠. 그리고 이용하던 사람이 일을 마치고 나오는 순간 다음 사람이 들어가서 볼일을 보잖아요. 여기서 기다리는 사람을 가상 CPU라고 하고, 실제 화장실을 물리 CPU라고 생각하시면 될 것 같아요. 가상화 서버에서 요청한 연산 처리

(볼일)를 가상 CPU(사람)가 담았다가 물리 CPU(화장실)가 비워지는 것을 기다렸다 순차적으로 처리하는 것을 상상하시면 될 것 같아요.

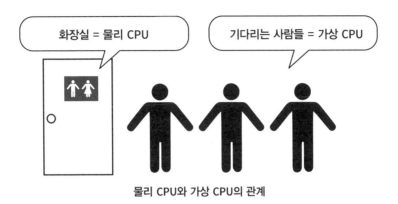

물리 CPU와 가상 CPU의 관계

(땅굴이) 그렇군요. 더 이해하기가 쉬운 것 같아요.

2 가상화의 역사와 발전

(개구루) 다행이네요. 코타나 님은 가상화란 용어를 언제 처음으로 접하셨어요?

(코타나) 가상화 용어 자체로만 보면 매우 오랫동안 쓰였잖아요? 저도 메인프레임 서버를 운영할 때 이미 가상화라는 용어를 접했었죠. 이미 십수 년이나 지났네요.

(개구루) 저도 여러 루트를 통해서 확인해 봤는데, 가상화라는 용어 자체는 심지어 1960년대에도 쓰였습니다. 우리가 앞서 이야기한 메인프레임 시대에도 이미 가상화 기술을 사용할 수 있었죠. 그 시절의 가상화 개념은 시분할 기법과 함께 제시되었어요. 시분할 기법은 물리 장치가 일을 하는 시간을 매우 짧은 단위 시간으로 분할하여 여러 애플리케이션이 나눠 쓰면서 동시 처리가 가능하도록 하는 기술입니다.

(땅굴이) 그 시절에 가상화 기술을 적용한 대표적인 사례가 있을까요?

(개구루) 초기의 가상화 기술이 적용된 시스템은 영국 대학연합의 아틀라스 컴퓨터

(Atlas Computer), IBM의 메인프레임 초기 모델 등이 있어요. 다만, 그 시절은 컴퓨팅 리소스에 대한 가상화 기술만 적용되었고, 그 외에 스토리지나 네트워크 등 다른 인프라 환경은 가상화라는 개념이 없었습니다.

(땡굴이) IBM은 가상화의 아버지군요.

(개구루) 그렇죠. 그 이후에 수많은 시스템에서 가상화 기술을 채용했죠. 다만, 과거에는 모든 장치마다 특수한 운영체제를 갖고 있었죠. 게다가, 하드웨어를 제어하는 운영체제 기술 개발 비용이 매우 고가라서 하이엔드 모델과 같이 많은 개발 비용을 투자할 수 있는 제품에만 가상화 기술이 탑재되었어요.

(땡굴이) 요즈음에는 하이엔드, 미드레인지, 로우엔드 등의 등급을 가리지 않고 가상화 기술을 사용하잖아요?

(개구루) 물론이죠. 그 이후 50여 년 정도의 시간 동안 급격하게 기술 성숙이 이루어져서 컴퓨터 하드웨어 플랫폼 전반과 스토리지 장치, 컴퓨터 네트워크 리소스 등 IT 인프라의 모든 영역에서 사용하는 개념이 되었습니다. 이제는 인프라 벤더 입장에서도 가상화 기술에 대한 진입 장벽이 매우 낮아졌어요.

(땡굴이) 진입 장벽이 낮아진 이유가 뭔가요? 시장의 흐름의 변화가 있었나요?

(개구루) 가상화는 아무래도 리소스 관리의 영역이다 보니 운영체제 기술이 가장 중요하죠. 다들 잘 알다시피 최근 십수 년 동안 리눅스의 발전과 함께 IT 인프라 모든 영역에 대한 기반 플랫폼으로 리눅스가 도입되었어요. 자연스럽게 리눅스의 가상화 기술을 활용할 수 있게 된 거죠. 따라서 큰 개발 비용을 들이지 않더라도 가상화 기술의 대중화가 가능하게 되었습니다. 시간이 지나면서 리눅스의 가상화 기술 수준이 계속 진화하고 있기 때문에 모든 인프라 장비에서 가상화 기술을 제공하는 것이 너무 당연한 시대로 변화하고 있어요.

3 가상화 기술을 사용하는 이유

땡굴이 기술이 있다고 해도 매력적이지 않다면 사람들이 사용하지 않을 텐데, 왜 사람들은 가상화 기술을 선호할까요?

개구루 왜 가상화 기술이 발전했는가를 생각해 보면 질문하신 선호의 원인에 대해서 이해할 수 있을 것 같아요. VMware의 책임연구원인 매튜 포트노이(Matthew Portnoy)는 《가상화 세상 속으로(Virtualization Essentials)》라는 책에서 윈도우 서버 기반 인프라 때문에 그랬다는 주장을 펴고 있어요. 조금 더 상세히 내용을 전달해 드리자면, 프로세서가 빨라지고 메모리가 커지면서 IT 관리자들이 운용하기 편한 윈도우 서버에서도 메인프레임이나 유닉스 등에서 실행하던 강력한 애플리케이션을 운영할 수 있게 되었죠. 그러나 윈도우는 원래 Single-user Interface 운영체제라서 2개 이상의 프로그램을 한 서버에서 실행시키면 심한 자원 경합이 생기고, 심지어 장애가 발생하는 경우도 있습니다. 이런 현상 때문에 많은 설계자, 개발자, IT 전문가, 벤더들이 모두 하나의 윈도우 서버에 한 개의 애플리케이션만 배치하여 관리하게 됩니다. 이야기를 계속하다 보니 저는 윈도우 서버를 거의 사용해 보지 못해서 공감이 안 되는데, 코타나 님은 이런 의견에 동의하시나요?

코타나 윈도우도 여러 개의 애플리케이션이 수행되는 경우도 많아서 전적으로 동의하긴 어렵네요.

개구루 그렇군요, 하하! 계속 설명해 드릴게요. 윈도우 서버를 통해 1개의 애플리케이션만 수행하는 데 반해 서버 1대의 성능도 급격하게 증가합니다. 따라서 남는 자원의 활용에 대한 필요성이 강해지고, 이러한 요구를 만족시키기 위해서 가상화 기술의 대중화가 이루어졌다고 하네요.

땡굴이 매우 빠른 시장 변화에 적응력을 높이고 보안 수준을 높이기 위한 것이라고 알고 있었는데…

개구루 예지력이 상당하시네요. 그다음의 원인으로 E-비즈니스 수요 증가와 경쟁, 그리고 보안 강화를 이야기하고 있습니다. 새로운 아이디어를 빠르게 사업화하고 시장 환경의 변화를 민첩하게 대응해야 하는 E-비즈니스는 IT 리소스를 유연하게 관리할 수 있어야 하겠죠. 이럴 때 고시원을 만들 듯이 물리 장치를 가상화하여 사용한다면 비용 절감이 가능해집니다. 다음으로, 정보 보호 관점에서도 가상화 기술이 유용합니다. 자금정보 시스템, 인사정보 시스템, 지식재산권 보호 시스템 등은 단일 시스템의 규모는 크지 않지만 정보의 가치가 매우 높기 때문에 접근을 완벽하게 통제하고 싶을 때도 분산 시스템을 구성하게 되는데, 이때 가장 효율적인 기술이 가상화 기술입니다.

[땡굴이] 한 가지만 덧붙이자면, 사용하는 인프라 장비가 급격하게 늘면서 발생하는 인프라 장비 간의 케이블과 케이지, 화재 방지 시설의 설치와 이 모든 장비가 소비하는 전력의 공급과 발생시킨 열의 배출, UPS 예비전력 용량 부족 등의 문제도 가상화 기술을 통해 상당 부분 해소할 수 있습니다.

[개구루] 말씀해 주신 바와 같이 물리적인 한계를 극복하기 위해서 인프라 자원의 가상화 기술이 급격하게 성장하게 되었군요.

SECTION 02 | 가상화 기술을 나누는 방식

1 나눠서 쓰는 공유 가상화

[개구루] 이제 가상화 방식에 대해서 간단히 알아볼게요. 크게 네 가지 방식이 있는데요. 우선 공유(sharing) 가상화입니다. 아주 대표적인 가상화 방식으로, 다수의 가상 자원을 하나의 물리적 자원과 연결시켜서 시간 분할 기법으로 물리적 자원을 공유하여 사용하게 하는 방법입니다. 앞서 설명해 드렸던 고시원에서 화장실을 상상하시면 됩니다. CPU 가상화가 이러한 방식을 이용하죠.

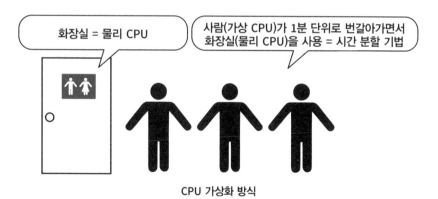

CPU 가상화 방식

[코타나] 시간 분할 기법이라고 말씀하시니까 TDMA(Time-Division Multiple Access)라는 용어가 생각나네요. 시분할 다중접속이라고 해서 여러 명의 이동통신 가입자가 하나의 주파수를 시간을 분할하여 공유해서 사용하는 통신 방식입니다.

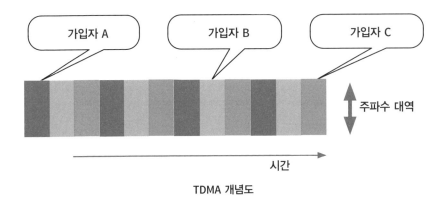

TDMA 개념도

2 합쳐서 쓰는 집합 가상화

(개구루) 좋은 예를 들어주셨네요. 다음으로 집합(aggregation)이라는 방식이 있습니다. 땡굴이 님. 네트워크할 때 MLAG(Multi-Chassis Link Aggregation)라는 걸 들어보셨죠?

(땡굴이) 네. 거기서 AG가 AggreGation이잖아요.

(개구루) 공유(sharing)가 나누는 것이라면, 집합(aggregation)은 합하는 것입니다. 여러 개의 자원을 하나로 묶어서 물리적인 용량과 성능을 향상시키고, 하나의 논리 장치로 관리할 수 있도록 만들어주는 것이라고 보면 됩니다. 앞서 네트워크 편에서 설명해 드렸던 MLAG라는 기술이 가장 이해하기 좋겠네요. 네트워크 스위치 간에 2개 이상의 링크를 먼저 연결해요. 그리고 한 서버에서 2개의 스위치에 링크를 각각 연결합니다. 그리고 서버는 통신할 때 LACP(Link Aggregation Control Protocol)라는 프로토콜로 하나의 스위치와 하나의 인터페이스로 통신하는 것처럼 인식하는 거죠. 그래서 물리적으로는 2개의 스위치로 연결된 2개의 링크이지만, 2배의 대역폭을 이용하면서도 가용성까지 보장해 주는 매우 좋은 가상화 기술입니다.

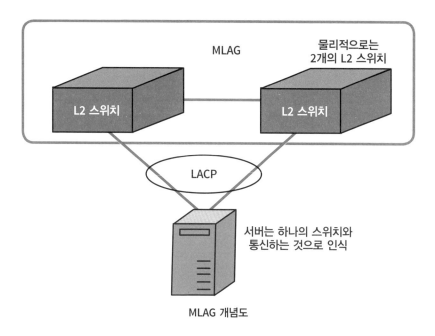

MLAG 개념도

(땡굴이) 그러면 무조건 MLAG나 LACP를 이용해야겠네요.

(개구루) 물론 그러면 좋겠지만, 스위치에서 해당 기능을 지원해 주어야 합니다.

(땡굴이) 스토리지 영역에서 집합 가상화 기술을 찾아보면 뭐가 있을까요?

(개구루) 스토리지에서 예를 하나만 더 들어볼게요. 우리가 외장 스토리지를 사용하게 되면 서버에는 LUN(Logical Unit Number)라고 부르는 스토리지가 보이잖아요. 그런데 LUN은 스토리지에서 특정 디스크를 의미하는 것이 아니에요. 실제로는 수십 개에서 수백 개의 디스크에서 자원을 조금씩 할당받아서 만든 논리적인 디스크이거든요. 따라서 딱 필요한 만큼의 용량으로 만들 수 있겠죠. 심지어 동시에 수십 개에서 수백 개의 디스크에서 데이터를 찾을 수 있어서 성능도 매우 좋아집니다. 이러한 기술을 와이드 프로비저닝(wide provisioning)이나 와이드 스트라이핑(wide striping)이라고 합니다.

(땡굴이) 스토리지 편에서도 언급했었죠.

3 새로 만드는 에뮬레이션과 장애를 극복하는 자원 절연

(개구루) 다음으로, 에뮬레이션(emulation)이라는 가상화 기술이 있습니다. 가상 시스템을 운영해 보신 분들은 알고 계시겠지만, 가상 시스템에 인식된 스토리지는 실제 연결되어 있는 스토리지와 모델명이 다릅니다. 일반적으로 거의 모든 운영체제에서 사용 가능한 스토리지로 인식되어 있죠. 따라서 가상 시스템에 어떠한 운영체제를 설치하더라도 모두 인식할 수 있다는 장점이 있습니다. 물론, 물리 장치가 갖고 있는 특수한 기능이라든지 벤더에 특화된 기능 등은 사용할 수 없게 되는 단점도 있습니다.

(코타나) 네 가지 방식이라고 했는데, 공유, 집합, 에뮬레이션까지 설명해 주셨네요. 마지막은 어떤 기능인가요?

(개구루) 네. 마지막으로, 자원 절연(resource insulation)이라는 기능이 있습니다. 이것은 물리 장치의 상태가 비정상인 상태에서도 논리 장치의 고가용성은 보장됨을 의미합니다.

(코타나) '물리 장치에 장애가 나더라도 논리 장치를 이용하는 가상 시스템에서는 느끼지 못한다.' 정도로 이해하면 될까요?

(개구루) 그렇죠. 우리가 스토리지 시간에 들었던 RAID가 가장 대표적인 기술이라고 보시면 됩니다. 디스크를 스트라이핑(striping)하는 RAID 0 기능을 제외한 나머지 RAID들은 모두 데이터의 유실을 방지하고 고가용성을 보장하기 위한 방법이죠. RAID를 사용하게 되면 구성하고 있는 디스크 중에서 한 개가 고장 나더라도 사용자는 전혀 느끼지 못한 채 계속 서비스되죠. 심지어 디스크를 교체해서 넣을 때도 완벽히 동작하게 됩니다.

(땡굴이) 멀티패스(Multipath) 기능도 자원 절연 기능이겠네요.

(개구루) 멀티패스 기능에 관해서 설명해 드릴게요. 멀티패스 기능을 사용하기 위해서는 스토리지에서 서버까지 여러 갈래의 연결 경로를 구성하고 나서 경로마다 LUN을 중복되게 할당합니다. 운영체제에서는 이 중복된 LUN들을 하나의 가상 스토리

지 장치인 멀티패스 장치로 묶습니다. 그리고 애플리케이션이나 LVM(Logical Volume Manager)에서는 멀티패스 장치만 사용하는 거죠. 그러면 하나의 스토리지 연결 경로에 장애가 발생하더라도 사용자는 장애를 전혀 느끼지 못하고 사용할 수 있게 되는 거죠.

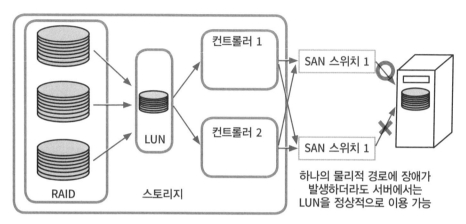

RAID와 멀티패스 방식의 스토리지 구성에서 물리적 경로 장애

서버 가상화의 기반, 하이퍼바이저와 컨테이너

1 하이퍼바이저의 구조와 역할

(개구루)　지금까지 가상화 기술에 관해서 이야기했습니다. 이제부터 서버 가상화에 대하여 이야기하려고 하는데, 그중에서도 가상화의 핵심 구성요소인 하이퍼바이저 (Hypervisor)와 VM(Virtual Machine, 가상 머신)을 먼저 이야기하려고 해요. 하이퍼바이 저는 VMM(Virtual Machine Monitor)이라고도 합니다.

(코타나)　저는 Host OS(호스트 운영체제)와 Guest OS(게스트 운영체제)라는 용어를 많이 사용했었는데, 똑같은 개념인가요?

(개구루)　호스트 운영체제와 하이퍼바이저는 기능적으로 완전히 다르다고 보면 될 것 같아요. 운영체제라는 것이 여러 개의 애플리케이션이 동시에 수행되도록 하는 환경이 지만, 하이퍼바이저는 여러 개의 VM이 동시에 수행되도록 하는 환경을 제공하는 것 이거든요. 다만, 하이퍼바이저는 운영체제와 합쳐져 있는 형태도 있고 분리된 형태도 있어요. 합쳐져 있는 형태를 타입 1 하이퍼바이저라고 하고, 분리된 형태를 타입 2 하 이퍼바이저라고 하지요.

(코타나)　그러면 하이퍼바이저의 기능은 무엇인가요?

(개구루)　여러 개의 VM이 한정된 하드웨어 자원을 나눠 쓸 수 있도록 해 주는 것이 죠. 물론, 타입 2 하이퍼바이저는 운영체제에 많은 기능을 의존하여 하드웨어 자원을 분배합니다.

코타나 타입 2보다는 타입 1이 빠르겠네요.

개구루 아무래도 하드웨어에 운영체제를 설치하고 그 위에 별도의 하이퍼바이저를 설치하는 것보다는 하드웨어에 하이퍼바이저 기능이 있는 운영체제만 설치하는 것이 더 안정적이고 빠르겠죠. 그리고 VM과 호스트 운영체제도 사실 다른 개념이죠. VM은 하드웨어와 같은 역할을 하지만, 호스트 운영체제는 말 그대로 운영체제이거든요.

코타나 가상 머신(VM)과 게스트 운영체제가 같은 건 줄 알았는데, 아니군요?

개구루 세밀하게 보면 다른 개념이지만, VM에는 무조건 1개의 운영체제만 설치가 가능하니까 섞어서 이야기하더라도 대화하는 데는 문제가 없지요. 또한, 여러 가상화 플랫폼에서 가상화 서버를 의미하는 표현들이 다르기 때문에 알아둘 필요가 있을 것 같네요. VM, 게스트 운영체제(Guest OS), 도메인(domain), 돔(dom) 등 아무래도 표현이 다양하다 보니 혼동되실 수도 있을 것 같긴 합니다.

코타나 하이퍼바이저 타입별 제품에는 어떤 것들이 있나요?

개구루 대표적인 것만 소개해 드릴게요. 가장 쉽게 구분할 수 있는 방법은 '운영체제를 별도로 설치하는가? 아니면 운영체제 설치 없이 가상화 솔루션만 설치하는가?'로 구분하시면 됩니다. 예를 들어서 VMware의 vSphere ESXi 제품군의 경우에는 운영체제 설치 없이 하이퍼바이저만 베어메탈 서버에 설치하며, 이런 경우를 타입 1이라고 합니다. 그래서 베어메탈 하이퍼바이저(Bare-metal Hypervisor)라고도 부릅니다. 타입 2 하이퍼바이저는 사전에 별도의 운영체제를 설치한 뒤 설치가 가능합니다. 예를 들어, 윈도우나 리눅스를 설치하고 그 위에 VirtualBox나 KVM을 설치하는 경우를 말합니다.

> **용어** **베어메탈 서버(Bare-metal Server)**
> 소프트웨어가 설치되지 않은 하드웨어를 뜻하며, 일반적인 경우는 운영체제가 설치되지 않은 상태의 서버를 의미하나, 경우에 따라서 서버 벤더의 서버 관리 소프트웨어도 설치되지 않은 상태의 서버를 의미하기도 합니다.

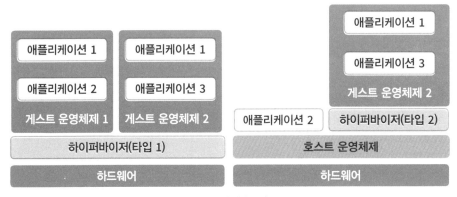

타입 1, 2 하이퍼바이저 구조

코타나 처음 듣는 개념이라서 흥미롭네요. 저는 전가상화, 반가상화로만 하이퍼바이저를 구분했었거든요.

2 전가상화와 반가상화 하이퍼바이저

개구루 전가상화(full virtualization), 반가상화(para-virtualization)는 하이퍼바이저의 역할 범위에 따라 구분한 것입니다. 전가상화는 하이퍼바이저가 호스트 운영체제에서 모든 일을 처리하는 것이고, 반가상화는 일부 역할을 VM의 도움을 받아서 처리하는 개념이라고 보시면 되요. 예를 들어, VMware의 vSphere ESXi 제품은 모든 하이퍼콜(Hypercall)을 하이퍼바이저가 처리해요. 반면, Xen의 가상화 제품은 Dom 0라는 게스트 운영체제가 하이퍼콜의 일부를 넘겨받아 처리하는 구조로 되어 있습니다. 이러한 경우를 반가상화라고 합니다.

코타나 그래서 전가상화는 하이퍼바이저를 통해 하드웨어에 직접 접근하기 때문에 게스트 운영체제를 베어메탈 서버에 설치하는 운영체제와 같은 버전으로 사용할 수 있지요. 이러한 특성이 전가상화의 가장 큰 장점입니다. 조금 어려운 이야기이지만, 덧붙여 말씀드리자면 전가상화 제품들은 이러한 장점을 유지하기 위해서 모든 장치에 대한 드라이버를 에뮬레이션 가상화 기법으로 제공하고 바이너리 변환 기법을 통해 하드웨어에 대한 커널 수준 접근을 가능하게 합니다.

> **용어 바이너리 변환 기법**
> 모든 프로그램은 하드웨어가 이해할 수 있는 명령어로 변환되어 전달되어야 하는데, VM이 하이퍼콜을
> 통해 하이퍼바이저에게 명령을 내리면 간단한 바이너리(2진법) 연산을 통해 하드웨어가 이해할 수 있는
> 명령어로 변환하여 전달하는 기법을 뜻합니다. 속도가 매우 빠르다는 장점이 있는 반면에 개발하기가
> 쉽지 않은 게 단점입니다.

> **용어 커널 수준 접근**
> 리눅스 운영체제에서는 커널만이 모든 하드웨어를 직접 제어할 수 있기 때문에 커널과 같은 수준의
> 권한으로 하드웨어에 접근하는 것을 의미합니다.

땡굴이 그러면 반가상화는 운영체제를 그대로 사용할 수 없다는 이야기인가요?

개구루 정답입니다. 반가상화의 대표 제품인 Xen을 기준으로 설명해 드리겠습니다. Xen 하이퍼바이저에는 게스트 도메인이라고 불리는 VM뿐만 아니라 컨트롤 도메인(Control Domain, Domain 0)이라는 아주 가벼운 리눅스 환경의 특수한 VM이 존재합니다. 게스트 도메인이 요청한 CPU와 메모리, 타이머 등에 대한 하이퍼콜은 하이퍼바이저에서 처리해 주고 네트워크나 스토리지 I/O를 발생시키는 하이퍼콜은 컨트롤 도메인이 하드웨어에 요청하는 구조입니다. 다시 말해, 컨트롤 도메인은 Xen 하이퍼바이저의 VM이기도 하면서 I/O 관련해서는 하드웨어에 직접 요청할 수 있는 호스트 운영체제의 역할도 하지요. 이와 같이 게스트 운영체제가 완전하게 독립적인 수행 환경을 보장받는 것이 아니기 때문에 반가상화 하이퍼바이저를 사용하면 게스트 운영체제가 반가상화 환경에 맞도록 개선되어야 합니다.

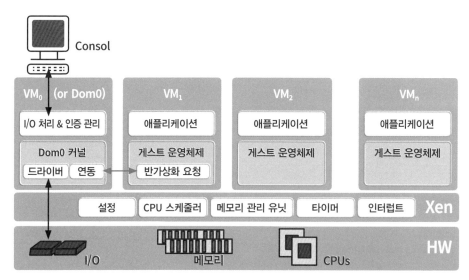

Xen 가상화 아키텍처

(땡굴이) 반가상화는 구조가 일반적인 서버(베어메탈 서버)의 처리 방식과 다르기 때문에 게스트 운영체제로 사용할 운영체제는 하이퍼바이저에 맞도록 개선되어야 된다는 것이군요. Hardware-assisted Virtualization도 있지요?

(개구루) Hardware-assisted Virtualization은 독립적으로 사용되는 가상화 기술이라기보다는 전가상화에서 많이 사용되는 보조 기술입니다. 전가상화 제품에서는 바이너리 변환이라는 기술을 통해서 게스트 운영체제의 하드웨어 접근을 가능하게 하는데, 바이너리 변환 기술 자체가 개발이 매우 어렵기 때문에 CPU 벤더가 제공하는 가상화 기술을 많이 사용하고 있습니다. 인텔과 AMD가 출시하는 대부분의 CPU가 VT-x, VMD-V라는 이름으로 기능을 탑재하고 있는데, 이것이 Hardware-assisted Virtualization 기능입니다. 다만, 아쉬운 점은 CPU 자체 기능으로 VM과 하이퍼바이저를 모두 관리하기 때문에 CPU 부하에 의한 오버헤드가 있습니다. 이 방식을 사용하는 대표적인 사례는 VMware의 인텔 프로세서 기반 64비트 VM입니다.

③ 컨테이너의 구조와 특징

코타나 최근에 PaaS(Platform as a Service)에서 주목받고 있는 컨테이너에 관해서도 설명해 주세요.

개구루 네. 마지막으로 컨테이너(container)입니다. 컨테이너는 앞에서 설명해 드린 세 가지 방식과 다르게 VM이 없으며, 또 게스트 운영체제도 없습니다. 그래서 더 강력한 가상화 기술이고, PaaS가 대중화되면서 특히 주목받고 있습니다.

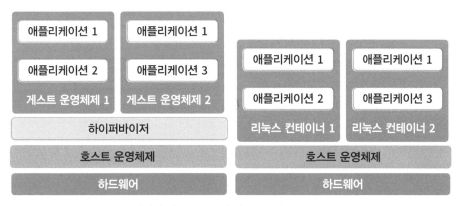

하이퍼바이저 방식인 KVM과 리눅스 컨테이너의 구조 비교

코타나 VM과 게스트 운영체제가 없다는 것이 어떤 의미인가요?

개구루 컨테이너는 현재 리눅스에서 주로 발전하고 있고, 리눅스 컨테이너는 호스트 운영체제에서 부팅 과정 없이 바로 시작합니다. 호스트 운영체제 입장에서 보면 리눅스 컨테이너는 하나의 프로세스로 기동합니다. 따라서 VM에 대한 하드웨어 초기화 작업이 필요 없기 때문에 가상 환경을 시작하고 종료하는 시간이 거의 수초밖에 되지 않으며, 가상화 오버헤드도 거의 존재하지 않아요. 그런데도 다른 가상화 환경 제공 방식과 동일하게 프로세스를 수행할 수 있는 독립된 공간을 제공합니다. 또한, 호스트 운영체제와 다른 리눅스 컨테이너에서 들여다볼 수 없기 때문에 보안적인 측면에서도 기존 가상화 환경과 거의 유사하다고 볼 수 있습니다. 이러한 장점에 더불어 다른 가상화 환경에 비해 밀도 높은 설계가 가능하며, 요구되는 하드웨어 자원 수준이 낮다는 장점이 있습니다.

땡굴이 너무 좋게만 이야기해 주시는 것 같아요, 하하! 단점이나 한계점도 설명해 주세요.

개구루 컨테이너 구조에서 비롯되는 단점도 있습니다. 당연히 호스트 운영체제인 리눅스 이외의 다른 운영체제에서는 동작하지 않고, 리눅스 계열이 아닌 다른 운영체제를 설치할 수 없습니다. 이론상으로 컨테이너에 리눅스의 모든 배포판을 설치할 수 있지만, 해당 라이브러리를 사용하는 것일 뿐 리눅스 커널에서 실행되기 때문에 리눅스 계열 운영체제만 가능하다는 태생적 한계가 있습니다.

코타나 컨테이너와 PaaS가 서로 밀접하다고 하던데, 지금 말씀하시는 내용과 PaaS는 어떤 관계가 있나요?

개구루 PaaS는 뒤에 클라우드 편에서도 설명하겠지만, 간단하게 먼저 언급할게요. PaaS(Platform as a Service)는 독립적인 애플리케이션 수행 환경을 서비스 형태로 제공하는 것을 의미합니다. 많은 분이 이미 눈치를 채셨을 텐데, 그래서 독립적인 애플리케이션 수행 환경이라는 핵심 기능을 제공하면서도 가상 오버헤드가 가장 적은 컨테이너 방식이 가상화 서비스에 가장 어울리는 것이지요. 또한, 최근에는 거의 모든 솔루션이 리눅스와 호환성을 지니고 있어서 리눅스 운영체제만 사용해야 한다는 점도 더는 한계로 작용하지 않는 상황이에요.

코타나 개구루 님은 실제로 사용해 보신 적이 있으신가요?

개구루 요즈음은 개발자 환경을 제공할 때 컨테이너로 제공하는 경우가 많습니다. 저는 HDP(Hortonworks Data Platform) 샌드박스라는 빅데이터 솔루션의 개발자 환경을 다운로드하였는데, ova(open virtualization archive)라는 확장자 명의 이미지 파일만 하나 덩그러니 있었어요. 이것을 Virtual Box 또는 vSphere에서 삽입(import)시키면 VM이 하나 생성되는데, 전원을 넣어보면 CentOS가 부팅되고 부팅이 끝날 즈음에 컨테이너를 시작한다는 메시지가 나옵니다. 부팅이 완료되고 난 뒤에 보면 모든 빅데이터 솔루션은 도커(Docker)라는 컨테이너 위에서 구동하고 있고, CentOS는 컨테이너를 구동하기 위한 기본적인 기능만으로 부팅되더라고요.

코타나 저도 사용해 본 적이 있는데요, 컨테이너를 활용해 보려고 검토해 봤을 때 컨테이너들이 하드웨어의 리소스를 공유할 수밖에 없다 보니 자원 경합을 피할 수 없게 되는 게 가장 큰 문제였습니다. 자원 경합을 방지할 수 있는 기술이 부족하기 때문에 회사에서 쓰기 어렵지 않겠냐는 이야기가 많이 있었습니다.

개구루 자원 경합 방지 기술 중에서 인텔 아이태니엄(Itanium)에만 포함되어 있다가 x86 CPU 중에서 인텔 하스웰(Haswell) E7 CPU에 처음 탑재된 기능으로 TSX (Transactional Synchronous eXtensions)라는 기능이 있어요. 이 기능은 여러 번의 연산을 컨텍스트 스위칭 없이 한 번에 처리해 줍니다. 이처럼 하드웨어 기술도 성숙하고 있고, 많은 기업에서 적극적으로 컨테이너를 도입하고 있기 때문에 아직 남아 있는 기술적 문제들도 곧 해결되지 않을까 생각합니다.

> **용어** **컨텍스트 스위칭**
> CPU 위에서 실행 중인 프로세스가 대기 중인 프로세스에게 양보하기 위해, 종료되지 않은 상태로 레지스터에 있던 데이터를 RAM(메모리)으로 저장하고 대기 중이던 프로세스의 데이터를 레지스터로 복사하는 작업입니다.

> **참고** 팟캐스트 방송 이후, 컨테이너 지원을 위해 마이크로소프트는 Windows Server 2016에서 Nano Server 기능을 탑재하였습니다. 또한, 컨테이너 간 자원 경합 방지를 위해 CPU, 메모리, I/O 등 주요 리소스에 대한 분리 할당이 가능합니다. 자세한 내용은 https://docs.docker.com/config/containers/resource_constraints/을 참고하기 바랍니다.

한 대를 여러 대로, 서버 가상화 기술

1 CPU 가상화 기술

코타나 정말 많은 기술에 관해서 이야기했네요. 이제는 서버 가상화에 관해 이야기했으면 해요.

개구루 서버 가상화는 서버를 가상화하는 기술을 사용해서 한 대의 베어메탈 서버에 여러 대의 가상 시스템으로 만드는 것을 말합니다. 가상 시스템은 베어메탈 서버의 특성을 대부분 상속받습니다. 따라서 가상 시스템을 구축하신다면 물리 서버로 시스템을 구성할 때와 거의 유사한 순서로 진행하시면 됩니다. 우선, 시스템에서 수행될 애플리케이션의 워크로드 패턴을 분석하는 것이 제일 먼저 해야 할 일입니다. 그리고 비기능 요구사항(NFR) 수집과 시스템 용량 분석을 진행하고, 논리 설계와 물리 설계를 진행합니다.

> **용어** **워크로드 패턴**
> 시스템에서 애플리케이션을 수행하는 동안 소모하는 인프라 자원(CPU, 메모리, I/O 등)에 대한 사용 형태 및 사용량을 의미합니다.

> **용어** **비기능 요구사항(Non-Functional Requirement, NFR)**
> 비즈니스 또는 업무 기능과 무관한 시스템 자체에 대한 조건을 의미합니다. 대표적인 것으로 TPS(Transaction Per Second, 초당 처리 횟수)가 있습니다.

코타나 저는 여러 번의 프로젝트를 수행하면서 가상화 서버를 구축할 때 추가로 고려할 사항이 더 있었던 것 같은데요?

[개구루] 그 차이는 대부분 서버 가상화 기술을 적용하면서 추가로 고려해야 할 부분이라고 보시면 될 것 같아요. 다시 말하면, 그러한 차이를 잘 극복하기 위해서는 서버 가상화 기술에 관해서 잘 알아야겠죠? 지금부터 서버 가상화를 대표하는 제품들이 공통으로 지원하는 기술을 설명해 드릴게요.

[땡굴이] 서버 가상화 제품은 생각보다 정말 많아요. 하지만, 벤더별 제품들이 보유한 기술은 거의 유사해요. 제품의 가상화 형태는 조금씩 다르더라도 궁극적으로 서버 가상화 제품들이 지향하는 바가 거의 비슷하기 때문에 그렇다고 생각해요.

[개구루] 우선, CPU부터 이야기를 시작하겠습니다. 베어메탈 서버로 TA(Technical Architecture)를 설계하다 보면 운영 시점의 비용 최소화를 위해서 규모가 큰 서비스를 중심으로 작은 서비스들을 통폐합하는 경향이 있어요. 하지만, 서버 가상화 기술을 적용하여 설계할 경우 호스트 서버 한 대에 게스트 운영체제를 분리하여 애플리케이션별로 최대한 분리해 고립시켜 주는 것이 유리합니다. 왜냐하면, 분리된 애플리케이션들은 각각의 게스트 운영체제 내에서 인프라 자원을 할당받기 위한 경합을 회피할수 있고, 운영체제를 각 애플리케이션에 맞도록 최적화하여 운영할 수 있기 때문에 서비스 안정성도 좋아지게 되지요.

[땡굴이] 가상 시스템별로 CPU를 몇 개를 할당해야 하는지도 항상 고민돼요.

[개구루] 그 질문의 답을 찾기 위해서는 수행되는 애플리케이션이 다중 스레드를 요구하는지 단일 스레드만 사용하는지를 확인하는 것부터 시작해야 합니다. 다음으로, 다중 스레드 애플리케이션이면 몇 개의 코어를 사용할 때 가장 성능이 좋은지를 정확히 분석해야 하죠. 이러한 활동을 워크로드 분석이라고 하며, 이렇게 조사한 결과를 기준으로 가상 CPU 자원을 할당해야 합니다.

땡굴이 님. 외부에서 IT 교육을 받을 때 교육 환경을 보통 가상화 환경에 구축하잖아요. 그때 CPU 리소스를 어떻게 할당받았나요?

땡굴이 교육을 받을 때는 1코어 CPU를 할당해 주던데요?

개구루 아마 단일 스레드 애플리케이션을 주로 구동하는 교육일 것 같네요. 그럴 경우에는 코어가 1개라도 충분하거든요.

땡굴이 그렇다면 애플리케이션의 코어 사용량은 어떻게 확인하나요?

개구루 애플리케이션 개발자와 인터뷰를 우선 진행하고 실제로 테스트해 보는 것이 중요합니다. 사용량을 분석할 때는 CPU 코어별로 분석해 보면 최적의 CPU 할당량을 유추해 볼 수 있습니다.

땡굴이 CPU 코어별 사용량은 어떻게 확인할 수 있지요?

개구루 운영체제 모니터링 툴을 보시면 알 수 있지요. 윈도우 서버의 윈도우 리소스 모니터나 리눅스의 top 명령어가 대표적입니다. CPU 사용량을 분석할 때 각 코어의 평균값으로 CPU 사용량을 분석하게 되면 가상 시스템 디자인에 오류가 발생할 수 있습니다. 예를 들어, 8코어를 할당해 두었고 시스템의 CPU 사용률이 최대 25%라고 할 때, 단일 스레드 프로그램 2개만 수행되어 2개의 코어만 100%를 사용해서 25%일 수도 있고, 다중 스레드 프로그램 1개가 4개의 스레드로 분산 수행되면서 4개의 코어를 50%씩 사용해서 25%일 수도 있습니다. 이 경우 전자는 가상 CPU를 2개만 할당해도 충분하고, 후자는 가상 CPU를 4개를 할당해 주는 것이 유리하겠죠.

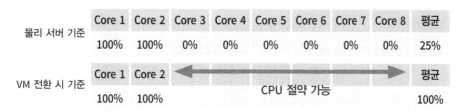

물리 서버 기준	Core 1	Core 2	Core 3	Core 4	Core 5	Core 6	Core 7	Core 8	평균
	100%	100%	0%	0%	0%	0%	0%	0%	25%

VM 전환 시 기준	Core 1	Core 2	←——— CPU 절약 가능 ———→	평균
	100%	100%		100%

다중 스레드 프로그램 1개가 2개 코어만 100% 사용할 때 VM 전환 시의 이점

코타나 이해를 돕기 위해서 회사 임직원 VDI(Virtual Desktop Interface)를 구성했던 사례를 설명해 드릴게요. 임직원 1명당 1개의 VM을 할당했는데, VM별로 할당한 가상 CPU는 1개였어요. 회사의 임직원 데스크톱 표준 환경이 윈도우이고 임직원이 주로 쓰는 애플리케이션은 오피스이기 때문에 단일 스레드로도 충분한 성능을 확보할 수 있으므로 가상 CPU를 1개로 할당했었죠. 그리고 물리 CPU 대 가상 CPU의 비율이 2.17 대 1 정도였습니다. 사용자별로 사용률도 다르고 주사용 시간대도 다르기 때문에 CPU 오버커밋(overcommit) 비율을 2배수 이상으로 설계했어요. 다만, 단일 스레드 프로그램들의 수행 속도를 높이기 위해서는 가상 CPU 1개의 처리 성능을 최대한 높였어요. 따라서 물리 설계할 때 물리 CPU를 클록 속도가 높은 것으로 결정했고, 도입할 때는 클록 속도와 비용이 서로 연계되어 있기 때문에 가성비를 고려했습니다.

코타나 CPU와 메모리 모두 오버커밋이 가능하죠?

개구루 네. 오버커밋(overcommit)이란, 물리적인 용량 한계를 넘어서 할당하는 개념 이죠. 예를 들어볼게요. 식당 테이블 의자가 10개가 있을 때 점심시간에 30명의 사람 들이 식사를 하기로 예약되어 있다면 예약 비율이 300%인 거죠. 이처럼 초과 예약하 는 개념을 오버커밋이라고 생각하시면 됩니다. 물론, 동시에 많은 사람이 몰려오면 줄 을 서서 기다렸다가 먹어야 하는 것처럼 오버커밋 비율이 높으면 자원 경합에 의한 성 능 지연 현상이 발생할 수 있겠죠.

코타나 아무래도 개구루 님께서 말씀하신 내용 때문에 회사의 주된 사업 영역에 도 입하기보다는 개발 서버나 신규 사업군 또는 성능에 민감하지 않은 사업에 서버 가상 화 기술을 많이 도입합니다.

② 메모리 가상화 기술

(개구루) 이제 메모리입니다. CPU처럼 메모리도 오버커밋이 있습니다. 다만, CPU는 시간을 소비하는 개념이라서 기다리면 언젠가는 처리 순번이 돌아오지만, 메모리는 공간을 차지하는 개념이기 때문에 먼저 메모리 공간을 차지한 VM이 메모리를 해제하거나 재기동하기 전까지는 메모리 공간을 할당받지 못해서 처리되지 못하고 기다리는 VM이 발생하게 됩니다. 물론, 기다린다고 해서 VM의 메모리 할당 성공이 보장되지 않기 때문에 CPU보다 더 보수적으로 설계해야 합니다.

메모리 오버커밋

(땡굴이) 보수적이라는 것은 오버커밋 비율을 더 낮게 잡아야 한다는 뜻이죠?

(코타나) 제가 수행했던 사업들에서는 메모리는 오버커밋하지 않았습니다. 메모리가 부족한 상황에서는 SWAP이 발생하고, 메모리가 부족한 하이퍼바이저상의 모든 VM의 성능이 저하되는 현상이 있었거든요.

(개구루) 또한, 최근에 서버 시스템 대부분에서 사용하고 있는 운영체제인 리눅스는 디스크보다 상대적으로 매우 빠른 자원인 메모리에 최대한 많은 데이터를 미리 적재하고 사용하는 구조예요. 그렇게 하고도 남아 있는 메모리가 있다면 파일 캐시로 최대한 활용하여 성능을 극대화하고자 합니다. 따라서 메모리를 오버커밋하면 필연적으로 물리 메모리를 초과하여 사용하게 되기 때문에 이때 하이퍼바이저는 디스크 디바이스를 메모리처럼 사용합니다.

(코타나) 네, 그렇죠. 그래서 CPU 오버커밋은 허용했지만, 메모리는 오버커밋을 제한하였죠.

(개구루) 서버 가상화 기술이 계속 발전하면서 메모리 측면에서도 물리 메모리 한계

를 넘어서기 위한 많은 기술이 나왔습니다. 처음으로 소개해 드릴 기술은 스토리지 시간에 이미 이야기를 나눴던 씬 프로비저닝입니다. VM에는 가상 메모리 주솟값을 할당하고 VM에서 실제로 메모리를 사용할 때 물리 메모리를 조금씩 할당해 주는 방식입니다. 아무래도 메모리 사용률에서는 효율적이겠지만, 메모리 단편화가 발생하는 단점이 있습니다. 다음으로 벌룬 드라이버(balloon driver)입니다. 땡굴이 님, 풍선 효과라고 들어보셨죠?

[땡굴이] 저를 뭘로 보고… 범죄 용어잖아요! 한 유형의 범죄를 단속했더니 다른 유형의 범죄가 늘어나는 현상이죠.

[개구루] 범죄 용어인지 몰랐는데, 역시 땡굴이 님이시네요. 저는 풍선 한쪽 부분을 누르면 다른 쪽 부분이 부풀어 오르는 형상을 말씀드리려고 했는데… 벌룬 드라이버도 이 형상을 생각하시면서 이해하시면 좋을 것 같습니다. 벌룬 드라이버는 VM에 할당된 메모리 전체를 풍선이라고 생각하시고, 한쪽(물리 메모리로 할당된 메모리 영역)을 꽉 쥐면(줄이면) 자연스럽게 다른 한쪽(디스크로 할당된 메모리 영역)이 부풀어서 공기(VM 메모리)가 한쪽(물리 메모리 영역)에서 다른 한쪽(디스크 할당 영역)으로 이동하는 것을 생각하시면 됩니다. 공기가 자연스럽게 위치 이동이 되는 것처럼 메모리도 자연스럽게 물리 메모리와 디스크 간에 상호 이동을 하면서 전체 크기가 유지되는 것이죠.

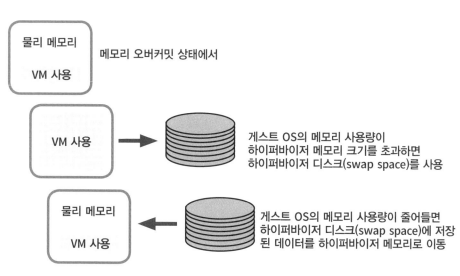

벌룬 드라이버(하이퍼바이저 SWAP)

(땡굴이) 리눅스의 스왑(SWAP) 메모리와 비슷한 것 같은데요?

(개구루) 네. 리눅스의 스왑과 같은 기능입니다. 그래서 하이퍼바이저 SWAP이라고도 하죠. 다만, 스왑은 운영체제 내에서 메모리의 위치가 전환되는 개념이라면 벌룬 드라이버는 하이퍼바이저가 전체 게스트 운영체제를 대상으로 하는 스왑입니다.

(땡굴이) 그러면 리눅스의 스왑은 최근에는 사용하지 않았던 메모리(inactive memory) 저장 영역으로만 사용하는 것처럼 메모리 접근 빈도가 낮은 VM의 메모리일수록 디스크를 활용한 메모리에 상주할 확률이 높겠군요.

(개구루) 그러한 특성이 하이퍼바이저 내의 전체 VM에 대한 성능을 향상시켜 줍니다. 다음으로, COW(Copy on Write, 카피온라이트) 기술입니다. 이 기술 또한 스토리지 영역에서 언급되었는데, VM을 복제하여 사용하는 경우 메모리를 동일하게 복제하면 2배의 메모리가 필요하므로, 복제하지 않고 2개의 VM이 동일한 메모리 영역을 참조하다가 데이터가 변경되는 시점에서 새로운 메모리를 할당하여 사용하는 것입니다.

(코타나) 메모리를 압축하는 기술도 있죠?

(개구루) 압축 캐시라고 하는데요. 압축 캐시는 VM에서 메모리를 사용할 때 VM과 물리 메모리 사이에 별도의 캐시 메모리를 두고, 그 캐시에 데이터를 임시 저장한 후 압축해서 실제 물리 메모리에 저장하는 기능입니다. 당연히 디스크 디바이스를 사용한다는 한계를 가지고 있는 벌룬 드라이버보다 빠르겠죠. 다만, 파일 압축할 때처럼 데이터의 형태에 따라서 압축률이 다르고, 데이터를 압축 및 해제하기 위해 지속적으로 연산하기 때문에 CPU를 많이 사용한다는 단점이 있습니다. 다시 얘기해서, CPU를 사용해서 메모리를 늘리는 것이라고 보면 되겠네요.

3 스토리지 가상화 기술

(개구루) 이제 VM 스토리지 기술에 대해서 말씀드리려고 해요. 서버 가상화 환경을

구성할 때는 대체로 공유 스토리지를 사용합니다. 그중에서도 SAN 방식의 공유 스토리지를 많이 선택합니다. 왜 그럴까요?

코타나 가용성 확보 때문이죠. VM의 경우 하드웨어 구성 정보부터 운영체제와 애플리케이션 데이터까지 모두 스토리지에 저장되기 때문에 공유 스토리지로 구성하면 스토리지를 공유하고 있는 하이퍼바이저 간에 VM을 이동시키면서 가용성을 확보할 수 있어요.

땡굴이 NAS 방식의 스토리지로도 사용할 수 있는 건가요?

개구루 물론, 가능합니다. FC-SAN 방식뿐만 아니라 NFS와 iSCSI 모두 가능합니다. 다만, 경험적으로 볼 때 NFS를 사용하는 호스트보다 FC나 iSCSI를 이용하는 호스트에서 스토리지 성능 지연 현상이 더 드물게 발생합니다.

땡굴이 그 현상은 서버 가상화 환경뿐만 아니라 베어메탈 서버 환경에도 적용되는 이야기 같네요.

개구루 그렇죠. 그러면 호스트 서버에 할당된 디스크 장치를 VM이 사용할 수 있도록 할당하는 방법은 뭐가 있을까요?

코타나 디스크를 하이퍼바이저가 관리하는 파일 시스템으로 만들어서 파일 시스템에 이미지 파일을 생성하여 VM에 매핑시켜 주는 방식과 하이퍼바이저에서는 스토리지로 연결되는 경로만 관리해 주고 블록 디바이스(block device) 형태로 VM에 매핑시켜 주는 방식이 있죠.

> **용어** **블록 디바이스**
> 실린더-헤더-섹터 방식으로, 물리적 데이터 주소를 사용하여 블록 단위로 데이터를 저장/조회하는 디스크 장치를 의미합니다.

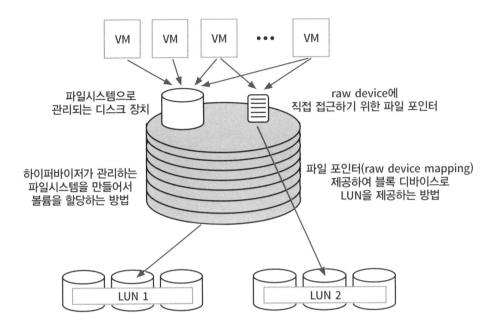

VM에 디스크 장치 할당하는 방법

（개구루） 스토리지 시간에 다뤘던 내용과 같은 데이터 중복 제거(data deduplication)라는 기술도 있습니다. VM의 특성상 복제된 VM이 많을수록 중복 제거율이 매우 높아지는 장점이 있습니다. 다만, 중복 제거율이 높아질수록 중복된 데이터 영역에 대한 접근이 많아진다는 의미이므로 그와 반비례하여 성능이 하락하게 되는 단점이 있습니다. 이를 보완하기 위하여 중복 제거가 된 데이터 영역에 대한 접근은 캐시를 최대한 활용하도록 하는 아키텍처를 적용하기도 합니다. 그 외에 RAID 및 씩(thick) 프로비저닝, 씬(thin) 프로비저닝 등의 기술이 있는데, 이미 스토리지 편에서 충분히 다뤘던 내용이기에 여기선 다루지 않도록 할게요.

코타나 데이터 중복 제거는 기업 환경에서 임직원 대상으로 복제된 가상 데스크톱 환경(Virtual Desktop Infrastructure, VDI)을 제공하는 경우에 있어서 가장 비용 효율적인 아키텍처가 될 것 같네요. 그 밖에 VM 간의 스토리지 접근 우선순위를 조절하는 QoS 기능도 있습니다. 이 기술은 모든 자원이 한순간에 고갈되는 것을 방지하기 위해서 사용합니다. 또, 티어드 스토리지 서비스(Tiered Storage Service)가 있는데요. 골드, 실버, 브론즈 등의 서비스 레벨을 만들고 사용자 요구사항과 비용에 맞는 스토리지를 할당하는 서비스입니다. 보통, 퍼블릭 클라우드에서 많이 사용되고 프라이빗 클라우드에서는 거의 안 쓰이는 기술이죠. 국내에서는 퍼블릭 클라우드에 데이터를 저장하는 것을 법적으로 제재하고 있는 산업이 많기 때문에 거의 사용되지 않아요.

[땡굴이] 그 법적 제재가 풀려야만 클라우드로의 급격한 이동이 있을 것 같아요. 또한 비용 효율성이 높아야 하는데, 네이버나 KT 정도의 자금력이 있어야 규모의 경제를 달성하지 않을까 생각합니다.

4 네트워크 가상화 기술과 VM 복제 기술

[개구루] 이번엔 네트워크 구성 방식을 이야기하려고 해요. 서버 가상화 환경을 설계할 때 선택 가능한 네트워크 구성 방식은 크게 두 가지예요. 하나는 외부와 통신이 가능한 외부 네트워크, 다른 하나는 외부와 통신이 불가한 내부 네트워크입니다. 외부 네트워크는 하이퍼바이저 밖의 네트워크에 연결하기 위해서 사용하고, 내부 네트워크는 서버 가상화 환경 내의 서버들 간의 통신 환경을 제공하기 위해 사용해요.

[코타나] 외부에 접속할 때 네트워크 주소는 어떻게 되나요?

[개구루] 네트워크 연결 방식에 따라 다른데, 브리지드 네트워크 또는 네트워크 브리지라고 불리는 방식으로 연결하면 주소 자원을 외부 네트워크로부터 할당받고 호스트 서버와 동일한 수준에서 외부 네트워크와 통신합니다. 다음으로, 네트워크 주소 변환(Network Address Translation, NAT) 방식으로 연결하면 외부 네트워크와 분리된 내부 네트워크 주소를 할당받고 호스트 서버와 별도의 네트워크를 구성하게 되죠. 따라서 외부와 통신할 때 호스트 서버의 IP 주소로 변환하여 통신하거나 외부 네트워크로부터 별도로 IP를 할당받아서 IP 주소를 변환하면서 통신하게 됩니다.

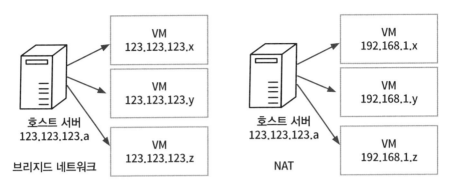

브리지드 네트워크, NAT

코타나 일반적인 네트워크 기술을 이용하는군요.

개구루 내부 네트워크라고 해서 특수한 목적으로 외부 접근이 불가능한 네트워크를 구성할 수도 있어요. 다만, 가상화 네트워크를 구성할 때 반드시 고려해야 할 것이 있습니다. 서버 가상화 환경이 구축되면 네트워크 복잡도가 올라가기 때문에 장애 원인 분석이나 악의적인 공격에 대한 패킷 포렌식이나 공격 차단을 위한 네트워크 자원 제어가 가능하도록 IP를 구성해야 합니다.

> **용어** **디지털 포렌식(digital forensics)**
> 디지털 증거물을 활용하여 수사에 활용하는 것을 말합니다.

코타나 서버 가상화 환경을 제대로 설계하고 구축한다는 것이 쉽지는 않네요.

개구루 아직도 설명해 드릴 것이 더 남아 있어요. 마지막으로, VM 템플릿과 복제 그리고 스냅샷입니다. VM의 가장 큰 장점 중 하나가 하드웨어 구성부터 애플리케이션까지 모두 데이터로 저장된다는 거죠. 따라서 잘 만든 VM으로 템플릿을 만들어서 필요할 때마다 배포하는 방식의 구성이 가능합니다. 이 기능은 다음 파트에서 소개해 드릴 클라우드를 가능하게 하는 핵심 기술이죠. 또한, 같은 VM을 하나 더 만드는 복제 기술과 VM의 시점별 이미지 데이터를 만드는 스냅샷이라는 기술이 있습니다. 이 기술들을 사용할 때는 스토리지 HBA 포트 주소나 NIC MAC 주소, 그리고 IP 자원과 같이 절대 충돌이 발생하면 안 되는 자원에 대한 관리 방안이 설계 단계에서부터 고려되어야 합니다.

코타나 VM이 복사되면 하이퍼바이저가 VM을 기동할 때 이동한 것인지 복사한 것인지 물어보던데, 복사했을 경우 발생 가능한 주소 자원 충돌 현상을 방지하기 위해서 그랬나 보군요. 저는 VMware의 V-motion 기능을 사용해 봤던 사례를 덧붙일게요. V-motion은 공유 스토리지를 사용하는 하이퍼바이저 간에 VM을 실시간 이동하는 기술입니다. 따라서 가장 중요한 점이 VM의 메모리를 실시간으로 복제하는 것이기 때문에 시스템이 매우 바쁜 상태라면 그만큼 네트워크를 통한 메모리 복제량이 많아지고, 그래서 한계 용량이 초과되면 V-motion이 실패하게 됩니다. 따라서 이 점을 고려하여 V-motion 기능을 이용한 작업 설계를 하셔야 해요.

07

클라우드,
IT 인프라를 서비스로

SECTION 01 | 클라우드

1 클라우드의 역사

(개구루) 이번에는 클라우드입니다. 코타나 님은 클라우드 용어의 유래에 대해서 알고 계신가요?

(코타나) 인터넷 공중망을 표기하는 도식으로 사용하던 구름 모양에서 나온 걸로 알고 있어요. 미국에서 인터넷의 시초라고 불리는 ARPANET(알파넷)과 CSNET에서 처음 사용했던 용어지요. 그리고 개념을 확립했던 사람은 2006년에 구글 직원이면서 오픈소스 빅데이터 업체인 클라우데라의 설립자인 '크리스토프 비시글리아(Christophe Bisciglia)'라고 해요.

> (용어) **ARPANET(Advanced Research Projects Agency Network, 알파넷)**
> 미국 국방부에 의해서 최초로 시작되었고, 인터넷의 시초로 불리며, TCP/IP 프로토콜 규격을 따르는 패킷 교환 방식의 네트워크였습니다.

> (용어) **CSNET(Computer Science Network)**
> 1981년에 미국에서 시작되었으며, ARPANET에 직접 접속할 수 없는 교육 기관들이 주로 사용하였습니다.

(개구루) 역시 준비되어 있는 전문가 코타나 님답네요. 역사도 설명해 주시면 좋겠어요.

(코타나) 점점 더 어려운 질문이 오는군요. 하하! 클라우드의 개념에 관해서 처음 제시했던 사람은 존 메카시(John McCarthy)입니다. 앞으로의 세상은 '컴퓨팅 환경이 공공

시설을 쓰는 것과도 같을 것이라고 했죠. 물론, 그 이후 많은 시간이 흘러서 20세기가 끝나갈 시점이 되어서야 가상화 기술의 발전과 함께 다시 클라우드가 조명받기 시작했어요. 그리고 서서히 시범 서비스를 구축하는 회사들이 나옵니다. 대표적인 회사가 General Magic이라는 회사인데요. 통신사와의 제휴를 통해 1995년부터 클라우드 서비스를 시작합니다. 하지만, 기술이나 환경 그리고 사람들의 인식이 성숙하지 않은 상황이었죠. 당연히 큰 성공을 이루진 못했습니다. 반면에 구글의 자원과 기술력을 활용할 수 있었던 크리스토프 비시글리아는 컴퓨팅 자원을 효율적으로 활용하기 위한 방안으로 클라우드 개념을 다시 제시하고 구글의 지원하에 실행했습니다. 그리고 2006년에 아마존닷컴이 AWS(Amazon Web Service)라는 클라우드 컴퓨팅 서비스를 시작하였습니다. 클라우드에서는 AWS를 빼놓고 이야기할 수가 없는데요. AWS의 연이은 성장과 성공으로 클라우드로 진짜 돈을 벌 수 있다는 것을 전 세계의 글로벌 IT 기업들이 알게 되었죠. 자연스럽게 클라우드에 대한 관심도 급격하게 높아지고, 이제는 수많은 공룡 IT 기업들이 서비스를 하고 있지요.

[개구루] 그렇게 주목받고 있는 클라우드를 모두가 잘 활용할 수 있으면 좋겠다는 마음을 담아서 클라우드가 무엇인가부터 시작하도록 하겠습니다.

2 클라우드의 정의

[코타나] 개구루 님이 이제 좀 설명해 주시죠. 클라우드의 정의부터 정리해 주시는 것이 어떨까요?

[개구루] 정리하기가 쉽지 않겠군요. 하하! 그래도 한번 해 볼게요. '인터넷 기반의 웹 소프트웨어로 서비스를 제공하고, 실시간 확장성을 보장하며, 사용한 만큼 비용을 부과한다.'

[코타나] 좀 딱딱하네요. 너무 함축하신 것 같은데, 각 단어의 의미를 좀 풀어서 설명해 주세요.

`개구루` 클라우드에서 가장 중요한 것은 접근성입니다. 당연히 서비스에 접근하고 사용하기가 편해야죠. 누구든지 가장 직관적으로 쉽게 이용할 수 있는 것이 아무래도 웹 환경이잖아요. 그래서 클라우드는 인터넷 기반 환경에서 가장 접근성이 높은 방식인 웹 애플리케이션 방식을 사용합니다. 웹에서 손쉽게 리소스를 확인하고 할당하고 회수할 수 있는 사용자 환경이 구성되어야겠죠.

`코타나` 누구나 쉽게 이용할 수 있어야 한다는 거군요.

`개구루` 예를 들어볼게요. 카페 테이블에 앉아서 개발한 애플리케이션을 배포 버튼을 누른 후 커피 받으러 갔다 옵니다. 그러면 전 세계 누구나 이용 가능한 웹 애플리케이션으로 배포가 끝나 있는 거죠. 이 정도의 쉬운 접근성을 가지고 있어야 합니다.

`땡굴이` 그게 가능한가요?

`개구루` 물론, 가능하죠. 하하! 두 번째는 확장성 보장입니다. 그리드 컴퓨팅 개념을 이해하고 계신 분들이라면 쉽게 받아들일 수 있는 개념인데요. 클라우드 사업자의 글로벌 데이터 센터에서 수많은 인프라 리소스가 서로 연결되어 사용자의 위치에 구애받지 않고 사용자가 원하는 만큼의 무제한 컴퓨팅 용량을 언제 어디서든지 제공하는 것입니다. 짧게 정리해서, 무제한의 용량을 언제 어디서든 이용할 수 있어야 한다고 알고 계시면 될 것 같아요.

`개구루` 개념적으로 완벽한 클라우드 서비스는 소규모 IT 업체 혼자서는 구축이 거의 불가능하겠군요.

`개구루` 아무래도 그럴 수밖에 없을 것 같아요. 마지막으로, 사용량의 측정과 비용의 부과입니다. 이 개념은 유틸리티 컴퓨팅이라고도 해요. 이 사상은 매우 쉽게 설명할 수 있어요. '전기료처럼 얼마큼 썼는지 측정해서 쓴 만큼 부과한다.'로 이해하시면 되거든요. 전기료도 누진세가 있듯이, 클라우드 서비스 제공자와 계약을 어떻게 했느냐에 따라서 부과 방식은 매우 다양할 수 있습니다. 월 정액제가 될 수도 있고, 용량 초과 사용 시 누진 적용이 될 수도 있고, 방식은 다양합니다.

땡굴이　정의는 많은 사람이 하죠. 클라우드라는 개념이 어떻게 보면 워낙에 많은 기업이 상업적 목적으로 포장해서 이야기하고 있기 때문에 복잡해지는 것 같아요. 하지만, 실제로 깊게 들여다보면 고도로 가상화된 인프라스트럭처일 뿐이지 않느냐는 의견도 많이 있습니다. 이 시간을 통해서 가상화와 무엇이 다른지 실체에 다가가 보는 시간이 되면 좋을 것 같아요.

개구루　제가 지금까지 말씀드린 것도 위키디피아, IBM, 포레스트 리서치 등의 글로벌 컨설팅 회사와 사전에서 나온 내용을 바탕으로 재구성한 특징 및 정의입니다. 모든 업체가 쉽게 표현하면 좋을 텐데 어렵게 설명하더라고요. 그냥 '돈만 지불하면 언제 어디서나 쉽고 빠르게 기능이나 자원을 서비스해 주는 것이 클라우드다.' 이렇게 설명해 주면 좋을 텐데요.

클라우드 서비스

1 클라우드 서비스 유형

코타나   일반인들이 접하게 되는 클라우드하고는 좀 의미가 다른 것 같아요. 일반인들이 듣거나 느끼는 클라우드는 인터넷으로 이용하는 저장 장치 정도죠.

개구루   아무래도 우리나라에서 제공하는 클라우드 서비스 중에서 가장 대중적인 서비스가 T 클라우드, 네이버 클라우드, iCloud와 같은 인터넷 기반 저장 장치죠.

코타나   USB 저장 장치를 사서 주머니에 넣고 다니지 않아도 된다는 것이 정말 편리해요.

개구루   인터넷만 연결하면 웹을 통해서 언제 어디서나 이용할 수 있고, 필요할 때 바로 저장하고, 용량이 부족하면 추가 비용을 내고 확장할 수 있잖아요. 이와 같은 클라우드 저장 장치 서비스를 'Storage as a Service'라고 하죠. 여기서 'as a Service'라는 표기는 클라우드 서비스를 의미하고, 그 앞에 붙은 명사인 'Storage'가 서비스의 유형을 의미합니다.

코타나   Storage as a Service라는 표현은 처음 듣네요. 보통 IaaS, PaaS, SaaS를 많이 이야기하지 않나요?

IaaS, PaaS, SaaS는 IT의 모든 것을 서비스 형태로 웹을 통해 클라우드 고객에게 제공함

개구루 그렇죠. 그 3개의 서비스 중에서도 우리는 인프라 방송이니까 IaaS(Infra as a Service)에 관해서 먼저 이야기할게요. IaaS는 서비스 유형이 'Infra'라고 되어 있는 것처럼 네트워크, 서버, 스토리지에서 운영체제까지 인프라 영역을 서비스 형태로 제공하는 것을 의미합니다. 고객의 입장에서 카탈로그에서 필요한 서버 스펙을 골라서 비용을 내고 사용하는 것이죠.

코타나 IaaS를 제공하는 대표적인 서비스로는 어떤 것들이 있나요?

개구루 글로벌 서비스 업체인 아마존닷컴의 AWS(Amazon Web Services Cloud) EC2나 IBM의 Softlayer가 있고, 국내에서는 SK주식회사 C&C의 CloudZ 등이 대표적인 서비스들이죠. 그 외에 락스페이스(Rackspace)에서 주도하는 오픈소스 프로젝트인 오픈스택(OpenStack)도 있습니다.

다음은 PaaS(Platform as a Service)입니다. 플랫폼이라는 단어가 매우 어렵게 다가올 것 같아요. 여기서 플랫폼은 애플리케이션이 구동할 환경을 의미하고, 그 환경에 대해서는 개발자가 전혀 관여하지 않아도 되는 수준의 서비스를 제공하는 것을 PaaS라고 해요.

땅굴이 개발자와 직접적인 관련이 있는 서비스군요.

개구루 인프라를 전혀 모르는 개발자가 인프라 담당자 없이 서비스를 직접 운용할 수 있도록 해 주는 것이죠. 하지만, 인프라를 몰라도 된다는 장점이 있는 반면에 인프라 엔지니어의 개입이 불필요한 아키텍처만 가능하다는 게 한계점이 되기도 합니다. 따라서 메모리에 직접 접근하게 되는 C-native 프로그램들은 이용할 수가 없습니다. 앞서 말씀드렸던 AWS와 CloudZ가 모두 PaaS까지 제공하죠.

코타나 그동안 제가 봤던 PaaS는 자바 가상 머신 기반에서 수행되는 애플리케이션만 구동되더라고요.

개구루 네, 맞아요. 자바나 자바스크립트 기반의 소프트웨어들만 가능하다고 보시면 될 것 같아요. 마지막으로, SaaS(Software as a Service)입니다. PaaS가 개발자 관점에서의 클라우드 서비스라고 하면, SaaS는 업무 담당자 관점의 클라우드 서비스입니다.

땡굴이　이제 개발자도 넘어갔군요. 개발자도 필요 없는 시대가 되는 건가요.

개구루　하하! 그건 아니죠. SaaS도 개발해야 하니… SaaS는 개발자 없이 사용자 환경에 최적화된 소프트웨어를 제공하는 것을 목표로 합니다. 따라서 업무 담당자가 서비스 카탈로그에서 선택한 기능으로 구성된 소프트웨어를 사용하고, 사용한 기능에 대한 비용만을 지불하면서 이용할 수 있는 장점이 있는 반면, 기존 레거시 시스템과의 통합을 위한 인터페이스 개발 등은 지원하지 않아요. 그래서 SaaS로의 전환은 관련된 시스템을 한 번에 전환하는 빅뱅 방식의 전환이 필요하다는 단점이 있습니다.

코타나　기존 레거시 환경이 크면 클수록 전환하기가 어렵겠네요. 우리나라에서 가장 규모가 큰 삼성전자 ERP 시스템에 세일즈포스의 SaaS가 도입된다고 하던데, 어떻게 진행될지 궁금하네요.

2 클라우드 서비스 특성

개구루　이번에는 클라우드 서비스의 특성을 알아봅시다. 아무래도 우리 방송이 인프라 방송이니까 IaaS 기준으로 이야기할게요. 가장 기본은 인프라 담당자가 필요한 시점에 즉시, 그리고 언제나 서버, 스토리지와 네트워크 같은 인프라 자원을 만들 수 있다는 점(On-demand Self-service)입니다.

땡굴이　예전에는 서버를 구매, 도입, 구축의 단계를 거쳐야만 쓸 수 있었죠.

개구루　그리고 광대역 네트워크 접근(Broad Network Access)이라고 해서 웹 기반으로 어디서나 접근하여 관리할 수 있습니다.

다음으로, 리소스 풀링(resource pooling)이라는 특성이 있습니다. 스토리지, 프로세서, 메모리, 네트워크 등의 인프라 자원(리소스)들을 분할하여 풀을 만들고, 시스템 성능 목표를 충족할 수 있는 양만큼 가져다 쓸 수 있습니다.

다음으로, 민첩한 탄력성(rapid elasticity)입니다. 평소에 들어오는 트래픽에 맞도록 인프라 자원(리소스)을 할당하여 사용하다가 지정한 임계치 이상으로 트래픽이 폭주할 때 그 수요에 맞춰 자동으로 인프라 자원을 추가 할당함으로써 트래픽에 기민하게 대응할 수 있도록 합니다. 반대로, 하한 임계치 밑으로 일정 시간 이상 트래픽이 유지되면 불필요한 자원을 정리하여 인프라 자원이 최소한으로 유지될 수 있도록 합니다.

코타나 최근에는 오토 스케일링(auto scaling)이라는 표현으로 사용되고 있어요.

개구루 클라우드를 이용하는 대부분의 애플리케이션이 JVM(Java Virtual Machine) 기반의 자바 애플리케이션이고, JVM에서 객체를 저장하는 힙(heap) 메모리는 실시간으로 늘리기 어렵기 때문에 스케일 업(scale-up) 방식의 인프라 자원 추가는 거의 불가능해요. 그리고 새로운 인스턴스를 구동하는 스케일 아웃(scale-out) 방식의 리소스 증설을 하고 나면, 온라인에서 정리해 나가는 것은 사실상 불가능하기 때문에 인스턴스를 실시간으로 종료하는 스케일 인(scale-in)도 불가능하다고 보시면 됩니다. 물론, 한 번 늘려 놓은 인프라 자원을 온라인에서 회수하는 것도 어렵기 때문에 스케일 다운 (scale-down)도 거의 불가능합니다.

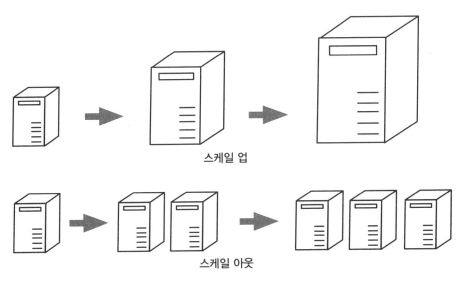

스케일 업

스케일 아웃

스케일 업 방식 vs 스케일 아웃 방식

코타나 민첩한 탄력성이 강조될수록 중요해지는 것이 사용량 측정인 것 같아요.

개구루 그 부분도 클라우드의 중요한 특성입니다. 사용량의 측정과 모니터링을 통해서 시간 단위로 변하는 사용량에 대한 정확한 비용 청구, 클라우드 자원에 대한 유지/보수/증설 계획 수립을 위한 표본 데이터를 추출하고, 트래픽에 따른 인프라 자원의 할당과 회수를 할 수 있게 됩니다.

지금까지 다섯 가지 특성을 말씀드렸는데, 이 다섯 가지 특성을 만족했을 때 우리는 클라우드 서비스라고 지칭합니다.

탱굴이 비용을 부과하는 방법에도 여러 가지가 있을 것 같아요. 러닝 타임이나 패킷 사이즈, 데이터 사이즈 등…

코타나 CPU, 메모리, 스토리지는 카탈로그에 포함된 기본 서비스는 기간제로 이용료를 부과하고, 증설이나 회수 단위도 카탈로그에 포함되어 있어서 시간 단위로 부과합니다. 추가로, 네트워크의 경우에는 대용량 시스템은 회선 용량을 기준으로 부과하고, 일반적인 중소형 시스템은 주고받는 패킷의 양을 기준으로 부과하는 것이 보통입니다.

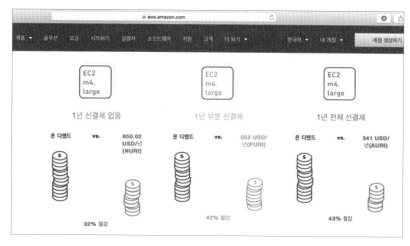

새로운 아마존 AWS 서비스 비용 부과 정책인 선결제

`개구루` 네. 1, 2년 전까지는 코타나 님이 말씀하신 부과 방식이 대세였으나 최근 아마존이나 IBM에서는 다양한 서비스 정책을 내놨습니다.

`코타나` 사용률 기반으로요?

`개구루` 네, 맞습니다. 그래서 허들이 있어요. 그 허들 내에서 사용할 때는 기본요금을 내고, 넘어가면 사용한 양만큼 매우 세밀하게 측정하여 부과하게 되어 있어요. 우리나라 이동통신 데이터 요금 체계랑 비슷해요. 데이터 요금제를 사용하면 데이터 기본 제공량이 있고, 실제 사용한 네트워크 패킷량이 기본 제공량을 넘어가면 요금이 추가로 계산되는 것처럼 IaaS에도 그렇게 하는 거죠.

3 클라우드 서비스 제공 모델

`개구루` 코타나 님. 클라우드 서비스 제공 모델에 관한 소개를 부탁드릴게요.

`코타나` 클라우드 서비스 제공 모델은 매우 다양하고 계속해서 발전하고 있죠. 아마존 AWS와 같이 비용만 내면 누구든지 사용할 수 있는 퍼블릭 클라우드가 있고, 정부나 대기업들이 자체적인 클라우드 센터를 만들고 이용하는 프라이빗 클라우드가 있습니다. 어떤 경우에는 프라이빗 클라우드와 퍼블릭 클라우드를 연동하여 구축하는 하이브리드 클라우드도 있습니다.

`개구루` 퍼블릭 클라우드와 프라이빗 클라우드를 구분 짓는 것은 대단히 쉬워요. 딱한 가지만 보면 됩니다. '누가 구축했는가?' 클라우드 서비스를 이용할 업체가 직접 구축했다면 프라이빗 클라우드이고, 별도의 서비스 제공 업체가 구축했다면 퍼블릭 클라우드입니다. 인터넷(공중망)으로 접근 가능 여부를 두고도 나누는 경우가 있으나, 퍼블릭 클라우드 센터와 레거시 시스템 간에 전용망을 연결하는 경우도 있기 때문에 앞서 설명해 드린 것처럼 제공 업체와 이용 업체의 관계를 중심으로 나누는 것이 합리적이죠.

레거시(legacy) 시스템
새로운 것으로 대체되었거나 대체될 예정인 오래된 기술, 방법론, 컴퓨터 시스템, 소프트웨어 등을 말합니다.

땡굴이 보안 측면에 대해서도 빼놓을 수 없는 문제죠?

개구루 퍼블릭 클라우드를 사용하게 된다면, '인프라 구축 및 제공 업체'와 '사용자 서비스 구축 및 제공 업체'가 서로 다르기 때문에 고객정보가 필요한 사업을 클라우드로 하기 위해서는 이 부분에 대해서 고객의 동의를 사전에 받아야 합니다. 하지만, 기존 사업의 경우는 당연히 이 부분에 대한 동의를 추가로 받아야 하는데, 모든 고객에게 동의를 받는 것은 사실상 불가합니다.

땡굴이 그렇다면 퍼블릭 클라우드로의 전환이 거의 불가능하겠네요.

개구루 그래서 프라이빗 클라우드로 전환하는 경우도 있으며, 하이브리드 클라우드를 선택하여 기존 고객의 정보는 프라이빗에 관리하고 신규 고객의 정보는 퍼블릭에 저장하는 형태로 구축하기도 합니다. 그 외에 보안 측면에서 고려할 사항이 하나 더 있습니다. 대부분의 퍼블릭 클라우드 사업자들은 사용자들에게 인프라 작업 권한을 부여하지 않습니다. 따라서 보안 정책 적용과 변경 작업을 직접 수행하는 것이 거의 불가하기 때문에 보안 강화 조치가 제한적일 수밖에 없습니다. 이로 인해 법적 제재를 받는 경우도 발생할 수 있으므로 사전에 잘 확인해야 합니다.

코타나 두 분께서 말씀해 주신 형태 이외에 정부와 같이 매우 큰 조직은 하나의 클라우드 센터로 모든 서비스를 대응하기 어려우므로 ERP용 클라우드, 웹 서비스용 클라우드 등과 같이 여러 개의 클라우드로 분산하여 클라우드를 운용하는데, 이를 커뮤니티 클라우드라고 합니다.

1 클라우드 구축 사례

(개구루) 이제 땡굴이 님과 코타나 님께서 실제 구축 사례에 관해서 말씀해 주세요. 땡굴이 님. 예전에 정부통합전산센터에서 일하실 때 정부 쪽은 클라우드를 어떻게 썼나요?

(땡굴이) 그 당시에는 하드웨어는 블레이드에 VMware의 vsphere ESXi라는 제품과 레드햇의 가상화 솔루션인 KVM 기반의 RHEV(Red Hat Enterprise Virtualization)를 설치했습니다. 이 두 가지 제품으로 VM을 만들고 그 기반으로 클라우드 서비스를 하는 RFP(Request for Proposal)가 2012년에서 13년까지 지속해서 나왔습니다. 내부 사용자용 포털 사이트를 클라우드로 이전하는 사업이 주로 포함되었고, VM이나 레드햇의 가상화 솔루션을 연계해서 수행사가 직접 클라우드 서비스를 제공하기 위한 포털을 구축하는 사업들도 진행되었습니다.

(코타나) 정부에서는 클라우드 서비스를 적극적으로 활용하려는 추세였나요?

(땡굴이) 활용하기 위한 목적보다는 국가적으로 기술력을 확보하는 것을 목표로 정부에서 강하게 드라이브했습니다. 결과적으로 우리가 인프라를 구성할 때, 특히 고가용성 측면에서 구성할 요소들이 많이 있는데, 구축하는 행위 자체에만 초점이 맞추어져 있고 기술력도 부족하다 보니 실제 서비스를 클라우드로 전환했을 때 가용성 측면의 문제가 많이 발생했습니다. 먼저 만들고 그 기반에서 이걸 어떻게 사용할지에 대해 고민했기 때문에 발생한 한계점이라고 생각됩니다. 그 이후 가용성 등의 실제 상황에 대

한 고민이 뒤이어 나오기 시작했습니다. 다행인 것은 지금은 기술 및 사용자 표준이 어느 정도 정해지고 전체적인 구도도 잡힌 상태라고 알고 있습니다.

코타나 2012년부터 2016년까지는 실험적인 사업이었다고 하면, 2017년부터는 정부 통합전산센터를 클라우드로 전환하는 사업을 진행하였죠.

개구루 인터넷 기사를 보니 G-Cloud를 정말 많이 홍보하던데요. 정부통합전산센터를 클라우드화하는 사업인데, 기존에 대전과 광주에 있던 1, 2센터를 클라우드로 전환하고 신규로 짓는 3센터를 클라우드로 짓는다고 해요. 아마도 우리나라에서 가장 큰 규모의 클라우드 사업인 것 같습니다.

정부통합전산센터 클라우드 전환 사업 소개

땡굴이 기업들과 정부에서 2012년부터 2013년 사이에 클라우드 기술에 대한 수많은 시도와 개발이 있었기에 기술 발전이 많이 이루어졌고, 그 기술에 기반을 두고 앞으로도 계속해서 클라우드 전환이 이루어질 것 같습니다.

② 클라우드 전환 방해 요소와 극복 방안

코타나 2012년부터 워낙 열풍이 일어서 클라우드 전환을 안 하면 혁신에서 뒤처지는 것 아니냐는 위기감이 있었죠.

땡굴이 그렇죠. 하지만, 구축했다가 이내 없어지기도 하는 것을 보면 그 흐름 내의 과정 중에 있는 것 같아요.

코타나 점점 정신 차리는 회사들이 나오고 있는 거죠. 이게 트렌드다 해서 덜렁 가져왔는데 쓰기가 어려우니까요.

개구루 완성되지도 않은 개념이었던 것 같아요.

코타나 개념의 완성도보다는 기술 성숙도의 문제가 더 큰 것 같아요. 우리가 사실 수많은 솔루션을 다 도입해 보고 개념도 적용해 보고 하잖아요. 그런데 솔루션을 판매하거나 컨설턴트와 TA(Technical Architect)들에만 기대서 구축하다 보면 운영과 추가 개선이 불가능해지는 상황이 오는 거죠. 따라서 우리가 핵심을 이해하고 구축 이후의 상황을 고려해서 요구사항을 재정의할 수 있어야만 합니다. 또한, 클라우드는 기존의 온프리미스(On-Premise) 서버 구축 운영 역량과는 다른 기술력이 필요하기 때문에 제대로 구축 및 운영하기 위해서는 클라우드를 전문으로 하는 인력도 많이 필요하고, 기존 서버 운영자들 또한 관련 기술 역량을 습득하고 축적해야지만 제대로 클라우드 서비스를 할 수 있는 것이죠. 단순히 그런 활동 없이 솔루션만 돈 주고 사면 처음 한 번은 만들 수 있지만 운영과 개선이 어려운 시스템이 되어 버립니다.

개구루 클라우드 환경이 구축 완료된 이후에 기존 환경인 온프레미스(On-Premise) 서버를 그대로 클라우드에 이전시키려고 하니까 실패하는 것 같네요.

코타나 그렇죠. 조금 현실적으로 이야기해 보면 회사의 신기술을 꼭 도입해야 하는 부서나 임원들이 기술 선도를 이야기하면서 투자를 확보하고 구축부터 합니다. 그런데 구축을 성과로 평가를 잘 받고 난 이후가 항상 문제죠. 운영 단계에 이르면 현실에 적합하지 않은 부분들이 발견되고, 그러한 부분들을 개선하기 위한 추가 투자가 들어가야 하지만, 제대로 사용하지도 못한 채 계속 추가 비용이 들어가기 때문에 더는 발전되지 못하고 스윽 없어져 버리는 거죠. 물론, 계속 발전시켜 나가는 조직과 회사도 드물게 있습니다.

땡굴이 본질을 찾아가는 과정인 것 같아요.

개구루 애플리케이션 입장에서 이야기를 덧붙여 볼게요. 과거에 애플리케이션을 개발하는 구조는 모놀리식 아키텍처(monolithic architecture)였습니다. 용어가 많이 생소하실텐데요. 이 아키텍처에서는 하나의 애플리케이션 패키지에 모든 비즈니스와 기능을 탑재하여 업무와 기능 간의 호출 구조가 메모리 참조 방식으로 이루어집니다. 'call-by-reference'라고도 하죠. 이 방식에서는 개발자들이 하나의 애플리케이션 실행 환경만 구성해 놓고 개발하고 테스트한 뒤 하나의 애플리케이션 패키지만 배포하면 되므로 구축 단계에서는 작업량이 최소화됩니다. 하지만, 구축 이후에 계속되는 개발이 이루어지다 보면 업무와 기능 간의 상호 참조가 매우 많아지면서 애플리케이션 복잡도가 매우 높아지게 됩니다. 또한, 아주 작은 업무 하나가 개선되어서 배포될 경우에도 전체 업무가 포함되어 있는 애플리케이션 패키지가 배포되어야 하기 때문에 전체 업무에 영향을 주게 됩니다. 이로 인해 유지보수 비용이 증가하지요.

땡굴이 그런 특성이 클라우드에 어떠한 면에서 안 맞는 건가요?

개구루 클라우드의 핵심은 사용량 기반의 비용 정산입니다. 쓴 만큼 내는 거죠. 그러나 모놀리식 아키텍처는 전체 업무의 최대 사용량만큼의 리소스를 미리 확보하고 있어야 합니다. 그래서 클라우드를 쓰면 낭비하고 있는 인프라 자원만큼 추가로 돈을 내야 하는 거죠. 특정 업무 하나에서 사용량이 폭주하는 경우를 대비하기 위해 인프라 환경을 추가로 할당받아야 하므로 클라우드를 사용할 때보다 그렇지 않은 때가 더 유리하게 됩니다. 또한, 애플리케이션 배포 단위가 크기 때문에 민첩성도 떨어집니다.

땡굴이 그렇다면 모놀리식 아키텍처 이외에 클라우드에 적합한 아키텍처는 무엇인가요?

개구루 클라우드로 전환한다고 했을 때 계속해서 말씀드리고 싶은 것은 클라우드에 맞는 애플리케이션 형태와 개발 방식이 따로 있다는 점입니다. 그동안 인프라 위주로 설명해 드렸기에 이 영역을 설명해 드리기가 쉽지 않지만, 크게 세 가지에 관해서 간단히 설명해 드릴게요.

우선, 개발 형태적 측면에서는 MSA(Micro Service Architecture)가 적용되어야 합니다. 앞서 설명해 드렸던 모놀리식 아키텍처의 가장 큰 문제점이 클라우드의 특성이자 장점인 기민성과 비용 절감에 어울리지 않는다는 부분이었습니다. MSA는 이 한계를 극복하고자 하는 아키텍처입니다. 기업 또는 서비스를 구성하는 큰 덩어리의 프로그램을 업무 단위로 작은 덩어리의 프로그램 단위로 쪼갭니다. 여기서 업무적으로 불가피하게 중복되는 부분은 과감히 중복 개발을 진행하여 작은 덩어리 프로그램 간의 호출을 최소화합니다. 그럼에도 꼭 호출해야 하는 경우에는 REST API 방식으로 호출할 수 있게 개발합니다. 그렇게 해서 상호 의존성을 최소화하면 작은 덩어리 단위 프로그램으로 클라우드 기민성을 최대한 이용할 수 있고 비용적인 측면에서도 유리해집니다.

용어   **REST API(Representational State Transfer Application Programming Interface)**
인터넷을 통해서 HTTP 프로토콜을 사용하여 애플리케이션 간에 데이터를 전송하거나 제어하는 인터페이스를 말하며, 쿠키나 세션 등의 별도의 전송 계층 없이 통신할 수 있는 설계를 지향한다.

땡굴이   예전 SOA 방식과의 차이점이 뭔가요?

개구루   SOA(Service Oriented Architecture)는 서비스 지향 아키텍처라고도 하죠. 이것은 여러 개의 작은 덩어리 단위의 프로그램을 전체 시스템에 분산하여 운영하는 개념으로, MSA와 상당 부분 같습니다. 하지만, SOA는 MSA와 반대로 모든 기능과 업무를 표준화하고 사전에 정의된 인터페이스 규약으로만 서비스할 수 있습니다. 또한, 프로그램 간 기능 중복성도 최소화하고자 합니다. 따라서 치밀하게 설계되어야만 구축하고 유지보수가 가능하죠.

땡굴이   그렇군요. 지금 개발 방법론 측면에서 이야기하고 계신 거죠?

개구루   아무래도 개발 형태를 이야기하다 보면 자연스럽게 방법론 이야기를 하게 되는데요. 개발 방법론 측면에서는 '애자일(agile) 방법론'이 필요하다고 말씀드리고 싶습니다. 애자일 방법론에서는 완성된 서비스의 모습을 기획 및 설계 단계에서 모두 정의하고 시작하는 것이 아니라, 기본 기능의 프로토타입과 개발 이후 다음 단계의 기능을 프로토타입하고, 개발하고, 또 다음 단계를 준비하게 됩니다. 따라서 최종적으로 이르는 완성된 서비스의 형태도 가늠하기 어렵고, 사용자의 수나 트래픽을 예측할 수도 없기 때문에 클라우드의 사용량 측정 후 비용 부과 방식이 매우 어울린다고 볼 수 있지요.

(땡굴이) 이번엔 데브옵스(DevOps)를 말씀하시는 것 같아요.

(개구루) 하하! 항상 한발 앞서서 말씀해 주시네요. 마지막으로 설명해 드릴 것이 데브옵스입니다. 애자일 방식으로 개발을 진행하다 보면 프로젝트가 완료되지는 않은 시점에도 사용자에 서비스가 가능한 수준에 도달합니다. 이때 런칭하여 서비스 운영과 함께 개발을 동시에 진행하게 되는데, 이러한 모습을 이야기합니다. 사실, 애자일 개발 방법론과 데브옵스에서는 프로젝트의 완성이 없다고도 볼 수 있습니다. 개발자는 지옥에 빠져드는 것이지요. 하하!

(땡굴이) 지금까지 말씀해 주신 내용을 클라우드 네이티브 개발 방법론에서 들었던 것 같아요.

(개구루) 요즈음은 클라우드가 대세이다 보니 클라우드 네이티브라는 용어도 생겼습니다.

(땡굴이) 클라우드 솔루션에는 어떤 것들이 있나요?

(개구루) 저희가 인프라 방송이니까 IaaS 위주로 소개해 드릴게요. 시장 점유율을 비롯해 시장 인지도가 가장 높은 서비스로 아마존닷컴의 AWS가 있습니다. 그 뒤로 IBM의 Softlayer도 있습니다. 사실, 솔루션이라기보다는 서비스에 가까운 친구들이고요. 우리가 접해 볼 수 있는 솔루션은 오픈소스로 제공 중인 오픈스택이 있습니다. 랙스페이스에서 이 솔루션을 가지고 상용 서비스를 제공하고 있습니다. 아파치 재단에서 운영 중인 클라우드스택(CloudStack)이라는 솔루션도 있으나, 실제 구축 사례에 대해서는 들어보지 못했네요.

땡굴이   우리나라도 있나요?

개구루   안타깝게도 다른 원천 기술들처럼 클라우드 솔루션도 우리나라에서 개발된 사례는 없습니다. 또, 우리나라는 세계적인 대세가 되면 좇아가는 형국이 자주 연출되곤 하는데, 같은 상황인 것 같아요. 다행히도 SKT가 오픈스택에 한국의 메인 스폰서로 참여하고는 있습니다.

SECTION 04 | 클라우드 오픈소스 프로젝트, 오픈스택

1 오픈스택이란?

(개구루) 오픈소스로 접하기 쉬운 솔루션인 오픈스택에 대해서 한 발자국 더 들어가 보도록 할게요. 오픈스택은 오픈소스 프로젝트로서 2010년에 시작해서 1년에 두 번씩 새로운 버전이 꼬박꼬박 나옵니다. 전 세계 500여 개 기업에서 15,000여 명의 개발자 가 수많은 노력과 시간을 쏟아가면서 개발하고 있습니다.

(땡굴이) 왜 그렇게 급해요?

(개구루) 급하다기보다는 15,000명의 개발자가 숟가락을 얹었다고 보시면 됩니다.

(땡굴이) 아, 먹고살려고? 새로운 먹거리?

(개구루) 새로운 먹거리에 회사와 본인의 역량을 투자하는 거죠. 오픈스택이 그만큼 위상이 높기 때문에 오픈스택에 대한 전문가로 인정받기 위해서 자신의 기술과 노력을 오픈스택 커뮤니티에 보여주는 것이죠. 그렇게 함으로써 유무형의 보상을 기대하는 사 람들이 15,000명이 있는 거죠. 그렇게 하나의 생태계가 만들어지는 것입니다. 에코시 스템인 것이죠.

(땡굴이) 최초에 오픈스택의 위상은 어떻게 만들어진 건가요?

(개구루) 당연히 시작점이 있어야겠죠. 리눅스는 리누스 토발즈가 만든 커널이 기준이 었듯이 오픈스택에도 시작이 있었습니다. 랙스페이스랑 나사인데요. 이 두 곳이 오픈

스택의 핵심이 되는 영역의 소스코드를 기부했습니다. 그 소스코드를 기반으로 해서 여기까지 왔던 것입니다.

코타나 그럼, 우리나라에서 이 오픈스택을 가지고 실제로 구축한 데가 있나요?

개구루 대표적으로 KT 유클라우드 서비스가 있으며, 많은 시도가 있습니다.

코타나 오픈스택에 대해서 조금 더 깊이 설명해 주세요. 특히, 기본적인 구성요소를 설명해 주시면 좋을 것 같습니다.

개구루 오픈스택은 서비스들의 집합체입니다. 기존의 인프라 기능들이 소프트웨어 적으로 구현되어 있습니다. SDx(Software Defined Anything)라고 하죠. 오픈스택을 설치하기 전에는 일반적인 서버일 뿐이지만, 오픈스택을 설치해서 각각의 서비스를 배치하면 한 서버가 서버 가상화 하이퍼바이저가 되기도 하고, 네트워크 장비가 되기도 하고, 스토리지가 되기도 합니다. 서비스들을 목적에 맞게 잘 배치하기만 하면 애플리케이션을 구동하기 위한 서버의 기능뿐만 아니라 인프라의 각 영역을 담당하는 멀티 플레이어가 되는 것이죠.

코타나 서비스라고 계속 말씀해 주고 계시는데, 오픈스택의 서비스에 관해서도 설명해 주세요.

개구루 실제 서비스들을 이야기해 드리면 감이 잡히실 것 같아요. 오픈스택의 서비스는 버전마다 약간씩 다르긴 하지만, 9개 정도의 서비스를 주로 사용합니다.

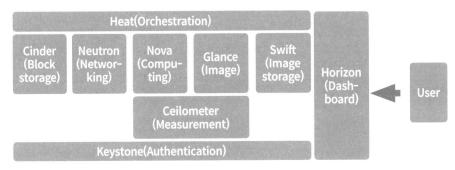

오픈스택 서비스 구조

2 오픈스택의 서비스들

(개구루) 처음으로 말씀드릴 곳은 호라이즌(Horizon)입니다. 호라이즌은 서비스 포털입니다. 햄버거 가게에서 메뉴판과 종업원을 생각하시면 될 것 같아요. 호라이즌이 제공하는 웹페이지에 접속해 보면 메뉴판처럼 내가 이용할 수 있는 서비스들이 나열되어 있고, 종업원처럼 내가 원하는 일을 간단한 정보 입력과 클릭만으로 척척 해 줍니다. 오픈스택을 통해서 모든 하드웨어를 만들어 낼 수 있는데, 그런 장비들의 상황을 보고 제어하기 위한 GUI가 호라이즌입니다.

호라이즌 화면

(땡굴이) 클라우드 자원 관리자에게는 호라이즌이라는 서비스가 곧 클라우드처럼 느껴지겠네요. 그런데 햄버거 가게 비유는 참 재미없었던 것 같아요.

(개구루) 하하! 그랬나요? 자제하도록 하겠습니다. 호라이즌을 사용하지 않고 각각의 서비스를 CLI(Command Line Interface)를 통해서 사용할 수도 있겠지만, 수많은 서비스의 명령어를 완벽하게 사용하기는 쉽지 않으므로 대부분 호라이즌을 사용할 것 같습니다

(개구루) 다음으로, 노바(Nova)가 있습니다. 노바는 뒤에서 햄버거를 만드는 친구라고 생각하시면 됩니다. 가장 핵심이 되는 서비스죠. 노바가 하는 가장 중요한 일은 VM을

생성하고, 삭제하고, 기동하고, 종료하는 등의 일을 합니다. 서버 컴퓨팅 자원을 배분하는 일을 하는 것이죠. 노바 없이는 클라우드의 형태를 갖출 수가 없습니다.

코타나　오호, 햄버거 가게에 비유하니 이해하기 쉬운데요? 아주 적절한 것 같습니다. 네트워크나 스토리지 서비스도 있나요?

개구루　뉴트론(Neutron)이라는 네트워크 서비스와 신더(Cinder)와 스위프트(Swift)라는 스토리지 서비스가 있습니다. 그 외에 키스톤(Keystone)이라는 사용자 인증과 권한 인증을 담당하는 서비스가 있고, 글랜스(Glance)라는 프로파일 관리 서비스가 있습니다. 식품은 스위프트라는 냉장고에 저장해 두고, 글랜스라는 냉장고 앞면에 그 식품의 유통기한이나 특징 등을 적어두는 것이죠.

코타나　오늘 설명에는 비유가 정말 많이 들어가는군요. 아무래도 어려운 이야기를 쉽게 하고 싶으셔서 그러신 것 같아요.

개구루　제 마음을 알아주시니 다행입니다. 그 외에 사용량을 측정하는 세일로미터(Ceilometer)나 인터페이스를 하나로 통합해 주는 오케스트레이션 서비스인 히트(Heat), 전용 데이터베이스 서비스인 트로브(Trove) 등이 있습니다. 아, 빅데이터의 대세인 하둡(Hadoop) 클러스터와 연결하기 위한 인터페이스 서비스인 사하라(Sahara)도 있네요.

땅굴이　어렵네요.

개구루　이제부터는 각 서비스를 상세히 설명하려고 합니다.

코타나　다 듣고 나면 SDx(Software Defined Anything)에 개념도 어느 정도 이해되실 것 같아요.

❸ 컴퓨팅 자원 관리, 노바

개구루　가장 중요하다고 말씀드렸던 노바(Nova)부터 말씀드릴게요. 노바의 특성이 컴퓨터의 자원 풀을 관리하고 자동화하는 것입니다. 그래서 그 특성상 VMware나

Hyper-V와 같은 하이퍼바이저와 혼동하기가 매우 쉽습니다. 노바는 앞서 이미 설명해 드렸던 KVM이나 VMware, Xen 등의 하이퍼바이저 기술이나 리눅스 컨테이너 등을 제어하는 개념입니다. 하이퍼바이저들은 VM들을 관리하는 API가 있는데, 이 API를 가지고 VM들을 생성/삭제/관리하는 것이죠. 그렇다면 왜 하이퍼바이저를 그대로 사용하지 않고 노바를 추가적으로 사용하는지 궁금해하실 것 같아요.

코타나 노바는 어떤 하이퍼바이저를 쓰는지와 관계없이 수평적 확장을 하기 위해 설계된 개념입니다. 노바는 파이썬으로 작성되어 있기 때문에 하드웨어 이식성이 매우 높고, 레거시 시스템들과 서드파티 제품들과 연동하는 기능이 매우 강력하죠. 다시 말해, 다양한 환경에서 쉽게 사용할 수 있도록 하는 기술이라고 생각하면 될 것 같네요.

> **용어** **서드파티(Third-Party)**
> 제품(솔루션)의 제조사(개발사)와 사용자 이외의 제3의 생산자(개발사)를 가리킵니다.

개구루 역시 코타나 님의 설명은 항상 매끄러운 것 같아요. 하이퍼바이저가 태생적으로 하나의 호스트 서버를 제어하기 위한 기술이기 때문에 수백, 수천 개의 노드를 관리하기에 적합하지 않습니다. 이제 노바의 구조와 함께 클라우드 서비스를 구성할 때의 아키텍처에 관해서 같이 이야기할게요. 아주 기본적인 클라우드 아키텍처는 컨트롤러 노드와 컴퓨팅 노드, 그리고 블록 스토리지 노드와 오브젝트 스토리지 노드로 구성합니다. 노바는 컨트롤러 노드에 노바 컨트롤러를 설치하고 컴퓨팅 노드에 노바 클라이언트를 설치합니다. 노바는 컨트롤러와 클라이언트를 설치하고 나면 수십 개의 노바 모듈과 라이브러리들이 설치된 것을 보실 수 있습니다.

땡굴이 노바 컨트롤러와 클라이언트는 어떤 역할을 하나요?

개구루 노바 컨트롤러는 클라이언트를 제어하고, 클라이언트는 각각의 하이퍼바이저에 API 기반으로 명령합니다. 그러면 하이퍼바이저는 API 명령(API call)을 수신받아서 각각의 VM을 제어하는 것이죠. 그러면 오픈스택에 가장 최적화되어 있는 하이퍼바이저는 무엇인지 궁금해 하실 것 같아요. 오픈스택을 설치하고 나면 QEMU 타입의 가상 시스템이 KVM(Kernel-based Virtual Machine, 커널 기반 가상 머신) 기반으로 설치됩니다. 당연히 오픈스택과 같이 설치되기 때문에 호환성이 가장 좋겠지요? 다만, KVM은 리눅스 커널을 하이퍼바이저로 변환하기 위한 가상화 기술입니다. 따라서 리눅스 커널에 병합되어 있기 때문에 노바 클라이언트는 당연히 리눅스에 설치되어야 합니다.

> **용어** **QEMU(Quick EMUlator)**
> KVM에서 사용 가능한 하드웨어 가상화 소프트웨어이며, 사실상 리눅스에서 표준으로 사용하고 있는 가상화 기술입니다.

코타나 그러면 오픈스택에 가장 적합한 리눅스 배포판은 무엇인가요?

개구루 적합하다는 질문에 이러한 답변이 어울리지는 잘 모르겠지만, 오픈스택을 가장 열심히 지원하는 배포판은 우분투(Ubuntu)입니다.

> **용어** **우분투(Ubuntu)**
> 2004년에 출시된 리눅스 배포판으로 가장 넓은 사용층을 가진 배포판이며, 다른 배포판에 비하여 상대적으로 사용자 편의성이 매우 높습니다. 우분투의 어원은 남아프리카 반투어로 '네가 있으니 내가 있다.'라는 윤리 사상을 일컫는 말입니다.

땡굴이 어떠한 지원을 하고 있나요?

개구루 오픈스택에서는 VM뿐만 아니라 컨테이너도 사용할 수 있습니다. 우분투는 2015년에 15.10 버전을 공개하면서 LXD라는 이름으로 오픈스택의 노바 클라이언트가 제어할 수 있는 컨테이너 기능을 포함하였습니다. 또한, 우분투 배포판 내에 데스크톱과 서버용 배포판을 통합하는 작업을 진행 중입니다. 그리고 공개적으로 오픈스택에 가장 최적화한 플랫폼을 제공하도록 하겠다고 선언했습니다. 오픈스택은 서비스들의 집합체이기 때문에 특정 리눅스만을 위해서 나오는 것이 아니므로 자기들이 충분히 경쟁력 있게 끌어안을 수 있다고 보고 오픈스택을 집중적으로 지원하는 것으로 보입니다. 반면에 레드햇의 엔터프라이즈 리눅스(Red Hat Enterprise Linux, RHEL)는 리눅스 배포판 중에서 가장 안정적으로 업데이트하기 때문에 신기술이 적용되기까지 시간이 오래 걸립니다. 이런 면에서는 우분투가 좋다고 볼 수 있습니다.

코타나 그러면 오픈스택을 설치하려면 우분투로 하는 것이 좋나요?

개구루 꼭 그렇지만은 않습니다. 아무래도 오픈스택을 설치하는 것은 큰 기업 또는 정부 기관일 텐데, 이러한 조직은 보수적인 면도 있고 문제 발생 시 기술 지원을 매우 중요하게 생각합니다. 따라서 국내의 기술 지원 체계가 잘 갖춰져 있는 기업 제품을 구매하려는 경향이 강해서 국내에는 레드햇의 RHEL이 가장 많이 도입되어 있고, 이로 인해 오픈스택도 CentOS나 RHEL 위에 설치하는 경우가 많은 것 같습니다. 한글화 문서도 그쪽으로 더 많이 있는 것 같고요.

코타나 오픈스택에서는 서버 가상화 방식으로 VM을 많이 쓰나요? 컨테이너를 많이 쓰나요?

개구루 오픈스택 서비스에 관해서 중점적으로 이야기하는 시간이니 이번 질문만 답변하고 다시 서비스 이야기를 하도록 해요. 하이퍼바이저로 VM을 사용하는 방식과 컨테이너를 활용하는 방식에 대해서 간단히 정리하자면, 하이퍼바이저를 사용할 경우에는 하이퍼바이저 위에 하드웨어를 에뮬레이션하여 논리적으로 별도의 시스템을 만드는 것이지만, 도커 같은 컨테이너의 경우에는 커널과 별도의 라이브러리를 로드하여 애플리케이션 수행 환경을 독립시켜 주는 방식을 말합니다. 따라서 컨테이너 방식이 자원 효율성에 더 유리하지만, 자원 사용이 독립적이지 않으므로 인프라 자원의 사용량을 정확하게 측정하기가 매우 어렵습니다.

4 오브젝트 스토리지 스위프트와 네트워킹 서비스 뉴트론

땡굴이 이제 스위프트를 설명해 주세요.

개구루 스위프트(Swift)는 오브젝트 스토리지입니다. 오픈스택에서는 스위프트에 VM이나 컨테이너 이미지를 저장해 두고 글랜스(Glance)를 통해 이것을 프로파일화하여 호라이즌 웹 대시보드로 GUI를 제공합니다.

코타나 오브젝트 스토리지가 뭔가요?

개구루 데이터를 저장하는 단위가 오브젝트인 스토리지예요. 동영상, 엑셀 파일, 프레젠테이션 파일 등이 하나의 오브젝트 단위입니다. 우리가 HDD와 같은 블록 디바이스(block device)에서 데이터를 가져오기 위해서는 실린더와 트랙을 이야기하지만, 오브젝트 스토리지는 REST API를 통해서 가져오게 됩니다.

땅굴이 쉽게 이야기하자면, 웹하드를 생각하면 될 것 같아요.

개구루 정말 대단하신데요? 정말 적절한 설명입니다. 다음으로는 네트워킹 서비스인 뉴트론(Neutron)입니다. 뉴트론은 NFV(Network Function Virtualization)와 비슷한 개념입니다. 수많은 네트워킹 기술을 소프트웨어 기반으로 구현했다고 보시면 됩니다. L1부터 L7까지 그리고 방화벽 등 네트워크 관련 장비의 모든 기능을 다 수행합니다. 당연히 낮은 레이턴시(low latency)가 요구되며, 구성하기도 힘들고, 구성한 결과가 클라우드 전체에 영향을 미치겠죠. 그렇게 어려운 서비스이고요.

땅굴이 가상화 제품들이 I/O에 약한데, 낮은 레이턴시를 확보할 수 있는 건가요?

개구루 이 부분은 저도 사실 의심스럽습니다. 파일럿 환경에서는 L3, L4 기능을 사용하는데, 1ms 이하의 레이턴시(latency)가 나오더라고요. 하지만, 실제로 클라우드를 운영하는 환경에서 성능 측정을 해 본 적이 없기에 과연 어느 정도의 성능이 확보될지 의심스럽습니다. 뉴트론은 플러거블(pluggable) 아키텍처라고 합니다. 호라이즌 대시보드에 포함된 네트워킹 서비스에서 L3를 꽂기만 하면 바로 L3 구축이 완료되죠. 다시 정리하자면, 뉴트론을 이용함으로써 네트워크 장비를 추가로 구매하지 않아도 클라우드 환경 내에서는 네트워킹 기술을 모두 이용할 수 있게 됩니다.

땅굴이 지금까지 들어보면 관리자 역량이 충분히 확보되지 않는 한 오픈스택은 운용하기가 참 까다로운 것 같은데요. 오픈스택을 누가 사용하게 될까요?

코타나 아무래도 IaaS 사업자가 사용하게 되죠.

개구루 클라우드가 경제성을 확보하기 위해서는 클라우드 위에서 구동될 서버가

100대 이상이 구성되어야 한다는 이야기를 많이 합니다. 또한, 가용성 확보를 위해서도 단일 업무 시스템이 10중화에서 20중화 정도는 되어야 할 것 같고, 그래야 서비스 레벨을 유지할 수 있을 것 같네요.

[땡굴이] 가용성이 정말 중요할 텐데, 아마존같이 수많은 서버로 구성된 환경이 아니면 웬만한 환경에서는 가용성 보장을 받기가 쉽지 않을 것 같습니다. 그러한 아마존조차도 수 시간씩 서비스가 안 된다고 뉴스에 나오더라고요.

5 인증 서비스 키스톤과 오케스트레이션 서비스 히트

[개구루] 그다음에 설명해 드릴 것이 키스톤(Keystone)이라고 있어요. 인증 서비스라고 말씀드렸는데, 인증을 어떻게 관리하느냐가 중요할 것 같아요. 매번 인증을 다시 받으면 인증받는 데 많은 리소스가 들잖아요. 키스톤은 키스톤으로부터 사용자와 권한을 인증받은 것을 다른 서비스들에서 인증할 수 있는 URL을 만들어준다고 보시면 돼요. 키스톤에서 인증받게 되면 어떠한 테넌트로, 어떠한 룰로, 어떠한 서비스에 접근할 수 있는지 정의가 되는 것이죠.

[땡굴이] 테넌트가 뭔가요?

[개구루] 테넌트(tenant)는 사용자들의 모임이에요. 테넌트는 예를 들어 ERP 관리자 그룹과 같은 거예요. ERP 관리자 그룹에 포함된 사용자들이 ERP 관리자 그룹에 할당된 컴퓨팅 자원들을 관리하는 권한을 동일하게 부여받습니다. 다시 말해, VM(또는 컨테이너) 그룹들을 관리할 수 있는 사용자 그룹을 의미합니다. 어떤 사용자는 VM까지 만들 수 있는, 어떤 사용자는 VM의 기동/중지가 가능한 역할까지 할 수 있느냐를 키스톤에서 제어할 수 있는 것이죠.

[코타나] 인증과 권한 관리까지 가능한 것이군요.

[개구루] 키스톤이 토큰을 만들어 줍니다. 한번 인증받은 것은 다시 인증받지 않아도

되니 토큰을 발행해서 다음 인증을 대신합니다. 토큰에는 유효기간이 있고, 유효기간이 종료되었을 때 다시 발급받게 됩니다. 실제로 일을 할 서비스 글랜스나 스위프트 등을 서비스 포인트나 엔드포인트라고 이야기하는데, 접근할 수 있는 권한은 토큰으로 받아야 합니다. 클라우드는 수많은 서버의 집합체잖아요. 어떠한 VM을 켜고 끄는 것을 알려주는 것은 노바이고, 노바가 준 URL에다가 토큰을 달고 사용자는 거기에 명령어를 포함하여 인프라 자원을 제어할 수 있게 되는 것이죠.

코타나 어렵네요. 어렵기도 하면서 중요한 것 같아요.

개구루 처음에는 키스톤이 없었어요. 그러다가 인증 기능이 포함되고, 인증에 대한 부하가 심해진 것이죠. 그래서 키스톤이 만들어지면서 부하를 줄여줄 수 있게 되었습니다. 그다음에 신더(Cinder)라고 해서 블록 스토리지(block storage)를 관리할 수 있어요. 리눅스에서는 LVM(Logical Volume Manager)이라는 저장 장치 관리 솔루션을 사용하게 되는데, 신더는 LVM의 LV(Logical Volume) 단위로 iSCSI 프로토콜을 사용하여 각 VM에 블록 디바이스를 제공해 줄 수 있어요. 신더가 설치되어 있는 서버의 내부 스토리지뿐만 아니라, 리눅스에서 인식 가능한 모든 외장 스토리지를 활용할 수 있기 때문에 범용성이 엄청 큽니다. 스토리지 제품에 가상화 기능의 유무를 고민할 필요가 없어지는 것이죠. 사실, 최근에 출시되는 거의 모든 스토리지가 리눅스에서 사용할 수 있기 때문에 제약이 없다고 보는 것이 맞겠네요.

코타나 그런데 지금까지 설명해 주신 많은 서비스를 VM을 만들 때마다 사용해야 한다면 관리하기가 매우 어렵겠는데요?

개구루 그래서 오케스트레이션 서비스인 히트(Heat)를 사용하게 됩니다. 오픈스택의 모든 서비스는 기본적으로 REST API를 제공합니다. 따라서 오케스트레이션 서비스인 히트를 통해 각각의 서비스에 일괄된 명령어 집합을 한 번에 전송하게 구현함으로써 매우 손쉽게 VM을 관리할 수 있게 되는 것이죠. 히트를 사용하게 되면 VM 하나를 생성할 때 VM, 네트워크, 스토리지에 생성할 인스턴스와 배포할 설정들을 한 번의 작업으로 모두 완료할 수 있게 만들어주는 것입니다.

[개구루] 데이터베이스 서비스인 트로브(Trove)는 많이 쓰이지 않는 것 같아요. 안정성에 대한 의문이 있어서 잘 사용하지 않는다고 해요. 아직 만들어가는 과정인 것 같아요. 장점은 오픈스택의 기본 API를 따랐다는 점입니다. 오라클이나 다른 상용 제품은 자신들의 생태계를 유지하려는 경향이 강하지만, 트로브는 오픈스택 생태계에 맞도록 발전하고 있습니다. 다만, 범용적으로 사용되지 않는다는 정도로만 알고 계시면 될 것 같습니다.

[코타나] 지금까지 설명해 주신 그 수많은 서비스가 발전하기 위해서는 정말 개발자가 많이 필요할 것 같아요. 심지어 1년에 2회씩 새로운 버전이 나온다니 정말 놀랍네요.

[개구루] 그래서 클라우드스택이 오픈스택을 따라가기 쉽지 않은 것 같아요. 여기까지하고 클라우드에 관한 이야기를 마치도록 하겠습니다.

08

데이터 센터,
무중단 인프라

SECTION 01 | 데이터 센터에 들어가기까지

(땅굴이) 그럼, 이제 화제를 바꾸어 데이터 센터에 관해서 알아보죠. 과연 데이터 센터란 뭘까요? 기계실, 전산실, IDC(Internet Data Center) 등으로도 불리기도 해요. 이미 잘 아시는 분도 계시겠지만, 데이터 센터는 서버, 스토리지, 네트워크 장비 등을 모아 놓고 일반 소비자가 기업이 이용할 수 있는 전산 서비스를 제공하는 시설을 말하는데요. 데이터 센터는 약 20년 전인 2000년 전후로 닷컴 시대가 본격적으로 도래하면서 함께 성장했다고 봐도 무방할 것 같은데요.

(개구루) 닷컴 시대를 아시는 분도 있겠지만, 모르는 분들도 있을 것 같습니다. 그 당시 무슨 무슨 닷컴으로 이름만 붙여도 성공한다고 했을 정도였으니까요. 웹페이지만 만들어도 대박이 난다고 했으니까요. 지금 생각하면 허상의 시절이 아니었을까 생각이 되네요.

(땅굴이) 네. 몇 년 안 가서 금방 버블이 꺼졌죠.

(코타나) 알고 봤더니 아무것도 없더라. 뭐, 이런 시절이 있었죠.

(땅굴이) 네, 맞습니다. 하지만, 어찌 되었든 각 기업이나 개인이 자신들의 홈페이지를 많이 만들게 되다 보니 서버들도 많이 필요하게 되었고, 이런 서버들을 한곳에 모아 안정적으로 관리하기 위한 전용 건물인 데이터 센터라는 것을 세우게 되었죠. 이런 건물들은 당연히 내진 설계나 항온/항습 및 전력 계통의 설계가 일반 건물에 비해 잘 되어 있습니다. 다 이중화되어 있고요. 발전소로부터 전력 공급이 중단되어도 센터 내부에 발전기와 UPS(Uninterruptible Power Supply, 무정전 전원 공급 장치)가 있어서 제때 문

제없이 장비에 전원을 공급해 줄 수 있지요.

주요 대기업들은 자사 그룹 혹은 타 기업의 전산 장비를 운영할 수 있는 데이터 센터들을 모두 보유하고 있습니다. 예를 들어, 삼성은 과천과 수원에, LG는 마포 상암에, SK는 대전과 판교 등에 대형 데이터 센터를 보유하고 있죠. 또한, 정부도 전국에 흩어져 있는 기관들의 전산실을 통합하여 대전과 광주에 정부통합전산센터 등을 두어 센터 상호 간의 백업 체계를 유지하고 있습니다.

(개구루) 그럼, 대부분의 기업은 데이터 센터를 갖고 있나요?

(땡굴이) 주요 대기업들은 그렇지만, 중소기업 혹은 더 작은 기업들의 경우에는 별도로 자사의 데이터 센터를 보유하는 것이 비용적으로 상당한 부담이 될 수 있습니다. 그래서 효율성을 고려하여 이미 센터를 보유한 기업이나 전용 데이터 센터 운영 업체들을 통해 일정 공간을 임대하여 매월 또는 매년 비용을 지불하면서 사용합니다. 경우에 따라 서버와 서버를 장착하는 랙도 임대하는 경우도 있고요. 실제 사용하는 네트워크 회선의 대역폭과 전기료를 포함하는 경우가 대부분입니다. '쓰는 만큼 준다.'라는 합리적인 개념이죠.

(코타나) 센터의 사용량 베이스의 개념이 확장되어 결국 클라우드로 넘어왔다고 보면 되겠네요.

(땡굴이) 네, 맞습니다. 또한, 데이터 센터에는 기업들의 정보 시스템들이 항상 운용될 수 있도록 1년 365일 무중단 서비스를 제공해야 하므로 앞서 언급한 내진이나 안정적인 전력 공급과 인터넷 연결 및 보안이 중요합니다. 부지를 선정할 때에도 홍수나 전쟁 위협이 없는 곳을 선정하기도 합니다. 조그만 에피소드 하나를 말씀드릴게요. 제가 예전에 모 데이터 센터 투어 담당을 잠시 했던 적이 있었는데, 그때 외국계 금융사에서 현지 담당자가 방문한 적이 있었어요. 우리나라 데이터 센터에 자기네 시스템이 들어가도 괜찮냐고 물었을 때 우리가 그랬었죠. 우리나라는 땅이 좁아서 어디를 가도 마찬가지라고요. 이 이야기를 듣고 모두 웃었던 기억이 나네요. 아무래도 해당 지역이 외국 사람이 볼 때는 조금 북쪽에 있어서 그랬던 것 같습니다.

개구루 그럼, 지진이 자주 발생하는 곳은 좀 위험할 수 있겠네요.

코타나 원자력 발전소 근처도 위험할 것 같아요.

땅굴이 네. 그런데 지진이 자주 발생하는 일본도 규모가 큰 데이터 센터들을 많이 보유하고 있거든요. 그런데 워낙에 건물들이 내진 설계가 잘 되어 있어요. 규모 7.5 정도의 지진에 대비해 면진 설계와 내진 설계를 하는 데 비해 우리나라는 아직 비교적 최근에 관심을 많이 기울이는 상황입니다. 건물도 그렇지만, 센터 내의 면진 장치를 놓고 그 위에 랙을 올리면 지진 발생 시 서버가 받는 충격을 흡수할 수 있는데, 그 역시 필요한 장치라고 할 수 있죠. 우리나라는 아직 명확하게 강제 조항이나 규정이 없는 것 같습니다.

개구루 이렇게 센터 이야기를 말로만 해서는 잘 모르실 것 같네요. 실제로 가본 적이 없는 분들을 위해 센터에 들어가 보는 것은 어떨까요?

데이터 센터에 들어가면

1 데이터 센터의 보안

땡굴이 센터 문을 열고 들어가면, 우선 안내 데스크와 함께 보안 검색대가 있습니다. 그리고 보통은 안내 데스크에 미인이 계시죠(웃음). 무엇보다 데이터 센터에서는 보안이 중요하기 때문에 사전에 출입 신청과 담당자 승인이 되어야 하고, 소지품 중에 보안 사항에 위배되는 물건, 예를 들면 USB나 노트북 등 저장 매체가 있는지를 검사하는 보안 검색대를 통과하게 됩니다. 저장 장치뿐만 아니라 담배나 동전 등 되도록 모든 소지품은 별도 사물함에 보관하고 입실하는 것이 일반적이지요.

코타나 네. 그리고 휴대폰을 들고 들어가는 경우에는 카메라에 보안 스티커를 붙여서 센터 안에서 사진 촬영을 금지하지요?

땡굴이 맞습니다. 그래서 보안 요원들도 신형 휴대폰이 나오는 경우에도 카메라 위치를 사전에 확인한 다음에 보안 스티커를 붙여줍니다. 아무튼, 이런 보안 검색 과정을 거치게 되면 실제 전산 장비가 놓여 있는 공간에 도달하게 되는데, 그 전에 보통 문이 한두 개 더 있습니다. 유리문으로 되어 있는 경우도 있고요. 각각의 출입문마다 보안 카드나 비밀번호, 혹은 정맥 인식 장치 등을 통해 본인임을 확인해야 합니다. 들어서면 수많은 서버와 스토리지 그리고 네트워크 장비를 볼 수 있습니다.

개구루 영화에서 주로 보던 홍채 인식 장치 같은 것도 있다고 합니다.

땡굴이 그런가요? 저는 경험한 적은 없지만, 기술이 발전하여 그런 장치를 적용하는 곳도 있을 수 있겠네요. 또 어떤 경우에는 다른 장비와 달리 별도의 공간으로 케이지 (cage)란 것을 설치하여 보안을 추가로 강화하기도 해요. 센터 내도 못 믿겠다는 거죠.

코타나 그 안에 서버 랙 또는 스토리지 랙 등을 설치하여 물리적인 정보 보안을 강화하기도 하는데, 일반적으로 금융 관련 규정으로 설치하는 경우가 많습니다. 케이지에도 출입문이 달려 있어서 거기서 한 번 더 보안 장치를 통과해야 들어갈 수 있지요.

땡굴이 네. 이렇게 센터 내부에 들어가기가 쉽지는 않은데요. 그런데 센터 내부에 막상 들어가게 되면 조명이 꺼져 있는 경우가 있습니다. 꺼져 있을 때는 사실 좀 무섭습니다. 모든 장비는 자신의 상태를 알려주는 LED가 있는데, 불이 꺼진 경우에는 그 LED들만 깜박거리고 있으니까요.

2 데이터 센터의 주요 설비

센터 내부에는 보통 랙(rack)으로 채워진 모습을 직접 볼 수 있는데, 각 랙에는 서버나 네트워크 스위치가 장착되어 있고, 스토리지나 백업 장치는 보통 각 벤더에서 만든 별도의 전용 랙으로 구성되는 경우가 많습니다. 그런데 이렇게 장비들이 많이 모여 있다 보면 어떤 일이 일어날까요?

개구루 아무래도 열이 많이 발생하지 않을까요?

땡굴이 그렇습니다. 이러한 전산 장비들로부터 나오는 열을 식히기 위한 대용량 냉각 장치와 일정한 온도와 습도를 유지하기 위한 항온 항습 장치, 공기 순환 장치를 설치하게 됩니다. 너무 습해도 안 되고, 너무 건조해도 정전기가 발생할 수 있습니다. 또한, 전산 장비들에 전원을 공급하기 위한 분전반도 볼 수 있고요.

개구루 분전반이 뭔가요?

땡굴이 전기를 각 랙별로 분배해 주는 역할을 합니다. 분전반을 열어보면 브레이커 (braker, 현장 용어로 쁘레카(일본어에서 유래)라고 하는데, 우리말로는 차단기입니다)가 여러 개씩 달린 것을 볼 수 있습니다. 각 랙별 용량, 예를 들면 30암페어나 50암페어의 용량으로 장착되어 있습니다. 쉽게 이야기하면, 각 가정집에 있는 두꺼비집이라고 보면 됩니다.

[개구루] 요즘 보면 디지털로 각 랙마다 사용하는 전원량을 볼 수 있는 장치도 있는 것 같습니다.

[코타나] 각 랙에는 PDU(Power Distribution Unit)라고 하는 멀티탭처럼 생긴 장치가 있는데, 서버가 실제로 연결되는 곳이 이 장치죠. 분전반은 대형 서버와 직접 연결되는 경우도 있지만, 일반적으로는 랙 내에 있는 PDU에 연결되고 이 PDU에 장착되어 있는, 서버별 또는 랙별로 전원 사용량을 측정할 수 있도록 하는 디지털 장치가 나와 있습니다.

[땅굴이] 센터도 진화하고 있는 거죠. 장비에 전원을 넣는 일은 가장 기본이 되는 일입니다. 그래서 신규로 서버나 스토리지 랙이 도입되면 제일 먼저 하는 게 장비의 상면 위치를 선택하고 그 위치로부터 분전반까지 전원 케이블을 포설하는 일입니다. 보통은 센터 담당자에게 장비 반입하기 며칠 전에 이야기해서 사전에 케이블 포설 작업을 하는 것이 일반적이죠.

이 밖에 주요한 장치로는 무정전 전원 공급 장치라고 불리는 UPS도 있습니다. UPS는 정전이 발생할 경우에 한전 등 발전소를 통해 공급받던 전기가 갑자기 끊어지는 경우에 장비의 연속적인 전원 공급을 위해, 즉 발전기를 통해 장비에 전원을 공급하는 사이의 연속성을 보장하기 위해 배터리 등을 통해 끊어지지 않고 안정적인 전력 공급을 할 수 있도록 해 주는 장치입니다.

[코타나] 그리고 안정적인 정전압과 정주파수를 만드는 정류의 역할도 같이 하지요.

[땅굴이] 배터리식 UPS는 보통 4년의 수명이 있다고 되어 있는데요. 주기적으로 교환을 해 주어야 합니다. 이와 달리 다이나믹 UPS라는 것도 있는데, 실제로 수 미터의 큰 크기로 건물 지하 바닥에 설치되어 있죠. 이런 장치는 장치 내부에도 별도의 발전기와 플라이휠이 있어서 항시 전기 공급을 통해 플라이휠이 일정하게 돌고 있다가 발전소의

전원이 차단됨과 동시에 그 플라이휠의 운동 에너지가 바로 전기에너지로 변환되면서 연속적인 전원 공급을 가능하게 하며, 또한 내부의 발전기까지 별도로 보유하고 있어서 경유만 넣으면 며칠이라도 전원 공급을 가능하게도 합니다.

3 데이터 센터의 상면 구조

(개구루) 그런데 센터의 상면이 장비를 설치하기 위한 공간으로 알고 있는데, 그 아래에는 뭐가 있는 건가요?

(땡굴이) 전원 케이블이나 네트워크 케이블 등이 깔려 있죠.

(개구루) 사무실 바닥을 열었을 때 케이블이 깔린 것을 본 적이 있는데, 그런 것 같네요.

(땡굴이) 네. 그런데 요즘에는 바닥이 아니라 천장에 트레이를 설치해서 거기서부터 랙까지 케이블을 공급하는 경우도 있습니다.

(개구루) 그런데 왜 바닥이 아니라 위로 내려오나요?

(땡굴이) 센터에 오래 계셨던 분들은 잘 아시겠지만, 케이블이란 게 한번 설치하면 관리가 어렵습니다. 간혹 랙이 이전이라도 되면 케이블 철거나 재조정 작업을 해야 하는데, 바닥보다 위에서 작업하는 것이 훨씬 수월합니다. 바닥에 케이블이 있으면 제거하기가 곤란한 경우 간혹 두기도 하는데, 이런 것들이 쌓이고 쌓이다 보면 상면 아래로 공기 순환이 원활하지 않게 되기도 하죠. 그러면 냉방 효율이 낮아지는 경우도 있고요. 제가 여러 데이터 센터를 다니다 보니 예전 데이터 센터는 그렇지만, 그래도 최근에 지어진 센터에서는 이런 관리들이 비교적 잘 되어 있는 것 같습니다.

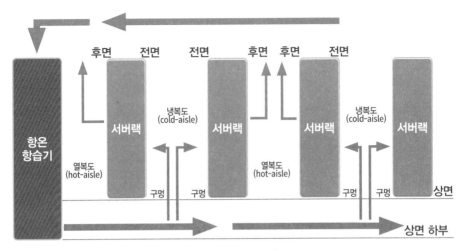

데이터 센터의 효율적인 항온/항습 방법

코타나　제가 생각할 때는 냉방보다는 정말 케이블 관리가 문제가 되어서 바닥보다 위에서 관리하는 게 더 큰 이유가 아닐까 생각해요. 상단에 트레이를 설치하게 되면 눈으로 케이블을 따라가면서 작업하니 더 쉬운 거죠.

땡굴이　제가 예전에 근무했던 한 IDC에서는 전원 케이블도 상단에서 내려오기도 했어요. 사전에 정의된 랙 위치가 있으면 랙 상단까지는 기본적으로 전용 버스를 통해 전원이 모두 공급되어 있고, 랙 바로 위에서 랙까지만 전원을 연결해 주면 바로 사용이 가능한, 당시로선 다소 충격적이었습니다.

개구루　위에서 얘기한 것들을 다 하려면 투자가 많이 되어야겠네요.

땡굴이　네. 투자가 된 만큼 해당 데이터 센터에 입주하여 양질의 서비스를 받기 위해서는 비용이 듭니다. 아까 우리가 언급했지만, 전산 장비가 놓일 공간을 보통 상면이라고 하는데, 이 공간 사용료인 상면료와 네트워크 회선비, 그리고 전기 요금 등이 과금 대상입니다. 이런 비용 등을 아울러서 랙 단위 비용으로 산정하는 경우도 있고, 사용 평수로 계약하는 경우도 있으며, 네트워크 회선비나 전기 요금 등을 분리해서 과금하는 경우도 있습니다.

[개구루] 각 회사의 요구에 맞는 가성비가 좋은 센터를 선택하는 것이 좋을 것 같습니다.

❹ 데이터 센터 직원들의 역할

[땡굴이] 각 센터를 직접 방문해 보시면 해당 데이터 센터에서 제공할 수 있는 서비스를 설명하고 안내해 주는 분들이 계십니다. 견적도 뽑아 드리고요. 그런 분들께 설명을 들으시면 됩니다. IDC에서는 제공할 수 있는 서비스를 상당히 구체적으로 세분화해 놓은 곳도 많습니다. 직접 컨설팅을 받으셔야 해요.

이런 분들 말고도 센터에 가면 센터를 운영하는 시설 관리자들이 있습니다. 앞서 언급한 센터 내 전기나 항온/항습 등의 제반 설비들을 관리하는 분들이며, 주로 전기나 기계를 전공한 분들이 많습니다. 전기 기사 자격이 있는 분들에게는 일하기 좋은 곳이 아닐까 생각합니다. FMS(Facility Management System, 설비 관리 시스템)라는 게 있는데, 이를 통해 모니터링하고 문제가 생기는 부분을 조치하는 일을 합니다.

[개구루] 전문 기술이 필요하겠네요.

[코타나] 아무래도 전기 기술자들이 많이 하시죠. 일반적인 서버나 스토리지 등의 인프라 엔지니어들하고는 조금 거리가 있죠.

[땡굴이] 또한, 1년 365일 정보 서비스를 제공하기 위해 데이터 센터 내에서 3교대 주야로 근무하며 하드웨어 상태 점검이나 정기 점검, 긴급 장애 조치 등의 업무를 일선에서 수행하는 운영원들이 계십니다. 센터 물리적인 보안도 같이 챙겨 주시는 경우도 있습니다.

물론, 서버/스토리지/네트워크 관리자들도 센터 내에 상주하는 경우가 많으며, 각종 변경 작업을 수행하거나 정기 예방 점검, 장애 발생 시 장애 조치를 수행합니다. 그렇다고 모든 운영자가 센터에 있는 것은 아니고, 허가된 네트워크를 통해 원격으로 운영할 수도 있습니다.

(개구루) 그런데 좀 생뚱맞기는 하지만, 센터 이야기는 처음 듣는 개발자들에게는 상당히 먼 이야기로 들려 관심이 없을 수도 있을 것 같네요. (웃음)

(땡굴이) 개발자도 이런 인프라의 세계가 있다는 정도는 알면 좋은 것이지, 굳이 관심을 두는 것은 시간 낭비일 수도 있습니다. 방금 말씀드린 정도만 알고 계셔도 개발자로서는 엄청난 겁니다. 개발자에게 인프라는 추상화되어 있으니 볼 일이 없는 거죠.

(개구루) 하지만, 서버 등 인프라에 관심이 많아서 담당하고자 하는 분들에게는 상당히 유익할 것으로 생각됩니다. 꼭 알고 있어야 할 것 같아요.

(땡굴이) 제가 그러면 관심이 있을 미래의 인프라 엔지니어분들을 위해 마저 이야기해 드려야 할 것 같네요. 센터 내 많은 장비를 운영하기 위해 전기를 많이 써야 하는데요. 이 때문에 전기 비용 절감 등은 데이터 센터를 운영함에 있어서 큰 화두가 되면서 나오게 된 개념이 있습니다. 그게 뭘까요?

(개구루) 전기 먹는 하마?

(코타나) 하하! 그린 데이터 센터겠죠.

5 데이터 센터와 전산 장비와의 관계

(땡굴이) 네. 그린 데이터 센터, 그린 IT라는 개념이 나온 것이죠. 데이터 센터는 전력 소비량이 상당하기 때문에 환경 보호를 위해 그린 데이터 센터 개념이 오래전에 도입되었습니다. 예를 들면, 냉각 효율 등을 고려하여 장비를 배치하는 겁니다. 장비에서 온도가 높은 부분이 존재하는데, 이 부분을 모아 놓고 찬바람을 순환시켜 주는 거죠. 보통, 대부분의 서버 장비는 앞쪽에서 공기를 빨아들이고 장비를 냉각시키면서 온도가 올라간 공기는 뒤쪽으로 배출시키는 구조예요. 그러니까 뒤쪽으로 더운 공기가 나온다는 건데, 장비들을 서로 등지게 해 놓고 그 사이에 냉기를 집중적으로 순환시켜서

냉각 효율을 높게 만드는 겁니다. 그린 IT 개념이 도입되면서 이런 것들을 고려한 장비 재배치가 유행하기도 했습니다. 물론, 지금이야 이런 내용이 당연시되어 센터 담당자들이 사전에 고려해서 랙 배치를 하고 있고요.

코타나 장비의 설명서를 보면 에어 플로우라는 항목이 있기도 해요. 바람을 앞에서 뒤로 빼느냐, 뒤에서 앞으로 빼느냐 하는 내용이 있고요. 때로는 장비를 주문할 때 이를 선택해서 구매하는 경우가 있습니다.

개구루 예를 들어, 한 랙에 서버만 있는 게 아니라 스토리지와 스위치 장비가 같이 들어가는 경우는 공기 흐름을 잘 고려해서 장비를 장착해야겠군요.

땅굴이 그리고 덧붙여 말씀드리면 서버 랙에 보면 블랭크(blank)라는 것이 있는데, 이것은 서버를 랙에 장착할 때 서버 간에 생기는 공간을 막아주는 것이거든요. 그런데 이런 것들을 꼼꼼히 챙겨서 막아주면 차가운 공기와 더운 공기가 섞이는 걸 방지해 주는 역할을 해서 냉각 효율에 조금 더 도움이 되기도 합니다. 심지어 온도가 항시 낮은 지역, 강원도 같은 곳에 데이터 센터를 설립하여 대기 중의 공기를 데이터 센터 내에 유입시켜 온도를 유지하는 경우도 있습니다.

개구루 대표적인 곳이 어디죠?

땅굴이 네이버 데이터 센터죠.

코타나 이름이 한 글자였는데, 각(閣)인가 그렇죠? 상당히 친환경적으로 설계되었다고 들었어요.

땅굴이 그런데 그런 곳들도 공기 중의 미세먼지 등 오염 물질을 필터링하는 조치들을 고려해야 합니다. 이 밖에 혁신적인 형태의 데이터 센터가 나온 적이 있는데, 바로 컨테이너 박스 형태에 전산 장비를 설치하여 필요한 만큼 확장해서 사용할 수 있도록 하는 컨테이너형 데이터 센터도 나왔죠. 이동도 편하고요.

코타나 영화 〈아바타〉에 나온 것을 기억하는 분들은 쉽게 상상이 될 거예요. 컨테이너 박스인데, 서버, 스토리지, 전원까지 다 있는 거예요. 우리나라는 전국 팔도에 전기가 다 나오지만요. 미국 네바다 사막 같은 곳에 필요할 거예요. 올인원이죠.

[평롱이]   보통, 데이터 센터는 부지 선정부터 시설과 장비를 도입하고 건물 완공까지 수년이 소요되는 데 반해 이러한 컨테이너형 데이터 센터는 3개월 정도면 구축할 수 있다네요. 제 생각에는 더 빨리도 가능할 듯해요. 전기도 많이 필요 없고, 좀 전에 코타나 님이 말씀하신 것처럼 컨테이너 박스 안에 서버, 스토리지, 네트워크 스위치부터 냉각 장치, 발전기 등을 미리 설치해 놓고 전원과 네트워크 케이블만 연결하면 바로 쓸 수 있지 않을까요?

[개구루]   검색해 보니 구글이나 페이스북 같은 곳에서는 이미 사용하고 있다고 하네요. 그래도 우리나라는 별 필요가 없을 것 같아요.

미래의 데이터 센터

땡굴이   미래의 데이터 센터는 어떨까요? 그냥 제 생각을 말씀드리면, 아마 그 규모가 작아지지 않을까 생각합니다. 왜냐하면, 컴퓨팅 파워는 급속도로 올라가면서 물리적인 집적도가 상당하거든요. 예전에 수십 년 전의 집채만한 컴퓨터가 지금 손바닥에 있는 스마트폰 성능보다 못하니까요. 냉방 등이 관건이긴 하겠지만요. 그리고 소프트웨어 정의 데이터 센터 개념이 도입되면서 전용 장비의 수는 줄고 x86 서버 기반으로 표준화 및 가상화되면서 말이죠.

개구루   결국, 센터도 가상화로 가는군요.

코타나   저는 반대로 센터 규모가 더 커질 것 같아요. 왜냐하면, 점점 더 많은 데이터를 분석하고 그 데이터로부터 가치를 찾기 위해서는 일단 데이터를 집중화해야 유리할 것 같거든요. 물론, 장비는 작아지겠지만 훨씬 많은 데이터를 처리해야 하니까요.

개구루   저는 중립입니다. 하하! 앞으로 펼쳐질 데이터 센터의 미래가 궁금하네요.

코타나   아까도 우리가 이야기했지만, 인프라 담당자를 제외하고 개발자나 일반 사용자들은 센터에 대해서 굳이 자세히 알 필요는 없겠지요. 한 가지 덧붙이자면, DR(Disaster Recovery) 센터에 대한 이야기도 센터 이야기할 때 빠지지 않는 이야기인데요. 주 센터에 재해가 발생했을 때 이를 대비해서 서비스를 계속할 수 있도록 백업 센터를 구성하는 거예요. 여기에는 많은 기술이 필요하죠. 스토리지 간의 원격 복제라던가, 장거리 센터 간 광 전송 기술 등 인프라를 하시게 되면 하나하나 알게 되겠죠.

최근 몇 년 전에 한 데이터 센터에서 화재가 발생해서 DR 센터의 중요성에 대해 심각하게 일깨워 준 사건이 있었죠. 일부 금융사 장비들도 들어가 있어서 피해가 적지 않았던 것으로 알고 있습니다. DR 구축은 회사 입장에서는 일종의 투자인데, 여전히 비용으로만 인식되다 보니 사전에 준비되어 있지 않은 경우는 상당한 피해가 발생할 수밖에 없죠.

개구루 네. DR 센터에 대해서는 나중에 별도로 이야기할 수 있는 시간이 있으면 좋겠네요. 아무쪼록 오늘 데이터 센터에 대한 내용을 알차게 준비해 주셔서 감사합니다.

개궁금

09

BMT,
가성비의 확인

인프라 도입 전 테스트

1 POC와 Pilot Project

[개구루] 이제부터 BMT(Benchmark Test)에 대해서 다뤄볼 예정인데요. 그전에 BMT 와 유사하면서 다른 상황에서 테스트인 POC(Proof of Concept)와 파일럿 프로젝트(Pilot Project)에 관해서부터 이야기를 해야 할 것 같아요. 이 부분은 코타나 님께서 도와주 시면 좋겠네요.

[코타나] POC는 현재 운영 환경에서 사용하지 않는 솔루션(H/W, S/W 포함)을 도입하 기 전에 실행합니다. 목적은 기술 도입에 앞서 현재 운영 환경에서 사용 가능한 정도 로 기술이 성숙하였는지를 보기 위해서 하는 것이죠. 따라서 TA(Technical Architect)는 하드웨어 및 솔루션 아키텍처에 맞는 소수의 제품을 선정해서 진행하게 되며, 일반적 으로 파일럿 프로젝트 이전에 아주 작은 업무 범위 또는 기능을 대상으로 진행합니다. 성능이 중요한 제품이라면 성능 테스트인 BMT가 필요하지만, 우선적으로는 해당 제 품의 기본적인 기능이 우리가 요구하는, 혹은 설계한 아키텍처에 적합한지 확인하기 위한 목적이죠.

> **[용어] TA(Technical Architecture)**
> 하드웨어와 솔루션 아키텍처 설계를 주로 담당하며, AA(Application Architecture)와 트랜잭션 흐름이나 데이터 흐름을 정의하기도 합니다.

[땡굴이] POC를 같은 기능을 가지고 있는 여러 제품을 대상으로 하기도 하잖아요?

[코타나] POC는 제품을 선정하기 위한 목적이 아니기 때문에 그럴 필요는 없으나, 대

형 프로젝트일 때는 업체 간 공정성 시비에 휘말릴 수 있기 때문에 그렇게 되는 경우가 많이 있습니다. 예를 들어, POC를 특정 벤더 제품으로만 진행했고 그에 맞도록 인프라 설계가 변경 되었는데, 알고 보니 그 제품으로만 구현이 가능한 설계가 되어버렸다면 나머지 벤더 제품이 입찰조차 하지 못하는 상태가 되는 상황이 생깁니다. 이는 대형 프로젝트에 목말라 있는 벤더들을 자극하기 때문에 시비에 휘말리게 되는 것이지요.

〔개구루〕 파일럿 프로젝트에 관해서도 알려주세요.

〔코타나〕 시장이나 현업에서 이미 사용하고 있거나 POC를 통해서 이미 검증된 기술을 가지고 새로운 아키텍처가 설계되고 나면 그 설계가 적정한지 검증하기 위해서 소규모로 진행해 보는 프로젝트를 말합니다. 특히, 본 프로젝트(사업) 규모가 대규모라면 진행 전에 파일럿 프로젝트를 수행함으로써 본 프로젝트의 리스크를 줄일 수 있게 되지요. 소규모 프로젝트라도 실제 업무에 적용하는 것을 목표로 하기에 적지 않은 비용이 들지만, 아키텍처의 구조적 문제점이나 개선안을 찾아서 본 프로젝트에 피드백을 주어 적용할 수 있게 된다면 파일럿 프로젝트는 성공했다고 볼 수 있습니다. 심할 경우에는 파일럿 프로젝트의 결과가 기대했던 것보다 많이 못 미쳐서 본 프로젝트 자체가 취소되는 경우도 있습니다.

〔개구루〕 파일럿 프로젝트는 언제 활용하나요?

〔코타나〕 아무래도 새로운 기술 세트(set) 또는 소프트웨어 스택(software stack)으로 새로운 아키텍처를 그릴 경우 많이 진행합니다. 새로운 아키텍처가 가진 구축 단계의 기술적 측면 리스크나 운영 단계의 관리적 측면 리스크를 파일럿 프로젝트를 통해 사전에 점검하는 것이지요. 파일럿 프로젝트는 POC 결과를 반영하여 수의계약으로 진행하는 경우가 많이 있으며, 비용적인 측면 때문에 파일럿 프로젝트에 사용할 제품 선정에는 BMT를 거의 수행하지 않습니다.

〔용어〕 **소프트웨어 스택(Software Stack)**
서버에 설치되어야 할 솔루션 및 소프트웨어를 설치 순서의 역순으로 정의하는 것을 의미합니다.

2 BMT

[개구루] BMT는 무엇인가요?

[코타나] BMT는 말 그대로 성능 테스트입니다. RFP(Request for Proposal)에 있는 제품 스펙과 요구 성능을 만족하는지 입찰한 적격 업체들을 대상으로 수행하는 것이지요.

[개구루] 그러면 왜 수행하나요? 파일럿 프로젝트에서 잘 되면 그냥 계속 본 프로젝트까지 쓰면 되는 것 아닌가요?

[코타나] BMT를 생략하는 경우도 많이 있어요. 하지만, BMT의 목적이 가성비를 확인해서 더 적은 비용으로 더 좋은 제품을 선정하기 위해서 하는 상대적인 성능 측정입니다. 요구하는 성능을 만족하는 것을 넘어서 얼마나 더 뛰어난가에 대해서 공정하게 겨룰 수 있는 환경을 만들어 놓고 객관적인 평가 기준과 방법으로 상대 평가를 하는 것이지요.

[땅굴이] 평가 기준은 대학교 전공과목의 Pass/Fail과 같이 통과를 목적으로 하는 기준과 수치로 표현 가능한 성능 지표를 대상으로 상대 평가를 하는 기준으로 나눌 수 있을 것 같네요. 결국은 상대 평가이기 때문에 경쟁에 참여하는 모든 벤더가 평가의 합리성, 논리성, 공정성을 의심하지 않고 만족할 수 있어야만 성공한 BMT가 될 수 있습니다.

[개구루] 최근에 인프라 장비에 대한 BMT를 수차례 참여하면서 죄인이 된 듯한 느낌이었어요. 한국의 문화에서는 밥을 같이 먹는 문화가 있잖아요. 하지만, BMT를 할 때는 친분이 있는 벤더 엔지니어일수록 밥도 같이 먹지 않을 정도로 서먹한 관계를 유지했었어요.

[땅굴이] 소프트웨어에 대한 BMT를 하는 경우에도 어려운 점이 많이 있지요. 소프트웨어 BMT의 경우에는 벤더가 하드웨어 장비를 소유하고 있지 않으므로 BMT를 위한 하드웨어 환경을 발주사 또는 수행사가 구축해야 해서 동시에 여러 벤더를 진행하기가 어렵습니다. 그래서 장기간에 걸쳐 순차적으로 BMT를 수행하게 되는데, 일정상 뒤에

서 진행하는 벤더일수록 준비 기간에서 유리해지는 것이지요. 이 부분을 어떻게 가감하여 공정한 결과를 얻어낼 수 있는지에 대한 고민도 필요합니다.

개구루 그뿐만 아니라 하드웨어 장비 BMT도 구매할 장비 이외에 BMT 환경을 구성하는 다른 하드웨어에 의해 그 결과가 다르게 나오는 경우도 많습니다. 그러므로 평가 환경에 대한 제약 조건과 허용 조건을 얼마나 할 것인지에 대해서 잘 결정해야 합니다. 그래서 사전에 충분한 조사와 자체 테스트를 통해서 BMT를 준비해야 합니다.

코타나 앞서 설명해 드린 POC와 파일럿 프로젝트에서 나온 결과를 BMT에 꼭 반영해야지요. 특히, 인프라 영역에서는 제품을 잘 구매해야 프로젝트 성공에 기여할 수 있으니까요.

개구루 환경을 제대로 만든 이후에는 정확한 측정 지표를 설정해야 합니다. 앞서 말씀드렸던 평가 기준을 가장 잘 표현할 수 있는 측정 지표여야 하죠. 만약 평가 기준과 측정 지표가 구매하고자 하는 제품의 특징이나 성능을 표현하지 못했다면, 열심히 BMT를 수행하고 나서 구매 목적과 다른 방면에서 최적화되어 있는 벤더를 선정하게 됩니다.

1 서버 부품별 테스트 방법 및 추천 도구

개구루 우리가 그래서 이번 시간에는 제품별 BMT에 관한 이야기를 해 볼까 합니다. 먼저, 서버 BMT부터 해 볼까요?

땡굴이 네. 일반적으로 BMT라고 하면 성능을 가장 중요하게 보는 게 일반적이고요. 그다음에 부품 이중화에 문제가 없는지를 보는 가용성이나 오랜 시간 동안 부하를 주는 상태에서도 문제없이 작동하는지를 보는 내구성 테스트를 하게 되죠.

개구루 서버 BMT라면 최근 들어 가장 많이 사용하는 x86을 말씀하시는 것 같은데, 어떻게 테스트를 하나요?

땡굴이 우선, x86 서버의 성능 판별은 주로 CPU, 메모리, 디스크, NIC, HBA를 테스트를 통해서 하게 됩니다.

코타나 아, CPU를 비롯해 핵심적인 부품은 모두 다 확인하는군요.

땡굴이 네, 그렇습니다. 특히, 공인된 CPU 성능은 TPC 같은 공인 기관에 큰 비용을 주지 않으면 결과를 얻기 힘든 수치죠. 그래서 일반적으로 서버 제조사에서 제공하게 되는 tpmC 자료는 모든 테스트를 실측해서 얻은 결과가 아니므로 추정치라고 이야기를 합니다. 제공하는 추정치를 갖고 서버 용량 산정을 해도 크게 무리는 없습니다. 다만, 제품을 선정하는 측면에서는 tpmC 같은 절대 수치를 측정할 수 있는 환경을 갖추기 어렵기 때문에 상대적인 비교를 주로 많이 하게 됩니다. 필요한 경우 업무의 처리량이나 응답 시간을 비교하여 상대 비교를 하는 경우도 있는데, 이럴 경우에는 아무래도 부하 발생기 환경을 구축하여 성능 테스트 전문가들과 함께할 필요가 있습니다. 물론, 추가적인 시간과 비용이 필요하겠지만요. 따라서 시간과 비용을 최소화하면서도 원하는 서버를 선택할 수 있는 측정 방법을 고민하게 되는데요.

(개구루) 측정 도구 같은 것도 많이 있겠네요.

(땡굴이) CPU 같은 경우는 시스벤치(Sysbench)라는 도구를 통해 측정할 수 있고요. 메모리는 스트림(Stream)이나 인텔에서 만든 메모리 레이턴시 체커(Memory Latency Checker)라는 프로그램도 있습니다. 또한, 스토리지 또는 디스크의 경우 IOzone이나 Vdbench 같은 도구를 통해 성능을 측정할 수 있습니다. Vdbench를 통해 HBA의 처리 성능도 같이 볼 수 있습니다. 또, 네트워크의 경우에는 대역폭을 측정해 주는 Iperf나 레이턴시를 측정하는 qperf 같은 것이 있습니다. 마지막으로, 서버의 내구성을 측정하는 것으로 유명한 도구인 스트레스(Stress)라는 것도 있지요. 스트레스는 오랜 시간을 측정할수록 좋겠지만, 최소한 3일 이상 측정하는 것이 좋다고 봅니다.

구분	측정 도구
CPU	Sysbench
메모리	Stream, Memory Latency Checker
디스크	IOzone, Vdbench
HBA	Vdbench
NIC	Iperf, qperf

서버 성능 측정 도구

(코타나) 이런 도구들은 모두 공개된 것인가요?

(땡굴이) 네, 그렇습니다. 깃허브(GitHub) 같은 곳에 가면 다운로드할 수 있고요. Vdbench는 오라클 홈페이지에 가면 다운로드할 수 있습니다.

(개구루) 그런데 이런 도구들은 모두 신뢰할 만한 것들일까요?

(땡굴이) 아무래도 기존에 많은 테스트를 통해 그 결과들이 인터넷에서 이미 오랜 시간 동안 공유되어 왔고, 또 어느 정도 해당 측정 도구들의 특성들을 알고 있기 때문에 특별히 신뢰성에 대해 문제로 삼거나 하진 않고 있습니다.

개구루) 그렇다면 절대적이진 않더라도 상대적인 비교는 충분히 가능하겠네요.

땡굴이) 네. 그래도 도구라는 것은 언제든 측정하는 환경에 따라 오차가 발생할 수 있거든요. 그래서 성능 측정은 최소 3회 이상을 측정하는 것이 바람직하다고 봅니다. 5회가 더 나을 것 같아요. 그러면 최솟값과 최댓값을 제외하고 나머지 값으로 평균을 낸다거나 하면 좀 더 믿을 만하겠죠. 그리고 명령어의 옵션을 보고 관련 파라미터의 수치를 변경해 가며 측정할 수 있도록 하면 좋습니다.

② CPU/메모리 BMT 사례

코타나) 그러면 이제 어떤 방식으로 측정하는지 궁금해지는데요?

땡굴이) 우선, CPU는 Sysbench로 볼 수 있다고 말씀드렸는데요. 원래는 MySQL 의 성능을 측정하는 도구였습니다. 그중 일부 기능을 통해 커널 스케줄링 성능을 볼 수 있습니다. 소수라고 아시죠? 더 쪼갤 수 없는 수죠. 이런 소수를 구하는 것은 많은 연산 과정이 필요한데요. 당연한 얘기이지만, 사람이 하려면 오래 걸릴 수 있는 일을 CPU는 금방 해낼 수 있습니다. 그래서 예를 들어 10만까지의 수에서 소수를 구하는 것을 1만 번 수행하는 데 필요한 시간으로 성능을 비교할 수 있죠. 빨리 끝날수록 더 고성능이겠지요. 아마도 사람이 계산하려면 수천만 년은 족히 걸릴 것 같아요. 하하!

개구루) 내부적으로 테스트를 해 보면 요즘 서버들은 몇십 초나 몇백 초 만에 끝내더라고요.

땡굴이) 이렇게 수행 시간으로 상호 비교가 되겠지요. 참고로, 물리적인 CPU에 하이퍼스레딩을 사용하면 논리적으로는 2배수의 CPU 개수를 갖게 되는데요. Sysbench를 돌릴 때 사용하는 스레드의 개수를 논리 CPU 개수를 초과하여 테스트해 보면 성능이 더 많이 증가하지 않는 것도 볼 수 있습니다.

코타나) 어느 수준을 벗어나면 임계를 만나게 되는 거군요.

땅굴이 네. 우리가 사전에 예측도 했지만, 테스트해 보니 실제 그렇더군요.

코타나 제 경험상 하이퍼스레드를 켰을 때 실제 애플리케이션에 대한 개선 효과가 생각보다 별로 크지 않은 경우도 있었습니다. 굉장히 미미하더라고요. 그때 당시 같이 일하는 사람들과 이야기했던 것은 '이 기능이 있으니까 쓰지 굳이 쓸 필요가 있겠느냐?' 하는 것이었거든요. 논리적으로 스케줄링을 추가로 해야 하므로 오버헤드도 있을 것 같고요. 실제 도움이 되는지는 아직도 명확히 모르겠더라고요. 요즘에는 이 기능이 나온 지 오래되다 보니 대부분 크게 신경을 안 쓰고 디폴트로 사용하고 있지요.

개구루 아마 그 이야기를 하려면 운영체제로 돌아가야 할 것 같은데요. CPU가 스케줄링될 때 한 태스크(task)에 주는 틱(tick)의 수가 있어요. 틱이라는 것은 연산하는 횟수인데, 그 틱의 횟수를 중간에 인터럽트를 할 수 있는가, 없는가, 얼마나 잘 분배를 하는가에 많은 영향을 받거든요. 10개를 틱 한 묶음으로 태스크에 넘겨주는 알고리즘이 있다면, 실제로 그 애플리케이션이 쓰는 틱이 2개라고 했을 때 8개가 남잖아요? 그럼 그 8개는 버리게 되는 거죠. 그렇게 되었을 때 10개를 주는 게 아니라 논리 CPU를 이용해 5개씩 잘게 쪼개서 주면 CPU의 활용도가 높아지니까 성능이 좋아지겠지요. 실제로 CPU 사용률은 10개로 잡히거든요. 10개에서 2개만 써도 10개로 잡히는데, 5개씩 잘게 쪼개서 주면 활용도가 더 올라가는 거죠. 이런 알고리즘으로 나온 게 하이퍼스레딩인데, 운영체제가 얼마나 최적화를 잘 해 주는가에 따라서 그 효과가 제대로 보이거나 미미하거나 하겠지요. 이것은 꼭 하드웨어의 기술에 국한되어 볼 건 아닌 것 같고요.

땅굴이 해당 애플리케이션의 프로세스가 스케줄링될 때 하이퍼스레딩이 도움이 될지 안 될지는 테스트를 통해 확인해야 합니다. 하이퍼스레딩 때문에 자원 간에 경합이 더 생길 수도 있거든요.

개구루 이런 것들은 애플리케이션의 성능을 개선하기 위해 오랜 시간 연구한 전문가의 설명이 필요할 것 같습니다.

땅굴이 박사님을 모셔야겠어요.

코타나 그다음은 메모리에 대해 이야기를 해 보죠. 메모리는 어떻게 측정을 하나요?

땡굴이 메모리는 단위 시간당 처리량으로 측정할 수 있습니다.

개구루 메모리에서 정보를 처리할 때 병목 지점이 어디인가요?

땡굴이 가장 빠른 CPU와 물리 메모리 사이의 경로를 놓고 봤을 때, L3 캐시와 메모리 사이의 구간이 병목이 됩니다. CPU는 보통 나노세컨드 단위이고, 메모리는 같은 나노세컨드라고 해도 CPU보다 훨씬 크죠. 그래서 그 속도 차이를 보완해 주는 게 캐시인데, 그중에서 물리 메모리와 가장 가까운 구간에서 병목이 생기게 되는 것은 어쩔 수 없죠. 물론, 그래도 서버 전체적으로 보면 하드디스크는 밀리세컨드 단위까지 올라가기 때문에 더 큰 강적이 존재하긴 합니다. 하하! Stream을 사용해서 CPU와 L3 캐시와 메모리 사이의 구간의 처리량을 측정합니다. 이 Stream에서는 네 가지 연산(copy, scale, add, triad)을 합니다.

코타나 그럼, 이 연산들을 시나리오를 주고 주어진 시간에 얼마나 많이 처리하는지를 평가하는 것인가요?

땡굴이 네, 맞습니다. 그리고 옵션을 보면 관련 파라미터가 존재하는데, 예를 들어 L3 캐시의 크기를 충분히 활용할 수 있도록 테스트 메모리 사이즈를 고려하는 부분도 있고요. 스레드 개수도 늘려가면서 할 수 있고요.

3 디스크/네트워크/내구성 BMT 사례

땡굴이 디스크 같은 경우에는 IOzone이나 Vdbench 등을 통해 파일 생성 속도와 같은 것들을 측정할 수 있습니다. 네트워크 측정은 앞서 말씀드린 Iperf나 qperf를 이용하는데, 네트워크다 보니 서버가 2대가 필요하게 됩니다. 하나는 서버, 나머지 하나는 클라이언트로 구성하죠.

BMT는 정확한 측정이 필요하므로 어떤 환경을 구성하든지 간에 물리적으로 간섭받지 않는 독립된 환경이어야 합니다. 직접 서버 간에 연결한다거나 스위치를 이용한다고 해도 테스트 장비 외에는 다른 장비는 연결하지 않아야 하죠.

[개구루] 한 스위치에서 다른 서버들과 통신하고 있는 중에 네크워크 테스트를 하게 되면 어떤 영향이 있게 되는 건가요?

[땡굴이] 아무래도 하나의 스위치에서 처리할 수 있는 대역폭이 수십에서 수백 Gbps 이상을 처리하기 때문에 큰 영향은 없으리라 봅니다. 그래도 더 정확한 테스트를 위해서는 다른 장비들이 없어야겠죠.

[코타나] 방금 땡굴이 님이 말씀하신 것은 기술 문제라기보다는 결과에 대한 문제와 조금 가까울 것 같습니다. 어쨌든 시험이잖아요? 이것으로 인해 어느 회사는 선정될 것이고, 어느 회사는 탈락되기 때문에 테스트 결과가 잘 나올 수 있도록 환경을 준비해 주는 것도 중요하지만, 테스트가 끝나고 나서도 말이 없어야 하거든요. 예를 들어, 우리 테스트할 때 저 회사 장비를 연결해 놓고 테스트하지 않았느냐와 같은 잡음을 제거하기 위해서라도 완전히 독립되게 분리해서 진행하는 것이 필요하죠. BMT라는 것이 진행하다 보면 예상치 못한 것들이 굉장히 민감한 이슈로 떠 오르기도 하니까요.

[땡굴이] 테스트 환경을 공정한 환경이 되도록 통제하는 것은 아무리 강조해도 지나침이 없을 것 같고요. CPU나 메모리 등은 로컬 서버에 탑재된 부품이기 때문에 성능을 측정할 때 다른 장비의 영향을 받지 않지만, NIC나 HBA 같은 부품은 다른 서버나 스토리지를 연결하여 테스트를 진행하기 때문에 영향받을 가능성이 충분히 있습니다. HBA는 Vdbench를 통해 측정한다고 했는데, 이 도구는 스토리지 BMT에서 다시 설명할 기회가 있을 것 같아서 넘어가도록 하겠습니다.

그리고 부품의 성능 테스트 외에 부품 구성의 가용성을 테스트하는 것이 있습니다. 예를 들어, 이중화 구성이 된 파워 서플라이나 NIC, HBA, 디스크 등에서 하나를 강제로 폴트(fault)를 유발해도 정상적으로 서비스를 지속할 수 있는지를 보는 것입니다.

마지막으로, 스트레스 테스트가 있습니다. CPU, 메모리, 디스크에 지속해서 부하를 최대로 유발하는 것입니다. 이것은 리눅스에 기본 탑재된 Stress라는 도구를 사용하면 되는데요. 그렇다면 얼마만큼 스트레스 테스트를 하는 것이 맞겠냐는 질문에는 사실 정답이 없습니다. 프로젝트 기간 내에서 충분하다고 판단하는 기간으로 테스트하는 것이 좋습니다. 한 3, 4개월 하면 좋겠죠?

[개구루] 전기세 엄청 나오겠는데요?

[코타나] 진행은 보통 얼마나 하시나요?

[땡굴이] 최소한 3일 정도면 될 것 같습니다. 주어진 시간을 최대한 활용해야 하는 게 관건이겠지만요. 갑자기 제가 모 서버 제조회사의 소개 비디오를 본 기억이 떠오르네요. 그 비디오에서는 서버의 내구성 테스트 도중에 서버에다 물을 뿌리는 테스트가 있더군요. 당시로써는 꽤나 충격적이었던 것으로 기억합니다. 훗날 서버가 우주로 가게 되면 배터리 지속 테스트와 같은 뭐 그런 것도 생길 수 있지 않을까요?

[코타나] 테스트를 준비하면서 느낀 점은 없으신가요?

[땡굴이] 뭐니 뭐니 해도 공정성에 가장 많이 신경을 썼던 것 같습니다. 시작부터 평가를 정리하는 마지막 순간까지 공정한 테스트가 되도록 노력했고요. 그동안 테스트를 준비한 시간에 비해 실제 테스트한 시간은 참 짧았던 것 같습니다. 어떤 시험도 마찬가지이겠지만요.

SECTION 03 네트워크 장비 BMT

1 네트워크 테스트 장비: 계측기

코타나 이번에는 네트워크 장비의 BMT에 관해 설명해 드리겠습니다. 앞서 땡굴이 님도 말씀해 주셨지만, BMT에서 가장 중요한 요소 중 하나가 바로 '테스트의 공정성' 입니다. 테스트 결과에 따라 누군가는 좋은 평가를, 누군가는 좋지 않은 평가를 받게 되기 때문에 모두가 인정하는 테스트 방법과 테스트 도구를 사용해야만 그 결과에 승복할 수 있게 되죠.

개구루 맞아요. 예를 들어, PC용 그래픽 카드 벤치마크 리뷰를 보면 해당 리뷰어가 3Dmark, CineBench 등의 툴을 사용하면서 '이 툴은 OO의 카드에 최적화되어 있다.' 라는 이야기를 하는 모습을 자주 볼 수 있거든요. 아무래도 제조사 입장에서는 유명 벤치마크 도구나 게임에서 최고의 성능을 낼 수 있도록 드라이버나 특수한 프로그램 을 적용하여 성능을 최적화시키는 경우가 많기 때문에 리뷰어들은 최대한 공정한 평 가를 위해 여러 개의 도구를 사용해서 테스트를 진행하는 거죠.

코타나 네트워크 장비 테스트는 대량의 패킷이 유입될 때 얼마나 빨리 패킷을 라 우팅하는지, 패킷 손실은 없는지를 보는 게 목적입니다. 그런 테스트 환경을 구성하 기 위해서는 대량의 패킷을 발생시켜 주는 장비가 필요한데. 그것이 '계측기(channel emulator 또는 Ethernet emulator)'입니다. 계측기는 대량의 패킷을 쏴서 해당 패킷이 얼마 만에 처리되는지, 손실은 얼마나 발생하는지를 측정하여 결과를 집계해 주는 역할을 합니다.

좌측: STC의 Spirent 계측기, 우측: IXIA의 BreakingPoint 계측기

땡굴이 님이 서버 BMT 내용을 설명해 주셨는데, 서버 1대에서 생성시킬 수 있는 트래픽 양이 일반적으로 40Gb~100Gb 정도입니다. 대형 백본 스위치는 10Gb 포트를 768개 구성할 수 있기 때문에 일반 서버가 발생시키는 트래픽으로는 충분하지 않죠. 또한, 네트워크 트래픽 발생 툴로 사용되는 qperf나 Iperf 역시 서버의 네트워크 처리 성능 측정 용도로 개발되었기 때문에 네트워크 장비를 시험하는 데에는 적절하지 않습니다. 그래서 대형 네트워크 장비 테스트 시에는 계측기를 사용하게 됩니다.

계측기는 일반적으로 STC와 IXIA의 제품을 많이 사용하는데, 계측기가 워낙 고가의 장비이다 보니 글로벌 벤더는 자체 테스트 센터에 계측기를 보유하고 있지만, 중소 규모 업체들은 계측기를 렌트하여 사용하기도 합니다. 보통, 하루 임대 비용이 수백만 원대이기 때문에 테스트 시나리오와 일정을 잘 수립해야지만 최소의 비용으로 충분한 테스트를 진행할 수 있습니다.

2 L2/백본 스위치 BMT 사례

코타나 최근에 제가 테스트한 장비는 시스코의 Nexus 7000 시리즈와 화웨이의 CE(CloudEngine) 12000 시리즈 백본 스위치 2종을 대상으로 진행했습니다. 해당 장비들은 포트당 40Gb의 처리가 가능했기 때문에 계측기 역시 포트당 40Gb를 뿜어 내줄 수 있는 고성능 계측기가 필요합니다.

땡굴이 라인 카드 하나에 포트가 48개씩 있는데, 각각의 포트가 모두 10Gb 풀 스피드로 동작하는지를 확인해 보려면 어떻게 해야 하나요? 각각의 포트를 모두 측정하려면 시간이 너무 오래 걸릴 것 같은데요?

코타나 좋은 질문입니다. 그래서 스네이크 체인(snake chain)이라는 방식으로 구성을 합니다. 이 방식은 0번 포트(인입 포트)와 47번 포트(출구 포트)를 계측기와 연결하고, 나머지 포트들은 서로 간에 크로스로 구성하는 방식입니다. 이렇게 구성하면 계측기가 10Gb를 흘렸을 때 각 포트가 10Gb를 처리하는지 확인 할인할 수 있죠. 백본 스위치 테스트 시에도 이걸 응용해서 48포트 라인 카드(L2 스위치 1대와 같은 역할을 수행하는 부품)를 연속으로 연결하면 전체 장비의 10Gb 포트를 점검할 수 있습니다.

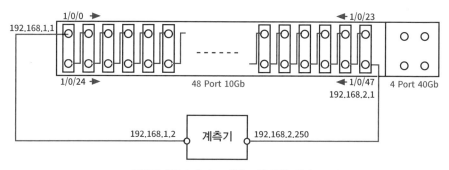

단일장비의 스네이크 체인 구성 방식 예시

그리고 대역폭만큼 중요한 부분이 바로 가용성 테스트인데요. 이러한 가용성은 개별 GBIC 모듈에서 라인 카드, 컨트롤러, 패브릭까지 모두 이중화 구성이 되어야 합니다. 여러 개의 라인 카드 사이에 구성한 이중화 테스트를 위해서는 어떻게 포트를 구성하면 좋을까요? 이 역시도 스네이크 체인의 응용으로 가능합니다. 하나의 장비에 2개의 라인 카드가 있다고 하면, 계측기에서 2개의 라인을 뽑아서 하나는 첫 번째 라인 카드에, 다른 하나는 두 번째 라인 카드에 연결하고 2개의 라인을 LACP로 묶어둡니다. 이 상태에서 컨트롤러를 제거했을 때 이상이 발생하는 경우가 있는지, 라인 카드 한쪽이 정상/비정상 상태일 때 패킷 처리량이나 손실률 등을 확인할 수 있습니다.

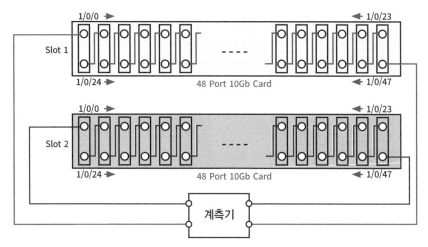

가용성 테스트 시 스네이크 체인 구성 방식

그리고 가용성 테스트 시에는 단순히 핑(ping)만 보내기보다는 대량의 트래픽을 흘리면서 진행하는 게 좋습니다. 그 이유는 핑은 패킷의 사이즈가 작고 발생량이 충분치 않아 정상 경로로 패킷이 제대로 전달 및 처리되는지, 다시 정상으로 돌아왔을 때 트래픽은 균일하게 분산되는지, 정상/비정상 상태에서 레이턴시는 일정하게 유지되는지 등을 확인하기 어렵기 때문입니다.

개구루 설명을 듣다 보니 조금 궁금한 점이 생기는데요, 이런 네트워크 장비의 BMT 방식이 보편적으로 수행되는 방식이라고 알고 있는데, 굳이 많은 시간과 비용을 들여서 이런 테스트를 진행해야 하는 이유가 있나요? 단순히 10Gb를 흘려서 10Gb가 나오는 테스트이고, 네트워크 장비에서 가능한 튜닝의 요소도 제한적이라면 굳이 직접 테스트하지 않고 타사에게 실시한 테스트 결과를 가지고 대체하면 되지 않을까 하는 생각이 들거든요.

코타나 테스트 방식이 일반적인 것이지 이만큼의 부하를 흘리는 건 일반적이지 않아요. 우리가 어떤 장비를 도입할 때는 용량 계획을 합니다. '첫해에는 이 정도 쓸 거고, 그다음 해에는 이 정도 증가해서 사용할 것이고, 그래서 몇 년 후에 약 70% 성능을 사용하게 되면 교체를 검토한다.'는 식인데요. 장비를 구입하고 나서 처음에는 최대 성능만큼 사용하지 않으니 보통 문제가 없어요. 하지만, 이후에 점점 사용량이 늘어나서 최대 성능에 근접하게 되었을 때, 기대했던 성능이 나오지 않으면 그때는 이미 시간이 많이 지나버려 장비를 반납할 수가 없습니다. 그래서 예상보다 일찍 혹은 급하게 장비 교체를 시작해야 하는 문제가 발생하는 거죠.

그래서 이러한 테스트를 통해서 100% 부하일 때도 정상적으로 동작하는지를 확인하고, 그 결과를 우리뿐만 아니라 해당 업체 및 경쟁 업체 모두가 공증한다는 데도 의의가 있습니다. 실제 BMT 시나리오는 실제와 유사한 상황이지 같은 상황은 아니기 때문에 향후 실제 운영 상황에서 테스트 결과와 다른 현상이 발생하였을 때, BMT 결과를 근거로 수정 혹은 개선을 요청할 수 있는 것이죠.

(땡굴이) 하나 더 덧붙이자면, BMT 테스트는 각 회사의 상황에 따라 구성이나 시나리오가 다르기 때문에 타사의 테스트 결과만을 가지고 우리가 도입할 장비도 문제없다고 판단하기가 쉽지 않습니다. 장비에 들어가는 제품들도 생산 일자에 따라 양품과 불량품이 존재할 수 있고, 여러 부품 제조사를 통해서 납품받은 부품으로 최종 완성품만 조립하는 경우도 많기 때문에 중요한 장비의 도입 시에는 각각에 대해서 테스트를 진행하는 것이 최선입니다.

(코타나) 다음으로는 가상화 테스트입니다. 백본에서의 가상화는 내부 가상화와 외부 가상화로 나누어집니다. 내부 가상화는 말 그대로 하나의 장비 안에서 가상화를 구성하는 방식이고, 외부 가상화는 물리적으로 분리된 장비 간에 가상화를 구성하는 방식입니다. 업체별로 가상화 장비 생성 개수라든지, 가상화 구성 시의 오버헤드, 즉 물리 장비로 구성한 경우와 대비하여 어느 정도 성능 저하가 있는지가 다르기 때문에 이런 부분에 관해서 확인하는 것이 중요합니다.

(개구루) 이런 내용은 스펙 정보에 나오지는 않나요?

(코타나) 스펙 문서에 나와 있는 경우도 있고 나와 있지 않은 경우도 있습니다. 해당 제품에 대해 익숙하지 않은 고객이라면 이런 부분들을 세세하게 확인하기 어렵고, 도입 시점에서 이를 간과하고 넘어가게 되면 추후 운영 중에 장비의 용량은 충분한데 가

상 스위치가 추가로 필요해질 때 구성할 수 없게 되어 추가로 장비를 도입해야 하는 경우가 생기는 거죠.

여기까지 해서 스위치 장비에 대한 BMT 방법에 관한 설명을 마치겠습니다.

영역	테스트 항목	영역	테스트 항목
내구성	Aging test(72시간 Full Load)	가상화 기능	가상화 장비 간 영향도
성능	비가상화 10G packet 값(%)		가상화 장비별 Configuration Mgmt 분리
	비가상화 40G packet 값(%)		Loop Free 가상화 기능(MLAG, VPC 등)
	Switching Fabric 이중화	가용성	이중화 장비 Cold 부팅 테스트
	가상화 10/40G packet loss 값(%) : (가상화 2개 생성)		I/O 모듈 탈착/장착
	가상화 10/40G packet loss 값(%) : (가상화 3개 생성)		전원부/제어부 이중화
	가상화 10/40G packet loss 값(%) : (가상화 4개 생성)	운영상 필요 기능	운영 중 OS 업그레이드 기능
	가상화 10/40G packet loss 값(%) : (가상화 5개 생성)		CPU 과부하 방지 기능
	가상화 10/40G packet loss 값(%) : (가상화 6개 생성)		RADIUS, TACACS+ 인증, 권한 기능

L2, 백본 스위치 도입 시 일반적으로 수행하는 테스트 시나리오 샘플

3 L4 스위치 BMT 사례

코타나 이번에는 L4/7 스위치의 BMT 방법에 관해 알아보겠습니다. 네트워크 편에서 말씀드렸듯이, L4, L7 스위치는 다양한 기능을 가지고 있는데요. 대표적으로 어떤 것들이 있었는지 혹시 기억나시나요?

개구루 L4 스위치의 가장 큰 역할은 가상 IP와 포트를 제공해서 여러 서버 간에 단일화된 접속 경로를 제공해 주는 것과 각 서버 간에 부하를 분산해 주는 것이고요. L7 스위치는 웹 가속 기능과 SSL 가속 기능이 핵심적인 역할이죠.

코타나 역시 개구루 님은 정확히 알고 계시네요. 복습의 의미로 다시 한번 정리해 보면, 서버 간의 부하분산은 라운드 로빈(round robin), 최소 연결(least connection), 해시

(hash) 방식이 있고, 각 방식마다 저마다의 장단점이 존재하죠. 그리고 웹 가속은 정적 콘텐츠를 캐싱하는 기능과 JS, CSS, HTML 등의 코드 파일을 압축해 주는 미니피케이션(minification) 기능이 있고요. SSL 가속은 말 그대로 SSL 암·복호화 작업을 L4/7 스위치가 대신해 주는 것이죠. 이런 각각의 기능에 대한 성능을 비교하려면 어떻게 하면 될까요?

땡굴이 트래픽 처리량이나 세션 연결 수 등을 보면 되는 것 아닐까요? 기본적으로 이중화 테스트 같은 것도 해 봐야 할 것 같고요. 웹 가속이나 SSL 가속 기능은 어떤 방법과 기준으로 평가하는지 잘 모르겠네요.

코타나 하나씩 설명해 드릴게요. 일단, L4 스위치의 가장 기본적인 기능이 가상 IP, 포트 제공과 서버 간 부하분산 기능이라고 말씀드렸죠? 이것을 측정하기 위해서 CPS(Connections Per Second)와 MCC(Max Concurrent Connection) 두 가지 지표를 봅니다.

CPS는 '1초당 생성 가능한 연결의 수'를 의미하는데요. 동시에 많은 수의 연결을 생성할수록 장비의 성능이 높은 것이죠. 제공하는 서비스에 비해 CPS가 부족하면 순간적으로 사용자들이 대거 몰리게 되는 경우에 연결이 지연됩니다. 그래서 BMT 시에는 CPS 수치를 계속 증가시키면서 최대치에 도달하는 시점의 연결 생성 개수를 측정합니다.

MCC는 동시에 유지 가능한 연결 수인데, 많은 사용자가 접속하는 시스템의 경우 그 수만큼의 연결을 계속 유지해 줄 수 있어야 합니다. 그래서 기존 연결 경로로 일정 데이터를 흘리면서 계속해서 새로운 연결을 늘려가면서 테스트합니다. 임계치에 도달하면 새로운 연결이 생성될 때 기존 연결을 종료시키는데, 이때의 수치를 측정합니다.

구분	테스트 항목	
기본 성능	Throughput(Gbps)	20Gbps 이상
	Layer 4CPS	500,000Cps 이상
	Max Concurrent Connection	10,000,000 이상

L4 스위치의 기본 성능 테스트 항목 예시(서비스 사용자 수나 특성에 맞게 기준은 조정 필요)

4 L7 스위치 BMT 사례

코타나 다음은 L7 스위치의 웹 가속 기능입니다. 웹 가속 기능 중에서 오브젝트 압축(compression)과 코드 압축(minification) 기능 두 가지를 테스트하는데요. 압축이라는 게 기본적으로 CPU 기반의 작업이다 보니 동시에 많은 데이터를 압축하려면 CPU 성능이 충분해야 합니다. 예를 들어, 처리량(throughput)이 20Gbps라고 하면 압축을 하지 않았을 때 초당 20Gb를 전송하는 장비라는 뜻인데, 이 장비의 압축 처리량이 5Gbps라고 하면 지연 없이 최대 5Gb까지 압축시켜서 데이터를 전송할 수 있다는 뜻입니다.

압축 테스트를 진행하면 CPU 사용량이 급증하게 되는데, 이때 안정적으로 부하분산 및 데이터 처리가 되는지, 응답 시간 지연이 발생하지 않는지 등을 주로 확인하게 됩니다.

미니피케이션 기능은 압축에 비해서는 상대적으로 적은 CPU를 사용하지만, 회사별로 성능 차이가 있으니 이를 비교해 보면 되고, 중요한 것은 변환된 코드가 변환 전 코드와 같은 결과를 도출하는지를 확인하는 것입니다. 그래서 미니피케이션 테스트를 위해서는 실제 사용하는 코드를 가지고 테스트를 하는 게 가장 확실합니다.

그 외 웹 캐시 기능은 현재 보편화된 기술로 업체 간의 차이가 크지 않아 기능 동작 여부와 적용 전후 응답 시간 차이 정도만 확인하면 되고, HTTP 2.0 Gateway 기능 역시 기능이 정상적으로 동작하는지만 확인하면 됩니다.

개구루 HTTP 1.1, HTTP 2.0은 들어봤는데, HTTP 2.0 Gateway라는 건 처음 들어보네요. 어떤 기능인가요?

코타나 HTTP도 프로토콜의 일종인 건 아시죠? 현재 가장 널리 사용되는 HTTP 프로토콜의 버전은 1.1입니다. HTTP 1.1은 1999년에 표준으로 정의된 이후 지금까지 변경 없이 사용되고 있는데, 한 번에 하나씩의 요청만 순차적으로 처리하는 특성이 있습니다. 그러다 보니 예전과 달리 지금처럼 다양하고 복잡한 콘텐츠가 사용되는 모바일, 웹 환경에서는 아무래도 응답이 느려지게 되는 거죠. 그래서 다중 전송이나 보안 강화를 위해 암·복호화 기능을 포함한 것이 HTTP 2.0인데, 이것이 정상적으로 동작하려면 사용자 PC에서 웹 서버까지 전체 경로가 HTTP 2.0으로 동작해야 합니다. 사용자 PC의 경우 대부분의 브라우저가 HTTP 2.0을 지원하지만, 웹 서버 소프트웨어 중에서 아직 HTTP 2.0을 지원하지 않는 경우가 있기 때문에 L4/7 스위치가 중간에서 HTTP 2.0으로 유입된 데이터를 HTTP 1.1로 변환시켜 주는 기능입니다.

구분	테스트 항목	
웹 가속 기능	Compression Throughput	5Gbps 이상
	Gzip/deflate 압축, 이미지 최적화	
	CSS 축소, 자바스크립트 축소(minify)	
	Http 2.0 Gateway 기능	

L7 스위치의 웹 가속 기능 테스트 항목(트래픽 양과 시스템 환경에 맞게 조정 필요)

코타나 다음은 SSL 가속 기능입니다. SSL 가속 기능에 관해서 이야기하려면 먼저 SSL(Secure Socket Layer)이 무엇인지 알아야겠죠? 간단히 말하면, SSL은 End-to-End로 메시지를 암호화시켜서 악의적인 사용자가 중간에 패킷을 가로채더라도 해석할 수 없도록 만드는 보안 기술입니다. 모든 패킷을 암호화해서 보내고 암호화된 패킷은 복호화시켜야만 내용을 확인할 수 있기 때문에 웹 서버에 많은 부하를 주게 됩니다. 그래서 이 작업을 웹 서버 앞단의 L7 스위치가 대신해 주는 것이죠. 이 외에도 L7은 URL 정보를 가지고 IP, 포트를 매핑해 주는 등 다양한 처리가 가능한데, 이러한 처리 성능을 나타내는 지표가 바로 TPS(Transaction per Second, 초당 처리 건수)입니다.

땡굴이 SSL 같은 경우는 아무래도 암호화 키의 길이나 암호화 알고리즘에 따라 성능 차이가 크게 날 것 같아요. 암호화 키가 길면 길수록, 그리고 알고리즘이 복잡하면 복잡할수록 암호화/복호화하는 데 시간이 오래 걸리거든요. 과거에는 암호화 키를 512~1,024비트만 해도 충분했지만, 요즘은 기본적으로 2,048~4,096비트까지 암호화 키가 길어지고 있다고 하네요.

코타나 맞습니다. 요즘 대형 사이트들은 대부분 2,048비트 키를 사용하고 있고요.

암호화 알고리즘도 SHA1의 취약점이 발견된 이후부터는 SHA2를 많이 사용하고 있습니다. 그래서 BMT 수행 시에도 해당 서비스에 알맞은 암호화 규격을 먼저 정의하고 해당 규격 내에서 필요한 성능치를 결정하여 만족 여부를 체크하게 됩니다.

구분	테스트 항목	
SSL 가속 기능	SSL TPS(2048keys)	12,000TPS 이상
	SSL Throughput(2048keys)	8Gbps 이상
	SSL 가속기 지원 방식(H/W 기반, S/W 기반)	
	SSL Offload 지원, Client IP Transparent mode 지원	
	암호체계-전자 서명키 2,048key, 해쉬 알고리즘 SHA-256(SHA2 지원)	
	TLS v1.0, 1.1, 1.2 지원	

L7 스위치의 SSL 가속 기능 테스트 트래픽 양과 시스템 환경에 맞게 조정 필요)

(개구루) 테스트 항목 중 TLS랑 SSL 가속기 지원 방식이란 건 어떤 의미인가요?

(코타나) SSL은 원래 넷스케이프가 개발한 암호 기술인데, 이를 국제 표준으로 정의한 게 TLS(Transport Layer Security)입니다. 그래서 TLS v1.0~1.2는 SSL v3.1~v3.3과 같다고 생각하시면 됩니다. SSL 가속기 지원 방식은 SSL 암·복호화를 처리할 때 L7 스위치의 CPU 부하가 증가한다고 말씀드렸잖아요? 만약 암·복호화 때문에 CPU에 과부하가 걸린다면 정상적인 데이터 처리에 영향을 받을 수 있습니다. 따라서 암·복호화를 담당하는 별도의 전용 카드를 장착하는 제품을 하드웨어 기반 암·복호화 기능을 제공한다고 이야기합니다. 성능이 좋은 대신 가격이 조금 비싼 편이죠. 반대로, 소프트웨어 방식은 L7 스위치의 CPU를 함께 사용하는 방식입니다.

(개구루) 테스트 한 번 하기 위해서 알고 있어야 할 내용이 정말 많군요. 배워도 배워도 끝이 없는 것 같아요.

(코타나) 맞아요. 그래서 이런 테스트를 수행할 때는 많은 전문가의 의견을 듣고 정확한 요건을 정의해서 진행하는 것이 무엇보다 중요합니다. 잘 수립된 테스트 계획은 도입 당시뿐만 아니라 향후 운영 중에 발생할 수 있는 문제점을 최소화할 수 있기 때문

에 전문가와 비전문가 간의 차이가 매우 크게 나는 법이죠.

5 방화벽 BMT 사례

코타나 마지막으로, 방화벽 BMT에 관해서 알아볼게요. 땡굴이 님. 방화벽이 어떤 장비인지, 어떤 종류가 있는지 간단히 설명해 주실 수 있으세요?

땡굴이 네. 방화벽(firewall)은 말 그대로 접속이 허용된 사용자만 확인하여 접속을 허용해 주는 보안 장비인데요. IP와 포트를 가지고 접근 제어를 수행하는 일반 방화벽과 송수신되는 내용을 확인하여 악의적인 내용이 포함된 경우에는 해당 연결을 차단하는 웹 방화벽(Web Application Firewall, WAF)으로 크게 나뉩니다.

코타나 정확한 설명 감사합니다. 땡굴이 님이 설명해 주신 내용을 듣고 나서 '아, 일반 방화벽은 이런 부분을 봐야 하고 웹 방화벽은 이런 부분을 봐야겠구나' 하는 생각이 들면 이제 초보자 이름표는 뗄 수 있는 거죠. 일반 방화벽이 IP와 포트로 접근 제어한다는 건 어떤 의미일까요? 바로 L3, L4 레이어에서 접근 제어를 한다는 이야기입니다. 즉, L3 스위치와 L4 스위치의 성능 지표들인 Throughput과 CPS를 이용해서 성능을 측정해야 한다는 거죠. 그러면 메시지 내용을 가지고 접근 제어를 하는 웹 방화벽은 바로 이해가 가죠. 메시지를 열어보려면 L7까지 해석해야 하고, 그러려면 L7 스위치의 성능 지표인 TPS를 측정해야 하는 거죠.

개구루 역시 네트워크의 기본은 OSI 7계층이군요. 다시 한번 기본의 중요성을 되새기게 됩니다.

코타나 그렇죠. 기본의 중요성은 아무리 강조해도 지나치지 않습니다. 매번 새로운 기술과 용어들이 나오지만, 기본이 되는 이론적 바탕은 같기 때문에 그러한 기본 지식이 있어야만 새로운 개념을 빨리 이해할 수 있죠. 방화벽의 BMT 방법은 앞서 말씀드린 L4/7 스위치 방법과 거의 유사하기 때문에 어떤 항목들을 점검해야 하는지에 대해서만 간단히 알려드리고 마치겠습니다. 그리고 최근의 방화벽 제품들은 가상화 기능을 포함하고 있는 경우가 많습니다. 그래서 가상화 기능이 필요한 경우에는 가상화 요건에 대해 추가로 정의해서 BMT 테스트 때 점검해 보는 것이 필요합니다.

구분	요구 조건	
성능	Firewall throughput(UDP 1518 기준)	40Gbps 이상
	MCC(Maximum Concurrent Connection)	5,000,000 이상
	CPS(Connetction per Second)	80,000 이상
가상화 기능	가상화 방화벽 생성(2개 이상)	
	가상화 방화벽 장애 시 타 가상화 방화벽에 영향 없어야 함	
	가상화 방화벽별 Configuration/Management 분리 기능 지원	
가용성	장비 및 주요 부품에 대한 Failover(High Availability/이중화) 구성	
	운영 중 OS 업그레이드 기능 지원(업그레이드 시 서비스 영향 없어야 함)	
	LACP 및 Link Fail Monitoring 기능 지원	
관리 기능	CPU/Memory/Session/traffic 모니터링, TCPDUMP 지원	

방화벽 BMT 시 주요 점검 항목들(업무의 특성이나 용도에 맞게 항목과 수치를 조정해야 함)

스토리지 장비 BMT

1 스토리지 테스트의 목표

개구루 스토리지 편에서 많은 내용을 다루었던 스토리지도 BMT를 할 때 성능 지표를 비롯해 평가 기준과 방법, 그리고 공정한 환경을 만들어야 하는 이슈 등 성공적인 스토리지 BMT를 위해서는 고민해야 할 사항이 매우 많습니다.

코타나 우선, 스토리지 BMT를 왜 하는지에 대해서 설명해 주세요.

개구루 지금부터 할 긴 이야기를 간단히 정의해 드리면, 가능한 적은 비용으로 비즈니스를 수행하기에 충분한 성능과 용량을 확보한 스토리지를 구매하기 위해서입니다. 아무래도 제가 개발자 출신이다 보니 과거에 스토리지로 인해 만났던 한계에 대한 이야기로 시작하려고 해요.

코타나 개발자가 느끼는 한계라고 한다면 프로그램의 성능이 안 나왔나요?

개구루 제가 개발자였을 때 고도의 성능이 요구되는 온라인 처리 시스템들은 대부분 오라클 DB를 사용했습니다. 오라클 DB는 잘 알려졌다시피, 수많은 힌트와 기능을 통해 데이터를 취급하는 방식에서 튜닝할 수 있는 범위가 매우 넓은 솔루션입니다.

코타나 말씀하신 대로 오라클 DB는 튜닝이 가능한 범위가 매우 넓은 솔루션이어서 하드웨어의 최대 성능까지 튜닝이 가능하죠?

개구루 말씀하신 내용에 매우 동의합니다. 그래서 스토리지에 아쉬웠던 것인데요.

제가 오케이캐시백이라는 시스템에서 포인트를 적립하거나 사용한 내역을 조회하는 모듈을 개발하던 시절이었습니다. 고객이 내역 조회를 요청한 뒤에 실제 내역이 화면에 출력되기까지 기다리는 시간에 한계가 있고, 시스템에서도 한 번의 고객 요청을 처리하기 위해 사용하는 인프라 자원 소모를 제한하기 위해서 타임아웃 처리, 즉 더 이상 작업을 진행하지 않고 포기한 뒤 고객에게는 처리 불가라는 응답을 주는 처리 방식이 있습니다.

땡굴이 타임아웃 처리는 시스템의 가용성을 유지하기 위해서 가장 강력하면서도 가장 쉬운 방식의 처리 흐름이죠.

개구루 오케이캐시백을 정말 열심히 이용하는 충성 고객이 최근 3개월 이내에 적립이나 사용한 거래 내역이 2천 건이 있다고 가정하면, 2천 건의 거래 내역을 스토리지에서 가져오기 위해서는 서버에서 스토리지로 2천 번의 데이터를 읽어야 합니다. 한 번 스토리지에 다녀오는 시간이 10ms라고 하면 20초가 걸리게 되죠.

땡굴이 그러면 타임아웃 시간이 10초로 되어 있으면 처리 시간이 타임아웃 시간을 초과하니 처리할 수 없다고 응답했겠군요.

개구루 충성 고객이 오케이캐시백 시스템에는 더 많은 돈을 벌어주는 중요한 고객인데, 오히려 충성 고객이 서비스를 제대로 받지 못하는 상황이 되는 것이죠. 이러한 상황이 반복될수록 고객이 느끼는 서비스의 질은 계속 낮아지게 됩니다. 조금만 과장해서 이야기하자면, 실패한 프로젝트인 거죠. 위에서 설명해 드렸던 스토리지에 다녀오는 시간을 스토리지 응답 시간(response time)이라고 하고, 보통 밀리세컨드로 표기합니다.

땡굴이 한 번에 꼭 1건씩만 가지고 오나요? 스토리지에서 데이터를 가지고 올 때는 블록 크기(block size)라고 해서 오라클 DB 같은 경우는 8KB에서 1MB까지 다양한 크기로 데이터를 가져오기 때문에 잘 튜닝된 데이터베이스는 한 번에 수십 건에서 수천 건까지 데이터를 가져올 수 있는데, 2천 건의 데이터를 가져오기 위해서 무조건 2천 번을 다녀온다는 것은 가장 최악의 순간을 논하는 것 같습니다.

개구루 당연히 그렇게 생각하실 수도 있어요. 매우 좋은 지적입니다. 오케이캐시백은 하루에도 수백만 건의 데이터가 발생하고, 데이터는 시간 순서대로 순차적으로 쌓입니다. 그리고 오케이캐시백 거래 내역은 고객이 실제로 소비 활동을 해야만 발생하기 때문에 같은 데이터 블록에 한 고객의 거래 내역이 2건 이상 존재하기 쉽지 않은 비즈니스 형태입니다. 따라서 읽거나 저장할 때 한 번에 주고받을 수 있는 데이터의 크기를 의미하는 블록 사이즈가 매우 크지 않는 이상 2천 번을 스토리지에 다녀와야 한 번 응답할 수 있는 것입니다.

코타나 응답 시간이 10ms라고 하면 1초에 100번이네요?

개구루 다음에 설명해 드리고자 했던 성능 지표를 미리 말씀해 주셨는데요? 하하! IOPS라고 해서, 1초 동안 데이터를 주고받는 횟수를 성능으로 이야기하기도 합니다. 따라서 응답 시간이 10ms라고 했을 때 스토리지와 순차적으로 데이터를 주고받는다면 1초에 100번이 가능하고, 100 IOPS를 의미합니다. 100 IOPS로 2천 건의 캐시백 거래 내역을 조회하려면 20초가 걸리겠지요.

땡굴이 처리량(throughput)이라고 해서 초당 데이터 송수신량으로 성능을 표기하기도 하죠.

개구루 단위 표시로 보면 MB/s를 많이 사용합니다. 인터넷에서 파일을 다운로드할 때 많이 보셨을 테니 추가적인 설명은 안 해도 될 것 같습니다.

❷ 스토리지 지표 관리 기관, SPC

코타나 우리가 스토리지를 구매한다고 하면 스토리지들의 성능 지표를 알아야 할 것 같은데, 공신력 있는 기관에서 관리한다고 알고 있어요.

개구루 이러한 지표들을 공신력 있게 관리하는 기관들이 있습니다. 가장 대표적인 기관으로 SPC(Storage Performance Council)라는 기관이 있습니다. 설명해 드렸던 지표들을 수많은 스토리지 제품에 대해서 공개적으로 테스트한 결과를 인터넷에 공개하는 기관입니다. 이 기관에서는 크게 두 가지 시나리오를 공개하고 있는데, 첫 번째로는 온라인 요청 처리 시나리오이고, 또 하나는 대용량 파일(large object file)을 다운로드하거나 데이터베이스에서 대용량 데이터를 조회하는 시나리오입니다.

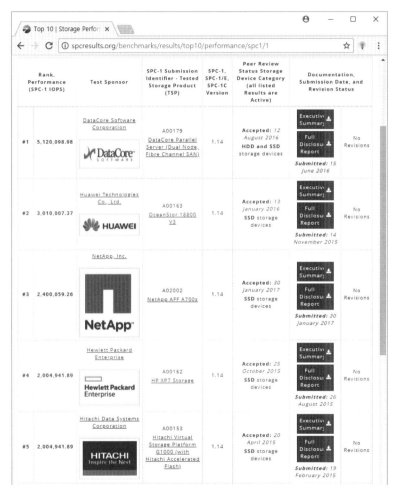

SPC(Storage Performance Council): 성능(IOPS) 순위 화면

코타나 저도 본 적이 있는데, 이 기관에서 나온 최고 성능 데이터를 보면 무려 500만 IOPS의 성능 데이터를 보이는 장비가 있는데, 실제로 테스트해 보면 하이엔드급 장비들도 30만에서 35만 정도의 IOPS가 나오는 것을 확인한 적이 있어요.

개구루   그러면 '어떻게 15배 이상 차이가 나느냐?' 이렇게 이야기하실 수 있을 텐데요. 500만 IOPS 장비는 오로지 이 시나리오의 성능을 최대로 내기 위해서 해당 업체가 풀 스펙(full spec) 장비(실제로 구성 가능한 최고 스펙의 장비)로 구성하여 테스트하기 때문에 나올 수 있었던 것입니다. 비용을 전혀 고려하지 않은 구성이죠.

코타나   라지 파일 다운로드도 이야기하셨는데, 무려 62GB/s가 나와 있습니다. 이 또한 너무 과한 수치겠죠. 우리는 이렇게 도입해서 쓰지 않겠죠.

개구루   우리는 벤더가 제시하는 제품을 그대로 사면 안 됩니다. 해당 제품에 최적화되어 있는 업무 부하(워크로드)를 가지고 테스트하기 때문에 비정상적으로 성능이 높게 나옵니다. 그 부분을 무시하고서라도 살 수 없습니다. 비용적인 문제도 있기 때문이죠.

코타나   지금 말씀하시는 부분이 스토리지 BMT의 목적이 되겠군요.

개구루   스토리지를 구매할 때 실제 발생하고 있는 워크로드 모델을 기반으로 정확한 성능 요구사항을 제시하고 BMT를 통해서 사전에 테스트해 봐야 합니다. 그래야만 실제 사용 목적에 적합한 아키텍처를 가지고 있고 요구를 충족시켜 주는 제품을 구매할 수 있습니다. 특히, BMT 수행 시에 실제 워크로드를 가지고 특정 벤더에 유리하지 않도록 공정한 환경하에서 정확한 성능 평가를 수행하여야만 그러한 목적을 달성할 수 있습니다.

③ BMT 수행 절차

개구루   이제 실제 BMT 사례를 설명해 드리려고 하는데, 두 분도 수행한 경험이 있으시니 설명이 부족한 부분이 있다면 도와주세요. 내용은 크게 세 단계로 나누어 준비했습니다. 준비 단계, 실행 단계, 평가 단계가 그것입니다.

개구루   준비 단계에서는 요구 성능을 정의하고, 비즈니스의 워크로드를 분석해서 BMT 시나리오를 작성하고 시나리오별 통과 기준을 수립합니다. 이때 고려해야 할 사항은 워크로드를 정교하게 묘사하여 성능뿐만 아니라 기능 요건도 확인할 수 있도록 시나리오를 작성해야 한다는 것입니다. 이와 같은 활동을 통해 사용 목적에 맞는 스토리지를 도입하는 것이 이 활동의 목표이기 때문입니다.

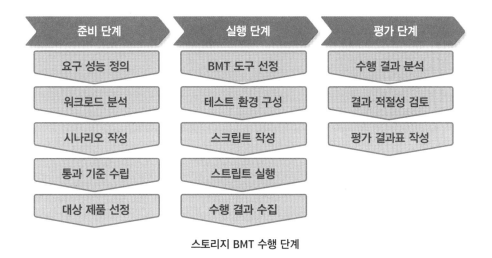

스토리지 BMT 수행 단계

코타나 시나리오는 상대평가가 가능한 시나리오여야만 하죠. 경쟁을 통한 제품 선정이 가능해야 하기 때문이죠.

구분	시나리오	평가 기준
평사시 부하 수준 테스트	· IOPS: 35,000 · Read:Write=60:40 (8KB: 60%, 16KB:20%) · Sequential I/O (64KB:10%, 128KB:10%)	Pass/Fail · 응답 시간 – read, write 각 6ms 이하 · Controller 사용율, DISK Busy 율 – 60% 이하
최대 부하 테스트	· IOPS: MAX(최대) · Read:Write=60:40 · Random I/O (8KB: 60%, 16KB:20%) · Sequential I/O (64KB:10%, 128KB:10%)	테스트 결과 분석에 의한 상대평가 · 안정적인 응답 시간으로 최고 수준의 IOPS가 확보되어야 함 · 성능 향상 필요시 비용 투입이 최소화되어야 함

스토리지 BMT 시나리오 및 평가 기준 예제

개구루 또한, 스토리지 기술들을 잘 이해하여 TA 설계를 하고, TA 설계에 포함된 모든 기능 요건을 시나리오에 포함하여 검증해야 합니다. 만약 스냅샷이라는 기능을 많이 사용한다면 스냅샷의 성능을 테스트하는 시나리오에 비중을 높게 두는 방식으로 진행해야 합니다.

간단하게 스냅샷(sanpshot)과 풀 카피(full copy)에 대해서 다시 한번 설명해 드리면, 두 기술 모두 데이터 복제본을 만드는 기술인데 풀 카피는 원본과 똑같은 사본을 만듭니다. 따라서 1기가바이트의 데이터를 풀 카피하면 2기가바이트를 사용하게 되지요. 하지만, 스냅샷은 원본과 사본을 분리하지 않고 하나로 관리하다가 변경되는 데이터가 있으면 변경된 데이터만 별도로 저장하여 관리하는 방식입니다. 따라서 원본 또는 사본 데이터 전체가 바뀌지 않는 이상 스냅샷이 풀 카피보다 스토리지 용량을 적게 도입해도 되는 장점이 있습니다. 당연히 비용적인 측면에서도 유리하겠죠. 반면에 스냅샷을 사용하게 되면 데이터가 변경되는 시점에 변경된 데이터를 저장하기 위한 공간을 확보하므로 응답 시간이 상대적으로 지연되는 현상이 발생합니다. 이러한 특성을 반영하여 시나리오를 만들 때 스냅샷에 대한 응답 시간을 통과 조건과 성능 조건으로 평가 기준을 수립합니다.

땡굴이 인프라 전략과 TA 설계를 잘 분석해서 수립해야겠죠.

개구루 그렇게 수립한 시나리오와 평가 기준을 갖고, RFP(Request for Proposal)에 반영하여 공시함으로써 벤더는 보유하고 있는 제품 중에서 RFP를 충족하고 BMT를 통과할 수 있는 제품을 우리에게 제안하게 됩니다.

땡굴이 대형 벤더의 경우 자체적으로 성능을 시뮬레이션할 수 있는 도구가 존재하기 때문에 외국 본사에서 제품을 자체 구매하기 전에 성능 수치를 기반으로 제안에 참여합니다.

개구루 만약 BMT를 하지 않는다면 벤더가 제시하는 성능 수치를 그대로 믿고 가격만 보고 도입하게 됩니다. 추후 발생할 수 있는 성능 부족 현상과 기능 오류는 모두 리스크가 되는 것이죠.

４ 스토리지 테스트 방법 및 추천 도구

(개구루) 다음으로 실행 단계입니다. 실행 단계에서 가장 중요한 것은 BMT 도구를 선정하고 도구의 특성에 맞으면서 모든 벤더에게 공정한 BMT 환경을 만드는 것입니다.

(땅굴이) 우리는 Vdbench를 주로 이용했죠?

(개구루) 다른 BMT 도구의 탈락 사유부터 공유해 드리자면, IOzone이라는 BMT 도구는 단일 I/O 모델에 대해서만 테스트가 가능하고, Iometer는 매니저 서버를 윈도우만 사용할 수 있습니다. BMT 시나리오가 To-be TA 아키텍처 기반이라는 전제 조건이 있었으므로 복합 I/O 모델에 리눅스라는 운영체제에서 수행할 수 있는 Vdbench라는 도구만이 가능한 것으로 결론이 났습니다. 물론, Vdbench도 몇 가지 제약사항이 있습니다. GUI(Graphic User Interface) 환경이 제공되지 않고, I/O를 시나리오 수행 도중에 변경할 수 없다는 점, 그리고 순차 처리 I/O는 부하 발생기(load generator) 간의 스토리지 장치를 공유할 수 없다는 점 등이 있습니다.

BMT 도구	OS 플랫폼	I/O 패턴	선정
BMT 환경	리눅스	복합	
Vdbench	리눅스, 유닉스, 윈도우	복합	V
IOzone	리눅스, 유닉스	단일	
Iometer	윈도우(매니저)	복합	

BMT 도구 선정 결과

구분	설명	구분	설명
I/O Rate	IOPS, 초당 I/O 리퀘스트 수	write resp	write response time(latency) 평균
bytes I/O	Interval 시간 내 모든 I/O block size의 평균	resp max	response time(latency) 표준편차가 클수록 품질 저하
read pct	read : write 중 read 비율	resp stddev	disk queue depth 합의 평균
resp time	response time(latency) 평균	cpu%sys+usr	System과 user의 cpu 사용률의 평균
read resp	read response time(latency) 평균	cpu%sys	System의 cpu 사용률의 평균

Vdbench 사용 시 얻을 수 있는 성능 지표

땅굴이 제약 조건은 어떻게 극복했나요?

개구루 아무래도 손이 조금 바빴지요. 우선, GUI 대신 엑셀을 사용하고 사전에 치밀하게 시나리오를 설계한 뒤, 여러 개의 시나리오로 분리해서 I/O 패턴을 만들어서 극복할 수 있었습니다.

땅굴이 BMT 수행 환경에 관해서도 이야기해 주세요.

스토리지 성능 측정에 최적화되고 공정한 환경 구성

1. 충분한 서버 및 채널 수 확보
2. 서버 캐시는 사용하지 않도록 설정
3. 서버별로 같은 OS 및 Vdbench 버전 설치
4. LV(혹은 LUN) 사이즈의 합은 스토리지 캐시 3배 이상
5. LV(혹은 LUN) 초기화(전체 1회 이상 쓰기) 필수

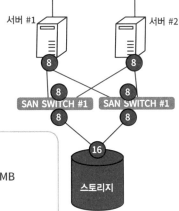

1. **서버**
   1) 노드 구성: 노드당 8Gb' 4채널 이상, RHEL 7.1
   2) VG 구성: VG 구성은 LUN * 4 이상, Stripe size 1MB
   3) LV 구성: 10GB * 150개 이상

2. **스토리지**
   1) LUN은 200GB 이상
   2) 스냅샷 별도 pool 할당 필요시 전체 용량의 20%로 구성

3. **vdbench**
   1) 버전: 5.04.04
   2) 원본과 스냅샷본 각각에 대한 Vdbench 수행 서버를 분리

BMT 수행 환경 구성도

개구루 그렇게 BMT 도구를 정하고, BMT 수행 환경을 기울어진 운동장이 되지 않게 하려고 모든 것을 치밀하게 계획해야 했습니다. 가장 대표적인 조치 사항을 소개해 드리자면, 우선 충분한 서버 및 FC 채널 수를 확보해야 합니다. 채널은 스토리지와 서버 간에 데이터를 전송하는 전체 경로 수를 말하는데, 우리가 테스트하고자 하는 것이 스토리지이므로 스토리지에 I/O가 도달하기 전에 병목 발생을 회피하기 위해서 충분히 확보해야 하는 조치가 필요합니다.

(땡굴이) 서버 메모리 캐시도 이용하지 못하게 해야 하죠.

(개구루) 서버의 메모리 캐시에 데이터가 저장되어 있으면, 스토리지까지 I/O 요청을 보내지 않고 서버의 메모리에서 바로 응답하기 때문에 성능이 굉장히 높게 나옵니다. 그렇게 나온 테스트 결과는 서버 메모리 캐시 테스트 결과이겠죠.

다음으로, 테스트에 참여하는 모든 서버의 운영체제와 BMT 도구의 버전이 같아야 합니다. 서버 내의 소프트웨어에 따라서도 세밀하게 성능이 변화하므로 공정한 결과를 위해서는 사용하는 소프트웨어도 같아야 합니다.

다음으로, 성능 테스트에 사용하는 볼륨의 크기, 즉 스토리지 용량은 스토리지 캐시의 3배 이상이 되어야 합니다. 만약 스토리지 캐시와 유사한 수준의 스토리지 용량으로 테스트하게 되면, 스토리지 캐시에서 모두 응답하므로 나머지 스토리지 부품에 대한 테스트 결과는 반영되지 못합니다. 따라서 스토리지가 가지고 있는 전 영역인 캐시, 디스크, 컨트롤러를 모두 테스트하기 위해서 캐시 용량과 테스트할 스토리지 용량에 대해서 꼭 확인해야 합니다.

마지막으로, 테스트 전에 스토리지 전체 용량에 대해서 초기 데이터를 모두 입력해 넣는, 사전 초기화 작업을 수행해야 합니다. 만약 데이터가 없는 영역이 있다면 해당 영역을 조회할 때는 스토리지 캐시나 스토리지 디스크에 접근하지 않고 스토리지 컨트롤러에서 I/O를 요청받는 즉시 NULL 값(값이 없음)을 응답해 버리기 때문에 성능이 굉장히 좋게 나옵니다. 하지만, 실제 환경에서는 거의 연출되지 않는 상황이죠.

(땡굴이) 많은 부분에서 고민해야 하는군요.

(개구루) 생각보다 세밀한 부분을 신경 써야 하지만, 이러한 활동을 통해 인프라 환경을 최적화할 수 있다는 점을 잊지 않았으면 합니다. 지금까지 설명해 드렸던 많은 장비에 대한 BMT 사례를 현업에서 잘 활용하신다면 성공적인 장비 구매에 도움이 될 것으로 생각합니다. 이상으로 BMT 편을 마치겠습니다.

개궁금

10

Outro: IT 인프라 엔지니어 이야기

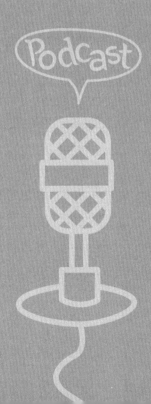

IT 인프라 엔지니어의 역할

개구루　오늘은 신입사원인 기리니 님을 초대하여 진행을 요청하였습니다. 흔쾌히 승낙해 주신 기리니 님께 감사의 인사를 드립니다.

기리니　제가 더 영광입니다. 오늘의 주제는 'IT 인프라에 뛰어들기'라고 들었는데요. 처음에 인프라 일을 하게 되면서 가지게 되었던 직업적인 측면의 궁금증을 여기 세 분께 묻고 이야기를 나누는 시간을 가져볼까 합니다. 아마 저뿐만 아니라 장래에 IT 인프라 엔지니어를 꿈꾸시는 분들에게도 많은 도움이 될 것 같아요.

일반적으로 IT 인프라라고 하면 '여러 하드웨어, 소프트웨어를 이용해서 시스템을 구성한다.' 정도의 추상적인 어떤 개념은 있는데, 실제 어떤 일을 하는지 모르는 경우가 많죠. 저도 입사 초기에는 걱정이 많이 됐어요. 어떤 일을 하게 될지도 잘 몰랐으니까, 과연 잘 할 수 있을지에 대한 두려움도 많았고요. 그래서 IT 인프라가 무엇이고, 인프라 엔지니어들이 구체적으로 어떤 일을 하는지에 대해 이야기를 나눠보면 좋을 것 같습니다.

개구루　저는 작년에 방송을 시작할 무렵에 처음으로 인프라를 하게 되었습니다. 인프라 전문가의 입장은 코타나 님이나 땡굴이 님이 말씀해 주실 것 같으니 저는 개발자 입장에서의 인프라를 말씀드릴게요. 개발자 입장에서 인프라는 '보이지 않는 영역', '당연히 잘 돼야 하는 영역'이라고 생각합니다. 인프라의 뒷받침 없이는 개발한 프로그램이 정상적으로 수행될 수는 없지만, 인프라에서 사용하는 용어가 개발자에겐 너무 생소하기 때문에 서로 의사소통이 어렵습니다. 예를 들어, '스토리지'라는 것은 알지만,

스토리지의 데이터를 입/출력하기까지 수많은 단계가 있다는 것을 모르기 때문에 문제가 있을 때 해결책을 찾기가 어려워요. 그래서 IT 인프라란 가깝고도 멀지만, 떼려야 뗄 수 없는 것 같아요.

[땡굴이] 저는 지금까지 대략 16년 정도 IT 인프라 업무를 했는데, 인프라를 잘 하기 위해서 지금까지는 주요 벤더와 그 제품에 관해 잘 이해하는 게 중요했었습니다. 그래야만 우리가 목표로 하는 시스템에 가장 적합한 특성을 가진 제품을 선정할 수 있기 때문입니다. 무조건 비싸다고 좋은 게 아니고, 때로는 비싼 제품이 기대했던 역할을 제대로 수행하지 못하는 경우도 자주 발생합니다. 그렇게 도입한 제품에 대해서 예상했던 기능과 성능을 만족하는지 테스트를 수행할 수 있는 역량도 필요하죠.

요즘은 오픈소스나 소프트웨어 디파인드(software defined)로 대표되는 인프라 표준화 추세가 이어지고 있어서 벤더별 하드웨어의 특성은 점점 희석되어 가고 그 위에 탑재되는 소프트웨어의 역할이 중요하게 부각되고 있습니다. 그래서 앞으로의 인프라가 어떻게 변할지는 잘 모르겠습니다만, 점점 더 소프트웨어적 역량을 요구받게 되지 않을까 하는 생각이 드네요.

[코타나] 앞서 많은 이야기를 해 주셔서 제가 무슨 이야기를 추가해야 할지 조금 고민스럽네요. 저는 IT업이 건축과 매우 유사하다고 생각합니다. 건축 일을 하시는 분들의 역할을 보면 설계를 하시는 분, 실제 건축을 하시는 분, 건축 후에 감리를 하는 분들 등 역할이 나누어져 있는데, IT 인프라 역시 시스템을 설계하는 사람과 설계된 대로 시스템의 뼈대를 세우는 사람, 그리고 그 시스템의 내부를 구성하는 사람으로 나눌 수 있을 것 같습니다. 개발자가 집안을 보기 좋게 꾸미는 인테리어 담당자라고 한다면, 인프라 엔지니어는 수도, 난방, 전기 등 잘 드러나지는 않지만 좋은 서비스를 제공하기 위한 기반 시설을 만드는 사람들인 거죠. 사람들이 잘 알지 못해서 그렇지 서버, 스토리지, 네트워크, 운영체제, 웹, WAS, 데이터베이스 등등 정말 많은 영역의 엔지니어들이 함께 일하고 있습니다.

[기리니] 저는 코타나 님이 방금 말씀해 주신 '인프라는 각 영역의 전문가가 함께 만드

는 것'이 가장 마음에 와닿네요. 처음 입사했을 때 이렇게 많은 영역이 있는지도 몰랐고, 이렇게 많은 사람이 필요한지도 몰랐습니다. 일반적으로 집에서 컴퓨터를 설치하거나 사용할 때 특별히 복잡한 일이 없잖아요? 그래서 인프라도 그냥 '기존에 하드웨어 있는 거에다 서비스만 올리면 되는 거 아닌가'라고 생각했었는데, 막상 와서 보니까 영역도 많이 세분화되어 있고 많은 전문가가 계시는 걸 보고 무척 놀랐습니다.

1 서버 엔지니어

코타나   기리니 님이 이제 약 1년 정도 회사 생활을 했는데, 그간 많은 인프라 엔지니어들을 만나 보셨을 거잖아요? 그분들의 업무 중 가장 생소했던 업무는 어떤 거였나요?

기리니   그다지 아는 게 없어서 모두 다 새로웠어요. 특히, 센터에 처음 갔을 때 서버, 스토리지, 네트워크 등 다양한 영역의 엔지니어분들을 만났는데, 뭐가 뭔지 잘 모르겠더라고요.

땅굴이   처음엔 누구나 다 그렇죠. 그나저나 센터에 처음 갔을 때 어떤 느낌이었나요?

기리니   네. 얼마 전에 다녀와서 기억이 생생한데, 가기 전에는 굉장히 어두컴컴한 창고 같을 거라고 생각했어요. 첩보 영화 같은 데 보면 서버룸은 굉장히 어둡고 높은 장비 뒤에 숨어서 총을 쏘며 몰래 데이터를 빼내곤 하잖아요. 그런데 막상 가보니 조명도 밝고 냉방이나 환기시설이 너무 잘 되어 있더라고요. 서버룸 하나하나의 규모도 엄청 크고 서버들도 너무 많아서 '아, 이렇게 많은 서버가 있으면 뭐가 되도 되겠구나.' 하는 생각이 들었어요. 서버 이야기가 나온 김에 서버 엔지니어가 어떤 일을 하는지 핵심적인 부분을 이야기해 주시면 좋겠습니다.

땅굴이   아마 서버 엔지니어가 인프라 담당자 중에 제일 많지 않을까요? 서버 엔지니어라고 하면 기계를 끼고 살며 부품 교체를 하는 업무를 한다고만 생각하는 경향이 있습니다. 그러나 기술 동향 분석이나 시스템 용량 산정, 기술 적정성 분석, 제품 선정 및 도입 등 인프라 전반에 걸친 광범위한 업무를 수행하고 있습니다. 그리고 시스템 운영과 장애 대응도 담당하죠.

생각해 보면 서버 엔지니어가 하는 일이 정말 많은데, 그 이유는 모든 인프라의 핵심이기 때문에 스토리지, 네트워크 등 모든 장비가 다 여기에 연결되기 때문이죠. 거기에 운영체제도 있고, 개발자가 만든 애플리케이션도 올라가기 때문에 모든 영역을 깊게는 알지 못해도 각 구성 요소의 특징과 전체적인 처리 흐름 등에 대해 폭넓게 알고 있어야 하죠.

[개구루] 반대로, 그런 다양한 영역에 관심이 없는 사람들은 서버 엔지니어에 적합하지 않아요. 항상 중심이 되어 주변장치나 환경에 대해 공부하고, 공부한 지식을 바탕으로 전체 시스템을 지휘해 나간다는 생각이 필요합니다. 수많은 것들이 '서버'에서 동작되기 때문에 서버 엔지니어가 이 모든 사람들 간의 의사소통 창구 역할을 해 주지 못하면 정상적으로 서비스를 할 수 없게 되는 거죠.

[개구루] 맞아요. 얼마 전에 서버 수십 대를 동시에 설치해야 하는 일이 있었는데, 이때 제가 하루에 통화한 수가 150통에서 170통 정도 됐거든요. 그만큼 많은 사람과 통화하면서 그 사람들을 이끌어가고 최종적으로 설치에 대한 책임을 지는 거죠. 그래야 서버를 설치하거나 구성했을 때 문제가 생기는 걸 최소화할 수 있어요. 그리고 운영 중에 문제가 생기면 일단 서버 엔지니어에게 제일 먼저 전화가 오죠. 무슨 문제인지 파악하려면 일단 서버에서 출발해야 하거든요. 이런 부분은 조금 단점이긴 한데, 반대로 생각하면 그만큼 기회가 많다고 볼 수 있어요. 앞서 말씀드린 스토리지 엔지니어나 네트워크 엔지니어들도 초반에는 서버 엔지니어에서 출발해서 좀 더 전문적인 영역으로 역할을 확대해 나가는 경우가 많아요.

[기린냐] 역시 서버 엔지니어가 인프라 담당자의 꽃인 것 같네요.

② 스토리지 엔지니어

기리니　저는 입사 초기에 스토리지 엔지니어에 대해 가장 궁금했어요. 더 정확히 말하면, 스토리지란 걸 이해하지 못했어요. 이미 서버에 하드디스크가 다 들어가 있는데 왜 별도의 스토리지란 게 필요한지부터 시작해서, 몇 테라바이트짜리 디스크가 있는데 별도의 장비가 필요한지도 이해가 잘 안 갔어요. 나중에 실제 업무를 하게 되면서 어떤 필요에 의해 스토리지가 필요한지를 배우고, 이런 이론적 지식을 가지고 센터에 가서 직접 장비를 설치하고 만져보니 조금씩 이해되기 시작했죠. 확실히 많이 듣고 많이 보는 게 도움이 되는 것 같아요.

개구루　그럼, 이번에는 스토리지 엔지니어가 뭘 하는 사람인지 이야기해 볼까요?

코타나　일반적으로 IT 회사에 오면 스토리지 전담 담당이 있는 경우가 반반쯤 되는 것 같아요. 일반적으로 서버/운영체제 담당자가 스토리지를 같이 담당하죠. 하지만, 스토리지 규모가 굉장히 크고, 스토리지 공간/성능 관리가 미션 크리티컬한 회사이거나 부서라면 스토리지 담당자를 별도로 두죠. 스토리지 공간/성능 관리와 부가적으로 백업 작업을 수행하고 관리하는 업무까지 함께 하기도 합니다. 또한, 스토리지 성능 리포트를 뽑아서 컨트롤러 사용률이나 디스크가 얼마나 많이 액세스되고 있는지를 보고, 업무별로 디스크 용량을 할당해 놓은 것을 관리하고, 많이 할당하긴 했는데 쓸데없는 것으로 많이 쓰는지 정말 많이 필요해서 많이 쓰는 것인지를 파악하고, 불필요한 데이터가 있으면 주기적으로 클린징해 주는 등 그런 업무를 담당하는 분들을 스토리지 담당자라고 하면 될 것 같아요.

땡굴이　스토리지는 데이터가 들어가 있는 장비이기 때문에 초보 엔지니어에게는 잘 안 시키고 조금 숙련된 사람들에게 많이 맡기는 것 같아요. 백업이나 복구를 항시 해야 하는데, 그만큼 중요하다는 생각이 듭니다. 서버나 네트워크 쪽보다 사람들이 많지 않죠. 스토리지 담당이 차지하는 비율이 매우 낮아요.

개구루　스토리지 엔지니어는 치밀하고 머리가 좋아야 하겠더라고요. 스토리지는 사고 한 번 나면 정말 큰 사고가 나거든요. 그래서 스토리지를 한 10년 이상 했던 분들이라면 매사에 정말 꼼꼼하고 스마트하게 일 처리를 하시는 분들이었을 겁니다. 그런 이유 때문인지 스토리지 엔지니어들은 경력이 엄청 길거나 매우 짧거나 두 부류만 있는 것 같아요. 그런 특성에 잘 맞는 분들은 오랫동안 있고, 아니면 다른 업무를 찾아 떠나서 그런 것 같네요.

3 데이터베이스 관리자

기리니 그다음에는 어떤 업무를 알아볼까요? 비율로 하면 어떤 분들이 많은가요?

코타나 아무래도 서버 엔지니어 다음으로 많은 비율이 DBA(DataBase Administrator)가 아닐까요? DBA들은 인프라 담당 중에서도 여성 인력 비율이 가장 많은 것 같아요. 업무의 특성상 소프트웨어적인 측면도 많고, 여성 특유의 꼼꼼함이 빛을 발하는 업무이기도 해요. 그리고 DBA는 서버, 미들웨어, 네트워크 담당자보다 상대적으로 사람을 상대하는 일이 적은 편이에요. 주로 애플리케이션 개발자들과 주로 이야기하고 그 외 분들과는 상대적으로 같이 일할 기회가 많지는 않죠.

개구루 그래서 그런지 저희 회사 기준으로 볼 때 여성분들이 인프라로 오면 우선적으로 DBA를 많이 권하는 편이에요.

땡굴이 일반적으로 서버 엔지니어가 다방면에 능통한 제너럴리스트라면, DBA는 특정 영역에 특화된 스페셜리스트인 것 같아요. 다양한 데이터베이스 소프트웨어가 있지만, 우리나라는 특히 오라클 데이터베이스가 많이 사용됩니다. 따라서 국내에서 DBA로 활동한다면 업무 태도나 대화 스킬 등을 제외하고 순수 기술적인 능력만 봤을 때 오라클 데이터베이스만 잘 다루면 생계유지에 크게 지장이 없을 정도입니다. 그런데 여기서 '잘 다룬다'는 것은 일반적인 기능을 사용하는 수준을 뛰어넘어 각 기능의 원리를 정확히 이해하고, 해당 기능을 적재적소에 사용할 수 있으며, 다양한 케이스에 적용해 본 경험이 있는 분들을 의미하죠. 실제로 같이 일을 해 보면 잘하시는 DBA와 그렇지 않은 DBA 간의 차이가 매우 큽니다. 또한, DBA도 물리 DBA, 논리 DBA, SQL

튜닝전문가 등 몇 가지 세부 영역으로 나뉘는데, 이런 영역들을 얼마나 많이 커버하는지에 따라서도 몸값이 달라지죠.

개구루 데이터베이스가 소프트웨어잖아요. 그래서 운영체제의 영향을 많이 받기 때문에 운영체제에 대한 이해도 필요하고요. 애플리케이션 수행 형태나 로직에 따라 데이터베이스가 반응해야 하는 방식이 달라져야 하니 이런 부분에서 데이터베이스를 튜닝하는 등의 기술이 필요합니다.

코타나 굉장히 중요한 점을 말씀해 주셨네요. 대개 DBA들이 처음에는 데이터베이스 그 자체에만 집중해서 공부하는데, 그 단계를 벗어나려면 서버나 운영체제, 스토리지 등에 관해서도 잘 알아야만 다음 단계의 전문 DBA가 될 수 있습니다. 그렇게 된다면 정말 시장에서 찾는 곳이 많아집니다. 데이터베이스 성능에 스토리지가 직접적인 연관이 있기 때문에 제가 아는 DBA는 스토리지 영역에서도 엔지니어 못지않은 지식과 경험을 가지고 있으시더라고요.

땡굴이 정말 그런 게, 이제 오라클 데이터베이스가 ASM(Automatic Storage Management)이라는 스토리지 관리 도구도 제공하기 때문에 기존에 운영체제에 포함된 LVM(Logical Volume Manager)을 사용하지 않습니다. 기존에 서버 엔지니어가 담당하던 역할을 DBA가 담당해야 한다는 의미이므로 매우 큰 변화가 생긴 거죠. 즉, 오라클 DBA라면 이제 스토리지도 직접 관리할 수 있어야 한다는 뜻이에요.

코타나 국내의 DBA 환경도 한몫한다고 봐요. 우리나라는 외국에 비해 PostgreSQL이나 Cassandra, MongoDB와 같은 오픈소스 데이터베이스를 많이 사용하지는 않거든요. 일부 소규모 개발이나 비업무성 시스템 혹은 전략적으로 오픈소스를 사용하는 업체를 제외하고는 대부분 오라클이나 MS-SQL, Sybase 같은 상용 데이터베이스를 사용하고, 상용 데이터베이스를 사용하는 대부분의 회사는 오라클 데이터베이스를 사용하는 상황이죠.

대분류	중분류	정의
DB 기획 및 컨설팅	DB 컨설팅	DB를 생성, 변경, 운영하는 컨설팅 직무 (아키텍처 컨설팅, 보안 컨설팅, 튜닝/진단 컨설팅 등)
	DB 활용 컨설팅	DB를 활용한 2차 비즈니스에 대한 컨설팅 직무 (데이터 품질 관리, 데이터마이팅 등)
DB 운영 및 관리	DB 솔루션 개발	DB를 관리, 운영하기 위한 순수 DB 개발 직무 (DBMS 개발, DB 솔루션 개발, SQL 및 PL/SQL 개발)
	DB 응용 개발	DB를 활용한 응용 DB 개발 직무 (DB 설계, DB 표준화, DB 이행, DB 기반 앱 개발 등)
DB운영 및 관리	DB 운영 관리	DB의 품질을 관리하는 업무 (DBA, DB 보안 관리, 표준/설계 유지 관리 등)
	SB 품질 관리	DB의 품질을 관리하는 업무 (품질 관리 정책 수립, 품질 관리 수행, 품질 측정/평가 등)
	DB 성능 관리	DB의 성능을 유지 및 향상하는 직무 (DB 운영 상태 관리, DB 성능 모니터링)
DB 관련 기술 영업 및 마케팅		DB 산업 관련 영업 활동 및 마케팅

한국 데이터베이스 진흥원의 '데이터베이스산업 시장분석보고서에 정의된 데이터베이스 직무 구분

4 네트워크 엔지니어

기리니 다음으로는 누가 많을까요? 미들웨어 담당자? 아니면 네트워크 담당자일지?

코타나 보통, 네트워크는 팀 단위로 운영되니 네트워크 엔지니어가 더 많을 것 같아요. 저는 네트워크가 '인프라의 인프라'라고 생각됩니다. 왜냐하면, 인프라 담당자들도 네트워크를 잘 몰라요. 서버 담당자들이 보통 알고 있는 네트워크 정보라면 포트나 IP이고, 네트워크 연동이 필요할 때는 '몇 번 서버가 몇 층 어디에 있으니 이 장비를 몇 층 무슨 장비랑 통신할 수 있게 해 주세요.' 수준으로 대화를 나누거든요. 개발자가 서버를 잘 모르는 것과 비슷한 느낌이죠. 엄밀히 말하면, 네트워크 기술을 모른다기보다는 네트워크의 구조와 장비의 구성을 모르기 때문인 거죠.

제가 그동안 만나 본 네트워크 엔지니어들은 서버나 스토리지와는 다른 별개의 영역이라고 생각하는 경향이 있으신 것 같아요. 자기 영역에 대한 자부심이 있다고 할까? 다른 영역의 엔지니어들에게 상세한 이야기를 잘 안 해 준다는 느낌이 있어요. 조금 폐쇄적인 분위기도 있는 것 같은데, 아무래도 네트워크 장비가 다른 장비들에 비해 표준화, 일반화가 덜 되었기 때문인 것 같아요. 예를 들어, 서버의 경우 x86 시대로 접어들면서 벤더별 차이가 줄어들고, 범용 x86 서버를 이용해서 스토리지나 네트워크 장비를 만들어 사용하기도 하다 보니 많은 정보가 공유되고 상대적으로 쉽게 접근할 수 있어요. 하지만, 네트워크 장비는 아직도 여전히 회사별로 다른 운영체제를 사용하고, 해당 벤더 제품의 특색이 존재하기 때문에 그 영역의 전문가가 필요한 거죠. 그래서 중대형 규모의 프로젝트에는 반드시 네트워크 엔지니어가 포함되어 있습니다. 그래서 네트워크 엔지니어는 현재까지는 전망이 괜찮다고 생각됩니다.

명굴이 저는 제 옆자리에 실제 네트워크 운영 업무를 하시는 분이 계시는데, 우리가 말하는 출발지와 목적지까지 도착하기 위해 가장 효율적인 경로가 어딘지를 파악하고, 해당 경로에 각기 다른 역할을 수행하는 장비를 구성, 확인하는 게 주 업무입니다. 서버는 동일한 장비에 어떤 소프트웨어가 설치되느냐에 따라 PT(Presentation) 서버인지, AP(Application) 서버인지, DB(Database) 서버인지로 나뉘는데, 네트워크는 L2, L3, L4, 방화벽 등 처음부터 나누어져 있기 때문에 각각의 장비에 대한 운영 기술과 특성을 모두 알고 있어야 하는 거죠. 그래서 특정 장비 하나만 알아서는 어렵고, 다양한 장비에 대한 운영이 가능해야 전문가가 될 수 있는 것 같습니다.

5 미들웨어 엔지니어

코타나 다음은 미들웨어 담당자에 대해 알아보죠. 미들웨어 담당이라고 하면 보통 웹 서버, WAS, TP 모니터(Transaction Processing Monitor) 소프트웨어를 관리, 운영하는 사람을 의미합니다. 대표적으로 아파치(Apache), 톰캣(Tomcat), 웹로직(Weblogic), 웹스피어(Websphere), 제우스(JEUS), 턱시도(Tuxedo), 티맥스(Tmax) 같은 제품들이 있습니다. 미들웨어 담당자는 개발자분들과 밀접하게 업무가 진행되기 때문에 제가 아는 분들은 개발을 몇 년 하시다가 오시는 경우가 많았습니다. 아무래도 애플리케이션 소스를 같이 볼 수 있어야 효율적으로 업무를 수행할 수 있거든요. 사실, 잘 드러나지 않지만 개발자와 인프라 담당자를 연결하는 중요한 역할을 수행하기 때문에 서버 담당자 못지않게 연락을 많이 받는 편입니다. 끊임없이 손님이 밀려 들어오는 은행 창구와 같다고나 할까요? 개구루 님이 전직 개발자의 입장에서 한 말씀 해 주시죠.

[개구루] 제가 개발자이자 미들웨어 담당자 역할을 했었는데, DBA랑 비슷한 부분이 있는 것 같아요. 직접 개발을 하지는 않지만 애플리케이션 특성과 운영체제를 잘 알아야 한다는 측면에서 보면, DBA와 미들웨어 담당자는 다루는 솔루션과 언어가 다르다는 점을 제외하고는 차이가 없다고 생각이 됩니다. 차이가 있다면 아무래도 DBA가 좀더 대우가 좋고 이직이 쉽다는 장점이 있고, 미들웨어 담당자는 개발자 출신도 있지만 운영체제 담당자가 겸업하기도 해서 중소규모 사이트에서는 없는 경우도 있습니다. 하지만, 단순히 미들웨어를 프로세스로 접근하는 단순 운영자와 애플리케이션 영역까지 볼 수 있는 담당자와의 차이는 매우 큽니다. 그리고 제가 경험한 바로는 미들웨어 담당자는 서버 담당자와 마찬가지로 넓은 영역을 소화해야 해서 다양한 IT 자격증을 취득하는 경우가 많습니다.

[땡굴이] 그래서 향후에 인프라 TA(Technical Architect)로 가는 경우가 많습니다. 인프라 설계가 단순히 하드웨어만 의미하는 게 아니라 소프트웨어적 설계도 포함되기 때문에 미들웨어 운영 경험이 많은 도움이 됩니다. 그리고 프레임워크도 미들웨어 담당자가 운영하는 경우가 많습니다. 삼성SDS나 LG CNS, SK C&C 같은 대형 SI 업체들은 일반적으로 자사의 고유 개발 프레임워크를 가지고 있는데, 이 프레임워크가 애플리케이션 개발의 뼈대를 제공한다는 측면에서 잘 배우면 남들이 잘 알지 못하는 개발 표준이나 개발 방법론 등의 지식을 얻을 수 있기 때문에 향후에 개발업무 PM으로 성장하기도 쉽습니다.

6 인프라 TA, 센터 운영자 등

코타나 다음은 IT 인프라 기획이나 인프라 TA에 대해 알아보죠. 지금까지 이야기한 서버 엔지니어, 네트워크 엔지니어, DBA는 신입사원이 처음부터 업무를 맡게 되는 경우가 많이 있는데, IT 기획이나 설계는 보통 과장급부터 시작하는 경우가 많고, 주로 차장이나 부장급이 담당하고 있습니다. 왜냐하면, 기본적으로 IT 지식을 가져야 하며, 더불어 해당 사업에 대한 깊은 이해가 필요하기 때문입니다. 그래야 해당 사업에 가장 적합한 형태의 시스템을 설계할 수 있고, 그러한 설계에 최적화된 하드웨어, 소프트웨어를 구성할 수 있습니다. 설계 시에 참고할 만한 사례가 있을 수도 있으나, 규모가 큰 회사는 딱 맞는 경우가 잘 없기 때문에 이론적으로 구현 가능성에 대해 검토하는 역량이 필요하여 폭넓은 지식과 경험이 요구되는 업무입니다.

땡굴이 그 외 특수 영역들이 있는데요. 시스템의 이상 정보를 캐치해서 알람을 보내주는 모니터링 환경을 구성하고 운영하는 전문가들이 있고요. 성능 테스트를 전문적으로 수행하는 분들도 있습니다. 성능 테스트(benchmark test)는 주로 신규 장비를 도입하거나 신규 시스템 구축 프로젝트 수행 시 진행하는데, 테스트 전용 도구를 사용해서 진행하는 경우도 있고 실제 운영될 애플리케이션을 이용해서 예상되는 최대 부하를 주고 테스트하는 경우도 있습니다. 처음부터 이 일을 하시는 분들은 드물고, 서버나 운영체제, 네트워크 엔지니어 경험을 바탕으로 이 영역에 오시는 경우가 많습니다. 여기서 좀 더 경험이 쌓이면 인프라 TA 설계, 프로젝트 매니저로 이어지게 되죠.

개구루 센터에 각종 전기, 공조 설비를 운영하는 담당자분들도 계세요. 주로 전원이나 UPS(정전방지시스템)를 운영하시기 때문에 인프라 엔지니어라기보다는 전기설비 전문가라고 보는 게 좋을 것 같습니다. 또한, 24시간 운영되는 서버의 특성상 상시 모니터링을 수행하는 분들도 계십니다. 요즘은 시스템 모니터링은 자동화되어 있어서 사람이 직접 보지는 않지만, 시스템이 감지한 문제를 담당자에게 신속히 전달, 조치 요청을 하기 위해 교대 근무를 하시는 분들도 계시죠.

기리니 그리고 또 어떤 업무들이 있을까요?

땡굴이 지금까지 우리가 이야기한 업무의 구분은 IT 인프라를 구축하는 회사의 기준이고요. 실제 IT 제품을 생산하는 업체(벤더)에는 각 제품에 대한 전문가들이 있습니다. 예를 들어, HP의 x86 사업부에 입사했다고 하면 해당 제품의 스페셜리스트가 되는 거죠. 제품을 소개하는 기술영업(Pre-Sales)이 될 수도 있고, 실제 현장에서 설치 및 문제 해결을 수행하는 지원 엔지니어가 될 수도 있고, 실제 제품을 판매하는 영업 직원도 있죠. 기술 영업이나 영업 대표는 최소 과장급 이상이 담당하게 되고요. 신입 사원은 주로 장비 배송 및 설치, 정기 유지보수부터 시작하게 됩니다.

코타나 생각해 보니 센터 간에 IT 장비 이동을 전문으로 하는 운송업체 담당자들도 계시네요. 인프라 운영을 하다 보면 센터 확장이나 장비 재활용 등 여러 이유로 장비를 이전해야 하는 경우가 자주 발생하는데, IT 장비는 충격이나 진동에 민감하기 때문에 특수하게 제작된 무진동 차량을 이용하게 됩니다. 이러한 차량을 이용해서 안전하게 장비를 포장, 이전하는 역할을 담당하고 있죠. 그리고 백업 데이터가 담겨 있는 테이프 미디어를 소산하는 담당자도 있었네요. 그리고 센터에 네트워크나 SAN 케이블 포설하는 전문가도 있습니다. 케이블 포설이 별것 아닌 것 같지만, 센터처럼 수백 가닥의 케이블을 일목요연하게 포설하고 식별용 라벨을 부착하는 작업이 쉽지 않기 때문에 전문가와 비전문가의 차이가 매우 큽니다.

개구루 이제 거의 다 나온 것 같네요. 직업을 선택할 때 IT 인프라 엔지니어가 어떤 일을 하는지만 알아도 훨씬 선택이 수월합니다. IT 인프라 엔지니어에 관심이 있는 분들은 지금까지 저희가 이야기한 여러 업무에 대해 생각해 보고 그중에서 본인에게 잘 맞는, 혹은 본인이 원하는 일이 있는지를 생각해 선택하시면 될 것 같습니다.

IT 인프라 엔지니어가 되려면

1 우리들의 이야기, 첫 출발

기리니 앞서 인프라를 처음 시작하는 분들을 위해서 인프라에 어떤 영역이 있고 각각 무슨 일을 하는지에 대해 이야기를 나눠봤는데요. 막상 인프라 엔지니어를 하려면 어떻게 준비해야 하는지에 대해 막막하게 생각하실 분들도 있을 것 같아요. 그래서 이번 시간에는 인프라 엔지니어가 되기 위해서 어떤 준비를 해야 하는지, 여기 계신 분들은 어떤 경험을 가지고 인프라 엔지니어를 시작하게 됐는지를 이야기해 주시면 좋을 것 같네요.

땅굴이 저는 처음부터 인프라 일을 해야겠다고 생각하고 시작한 경우는 아니에요. 제가 대학원 실험실에 있을 때 실험 결과의 통계나 시뮬레이션 처리를 해 주던 IBM의 소형 AIX 유닉스 장비를 다룰 기회가 있었습니다. 처리할 데이터의 양이 많고 로직이 복잡하다 보니 한번 작업을 실행시키면 며칠씩 걸리기도 했습니다. 오랫동안 작업이 진행되다 보니 중간에 파일 시스템이 가득 차서 작업이 실패하는 경우도 발생하고, 프로그램을 잘못 짜면 이상한 결과가 나오는 경우도 있어서 그때 '아, 유닉스 공부를 좀 해야겠구나.'라는 생각이 들었습니다.

그 이후 아마 90년대 말쯤, 개인들이 홈페이지를 많이 만들던 시절이 있었는데, 그때 윈도우 기반의 웹 서버를 구축해서 연구실 홈페이지를 만들었습니다. 그런 일을 하면서 네트워크 스위치에 직접 케이블도 연결해서 구성해 보기도 했고요. 그즈음 AIX 서버에 윈도우 NT가 포팅이 가능하게 되어서 윈도우 환경에서 배치 작업(batch job, 대량의 데이터를 일시에 처리하는 작업)을 수행하고 튜닝하면서 몇 배 빠른 속도로 작업이 완료되는 걸 보면서 점점 인프라에 흥미를 느끼게 되었던 것 같아요. 이런저런 일을 하다 보니 윈도우에 매력을 느끼게 되어서 어떻게 공부하면 좋을지 알아보다 학교에 MCSE(Microsoft Certified Solutions Expert) 강좌가 있는 걸 알게 되어 수업을 들었죠. 바로 거기에서 시스템 엔지니어라는 직업이 있다는 걸 알게 되고, 그때부터 나중에 '내가 이 일을 할 수도 있겠구나.' 하는 생각이 들었습니다.

개구루 그런 경험이나 공부가 인프라 엔지니어가 되는 데 많은 도움이 되었나요?

땡굴이 물론이죠. 일단, 서버 하드웨어의 기본적인 용어는 어느 정도 이해를 하게 되고, 운영체제나 데이터베이스 등에 관한 전반적인 내용도 알게 되니까 아예 모르는 사람에 비해서는 초기 허들이 덜한 편이었죠. 요즘 학생들도 여건이 된다면 학교 전산실에서 일해 보거나 IT 전문학원에 다녀보면 좋겠지만, 여러 사정으로 어렵다면 유튜브를 활용해 보는 것도 아주 좋은 방법입니다. 요즘 유튜브에 보면 인프라에 관해 매우 자세하고 쉽게 설명해 주는 영상들이 무척 많습니다. 이런 걸 보면서 기본적인 지식을 쌓는 게 도움이 될 것 같아요. 그리고 시중에 IT 인프라에 관해 설명해 주는 책들도 몇 권 있으니 그런 책들을 보면서 다양한 용어를 익숙하게 만들어 놓는 게 중요한 것 같아요.

코타나 저도 기본적으로 땡굴이 님의 말씀에 동의합니다. 취업을 목적으로 하는 사람이라면 결국 면접에서의 차별화가 핵심이라 생각되는데, 그러기 위해서는 실무 경험이 필수적이라 생각됩니다. 땡굴이 님처럼 대학원에서 직접 서버를 운영해 볼 수 있다면 좋겠지만, 실제 그렇지 못하는 사람들이 대부분이기 때문에 고민이 되는 거죠. 제가 생각하는 가장 보편적인 방법 중 첫 번째는 학교 전산실에 업무보조 아르바이트를 해 보는 것입니다. 많은 학교에서 전산실 업무보조 아르바이트를 모집하고 있습니다. 여기에 지원해서 근무해 보면 실제 다양한 IT 인프라 장비들을 직접 볼 수 있고, 담당 교직원과 친밀도가 쌓이면 다양한 질문도 해 볼 수 있는 거죠. 제 친구 중에도 대학 전산실에서 근무하는 사람이 있는데, 인프라에 관심이 많은 학생이 업무보조로 들어오면 많이 알려주고 싶다는 생각이 든다고 하더군요.

그리고 두 번째는 굉장히 번거롭고 시간이 많이 투자되는 방법인데, 주변 사람들의 PC를 조립하거나 수리해 주는 일을 해 보는 겁니다. PC 조립이라는 게 어떻게 보면 매우 단순한 일처럼 보이지만, 서버 역시 PC와 유사한 구조로 되어 있고 한정된 비용으로 최고의 성능을 뽑아내기 위해 다양한 고민을 해야 하기 때문에 각 부품의 스펙과 특징을 잘 이해하고 상호 어떤 연관성이 있는지를 알게 되죠. 또한, PC 조립 후에 예상치 못한 문제가 발생하면 그 문제를 해결해 나가는 과정에서 하드웨어나 운영체제적 지식을 얻게 되는 경우도 많습니다. 실제 회사에서도 서버를 잘 하는 사람도 필요하지만, 클라이언트(PC) 환경을 잘 아는 사람도 중요하게 생각되고 있습니다.

[땅굴이] 비전공자들이 IT 인프라에 접근하기 좋은 방법 중 하나가 정보처리기사인 것 같아요. 시험과목에 운영체제나 네트워크, 데이터베이스, 보안 등 IT 인프라에 관한 전반적인 내용을 모두 포괄하고 있기 때문에 IT 인프라 업무를 희망하는 사람이라면 필수로 공부해야 하지 않나 싶습니다. 다만, 자격증을 취득하는 데 목적을 두어서는 취업에 별다른 도움이 되지 않기 때문에 각 영역의 내용을 잘 이해하는 방향으로 공부해야 합니다. 참고로, 정보처리기사의 합격률은 17년 1차 시험까지 보통 40%~60%였으나, 17년 2차 시험부터 실기시험이 개정되어 합격률이 10%~20%로 낮아졌습니다.

[개구루] 저는 구글 이미지 검색이 도움이 많이 된 것 같아요. 그냥 HBA라고 하면 어떤 것인지 머리에 딱 떠오르지 않는데, 검색해서 실제 사진을 보면 형태와 설명이 잘 되어 있어서 이해가 쉬웠던 것 같아요. 그리고 유튜브 동영상에도 서버나 특정 부품을 설명해 주는 내용도 많아요. 서버를 직접 분해하기도 하고 하나하나 설명해 주기 때문에 처음 보시는 분들도 쉽게 이해할 수 있습니다.

또, 구글 검색 결과에 슬라이드 문서도 있는데, 그런 자료는 보통 세미나나 강의교재 용도로 작성된 경우가 많아서 초보자에게 도움이 되는 게 많습니다.

링크드인에서 제공하는 슬라이드쉐어 사이트. IT 인프라에 대한 양질의 자료들이 많음

코타나 덧붙여서 HP나 델 등 주요 인프라 하드웨어 업체들은 신제품을 출시하면 일반 고객들을 대상으로 제품 출시 행사를 합니다. 제품 출시 행사에서는 실제 제품을 전시해 놓고 다양한 기능을 설명, 시연해 주기 때문에 인프라에 대한 이해를 높이는 데 많은 도움이 됩니다. 또한, 이런 행사는 일반인들도 참석할 수 있으니 가능하다면 자주 참석해서 인프라에 대한 이해를 높이는 것이 도움이 될 거예요. 구글에서 'IT 세미나'라고 검색하시면 다양한 주제의 하드웨어, 소프트웨어 행사들도 있으니 참고하시면 될 것 같습니다.

2 어떤 곳에서 일할 수 있을까?

기리니 마지막으로, IT 인프라 사업을 하는 회사는 어떤 곳들이 있고, 이런 곳에서 일하려면 어떻게 해야 하나요? 각자 본인의 경험도 있으실 테고 주변의 이야기도 많이 들으실 것 같은데, 그런 내용을 종합해서 말씀해 주시면 좋을 것 같습니다.

코타나 일단, 국내에서 신입사원 채용 규모 측면에서 가장 많은 곳은 대형 SI 사업자라고 불리는 삼성SDS, LG CNS, SK C&C, 대우정보통신, 롯데정보통신, 코오롱 베니트 등이 있겠죠. 그다음으로는 HP, IBM, 델, 효성-히다치, Netapp 등 글로벌 업체들이겠지요. 그런데 글로벌 업체는 신입사원을 바로 뽑는 경우는 많지는 않고요. HP, 델, 시스코 정도가 좀 뽑는 것 같아요.

[개구루] 그리고 각 글로벌 벤더는 국내 사업을 지원하는 BP(Business Partner)사를 가지고 있는데요. 이 BP사들이 신입사원들을 일부 채용합니다. BP사는 특정 회사의 제품을 판매, 관리, 유지보수, 기술 지원하는 역할을 담당하고 있습니다. 예를 들면, 시스코 같은 경우는 이테크시스템, EMC는 인텍앤컴퍼니가 있죠. 각 회사는 특정 제품만 취급하는 게 아니라 다양한 제품을 취급하기 때문에 중견 규모의 회사들도 많이 있죠.

그곳에서 업무 경험을 많이 쌓으신 후에 SI 업체로 와서 특정 영역 전문가로 활동하시거나 프로젝트 PM으로 활동하는 경우가 있고, 반대로 SI 업체에서 경험을 쌓아서 벤더사나 BP사로 가서 기술 영업이나 튜닝, 기술 지원을 하는 경우도 많습니다. 그리고 더 경험을 많이 쌓은 분들은 딜로이트나 액션추어, AT커니처럼 IT 컨설팅 업체로 이직하는 경우도 있습니다.

[코타나] 좀 더 나이가 들게 되면 정보 시스템 감리사로 활동하는 분들도 계시는데요. 조금 빨리 진출하는 분들이 40대 중반, 주로 50대가 많이 활동하고 계십니다. 정보 시스템 감리사는 기술사 혹은 감리사 시험을 통과하면 자격이 주어지는데요. 정보감리회사에 소속되어 프리랜서처럼 일한다고 보면 됩니다. 우리나라 공공 시스템의 경우에는 의무 감리가 적용되어 있기 때문에 점점 감리 쪽도 일자리가 늘어날 것으로 예상합니다.

[땡굴이] 그리고 서비스 플랫폼 회사라고 부르는 통신사들(SKT, KT, LGU+), 포털 사업자(네이버, 카카오 등)도 IT 인프라 엔지니어를 많이 고용합니다. 그런 회사들은 1인당 담당하는 서버가 많기 때문에 운영 자동화 쪽 역량이 많이 요구됩니다. 하드웨어뿐만 아니라 개발 쪽 역량도 가지고 있어야 가능한 일이지요.

생각해 보면 일반인들은 HP나 IBM 같은 대형 하드웨어 사업자들보다는 구글, 페이스북, 링크드인처럼 서비스 사업자들이 더 익숙한 상황이기 때문에 인프라 엔지니어들에게는 소프트웨어 역량 확보에 대한 숙제가 주어지고 있는 시기인 것 같습니다.

코타나 공공기관이나 학교에 전산직 업무를 하시는 분들도 계시죠. 예전보다 지방 전산직도 많이 채용하고 있는데, 실제 IT 인프라 업무를 수행하는 담당자는 정부통합전산센터에서 근무하는 경우이고, 그 이외에는 IT 기획 쪽 업무를 하는 경우가 많습니다. 따라서 이런 쪽도 알아보시면 도움이 될 것 같습니다.

숫자

A

B

C

D

ㅎ